YES MAN
NO MAN

당신은 어떻게 살 것인가?
선택에 확신을 줄
단 한 권의 책.

대기업 직장인, 사업가, 아나운서, 수의사, 교사, 간호사,
쇼호스트 자신만의 성공방정식을 만들어낸,
각 분야 MBTI 16인의 인터뷰까지!
당신의 삶의 지름길을 안내할 Life Navigation,
지금 바로 따라오라!

김선우·조성빈 지음

머리말
preface

    우리 모두는 삶의 과정에서 크고 작은 선택을 합니다. 그중에서도 '입시, 취업'은 우리 삶의 전체적인 방향을 결정하는 가장 중요한 선택의 주제입니다. 이 책의 두 저자는 한양대학교 학과 선후배 관계로 비슷한 출발선에서 전혀 다른 삶을 선택해 만들어가고 있습니다.

    이 책에서 'YES MAN: 조성빈'은 사회 시스템과 제도 속에서 'YES'를 외쳐온 사람입니다. 누군가에겐 재미없고, 진부하며 뻔한 일상일 수 있지만 그는 믿습니다. 성실한 하루하루가 켜켜이 쌓여 만들어낼 '성공적인 삶'을. 그렇기에 오늘도 사회에서, 회사에서, 가정에서 매순간 더 나은 가치를 만들기 위해서 노력하고 있습니다.

    이 책에서 'NO MAN: 김선우'는 우리 사회 시스템과 제도에 'NO'를 외쳐온 사람입니다. 누군가는 "위험하다", "무모하다"라고 이야기하지만, 그는 믿습니다. 치열하게 찍어낸 수많은 '점'들이, 마침내 아름다운 '선'으로 이어지며 완성될 '성공적인 삶'의 결과를.

그는 어느 곳에서도 소속되지 않았지만, 자신만의 강력한 네트워크와 시스템을 만들어내고 있습니다.

오늘도 퇴사를 고민하는 직장인, 취업이나 창업을 고민하는 대학생, 입시를 고민하는 고등학생까지. 여러 고민과 상념 속에 잠 못 이룰 당신을 위해, 이 책을 만들었습니다.

두 남자 'YES MAN, NO MAN'의 이야기 그리고 이미 '선택'을 하고 자신의 삶의 그림을 완성한 'MBTI 16인'의 이야기를 모두 읽고 나면, 당신의 고민이 해결될 겁니다. 나아가 당신의 길에 확신을 얻게 될 겁니다.

김선우, 조성빈

차례 contents

PART 01
성빈이는 왜 Yes를, 선우는 왜 No를 선택했을까?

CHAPTER 01　'No man' 김선우　　　　　　　　　　4
No Man 김선우 Prologue "3대 대기업 입사를 포기하고, 이 책을 쓰기까지."

Episode 1　**평범한 가정에서 태어난, 비범한 꿈을 가진 아이**　　16
　　평범한 중산층의 아들 '오히려 좋아'　　17
　　아르바이트를 직업으로?　　20

Episode 2　**학교가 싫었던 NO Man**　　24
　　도대체 왜 공부를 해야 해요?　　25
　　수능 25466, 내신 3.4, 수시 올탈!　　29
　　30개월의 인턴, JTBC, 대선캠프　　34

Episode 3　**세상아, 덤벼라! No! No!**　　54
　　군대에서 자격증 5개를 땄던 이유　　55
　　뜬금없는 '레크리에이션 강사'로의 변신!　　64
　　3만 원 돌잔치 MC에서, 100만 원 영부인 행사 MC로!　　70

Episode 4	잠시 'Yes'를 고민했지만, 결국 No를 외쳤어!	88
	갑작스러운 취업준비와 합격, 잠시 고민했지만 결국 'No Man'	91
	'5대 그룹사, 외국계기업, 공공기관'의 파트너 김선우	95
	'No Man'의 길, 결국 나의 길이 'Yes'였음을 증명하는 싸움	107

Special Episode. Yes와 No의 기로에서, 나의 구원자 'Yes Man' 116

CHAPTER 02 'Yes Man' 조성빈   124

Yes Man 조성빈 Prologue "No Man으로 살 수 있었지만 기꺼이 Yes man이 되기로 했어."

'No Man'의 Yes를 말렸던 이유,
내가 'Yes'의 길을 걷기로 한 이유   125

Episode 1	Yes Man이 되기 전 알아야 할 세상의 이치들	138
	평범한 대기업 직장인이, 이 책을 쓰기까지	140
	'자기주도적 삶'이 우리를 망치고 있어!	144
	불행한 프로보다는 행복한 아마추어가 되겠어	149

Episode 2	나의 'Yes'terday, 어떻게 나는 Yes Man이 되었을까?	154
	가진 건 쥐뿔도 없지만	155
	어른이 된다는 것	160
	시급 4천원의 배달부, '대기업 막내 사원'이 되다!	166

Episode 3	결국 Yes Man은 성공할 수밖에 없어!	176
	사람은 스스로 믿는 대로 된다	178

실패해도 괜찮아.
어차피 Yes Man은 안 망해   189

Part 02

당신의 Yes or No를 도와줄 Case Study & Solution!

CHAPTER 01   **MZ 고민해결사 Two Man!**   **202**

Episode 1   좋아하는 일과 해야하는 일, 무엇을 해야 하나요?   203

Episode 2   꼭 열심히 살아야 할까요? 조용한 퇴직이 꼭 잘못된 것일까?   212

Episode 3   모두에게 좋은 사람이고 싶은데, 나를 싫어하는 사람을 어떻게 해야 할까요?   222

Episode 4   삶에 원동력이 없고, 매 순간이 후회가 돼요. 무엇이 원동력이 될 수 있을까요?   232

Episode 5   경제적으로, 환경적으로 가정환경이 좋지 않습니다. 탓하는 것이 잘못된 걸까요?   242

Episode 6   도전이 두려워요. 저는 늦은 것만 같아요. 어떻게 해야 할까요?   250

Episode 7   네카라쿠배, 서연고서성한중경외시, 이 기준들에 들지 못하면 내가 못난 사람인 것만 같아요.   258

CHAPTER 02   **네가 본 나, 내가 본 너**   **268**

Q-1   안정성과 관련된 이야기   271

Q-2   소속에 관한 이야기   273

Q-3   일의 만족도에 관한 이야기   274

Q-4   목표에 관한 이야기   275

Q-5   마지막, 꿈에 관한 이야기   277

| CHAPTER 03 | 이제 선택의 시간, Choice 'Yes or No' | 280 |

PART 03

당신의 대답에 확신을 줄 'MBTI 16인'의 Interview!

| CHAPTER 01 | **Choice 'Yes Man'** | **296** |

LG전자 디자이너 이윤경	297
교원그룹 인재개발 김희진	302
대기업S사 인사담당자 김○○	307
완성차 기업 H그룹 연구원 이보선	312
고려대학교 통번역대학원 임성빈	317
100억 쭈꾸미 송쭈집 대표 김민이	322
초등학교 교사 백현	327

| CHAPTER 02 | **Choice 'No Man'** | **332** |

前 SKT AI 개발자, 현 RONIK 대표 오진환	333
버킷스튜디오 이사 권상미	338
(주) 리얼프로 대표 김용하 PD	343
JTBC Golf 아나운서 김미영	349
공군 수의 장교 (수의사) 조성환	354
서울 C 병원 연구간호사 김은채	359
前 신세계TV쇼핑 쇼호스트 이소민	364
반려동물스튜디오 츄이 대표 서소현	369
영상제작사 N.O.D 대표 최재혁	373

PART 04

「Yes Man, No Man」을 마치며
"여러분! 여기서 끝이 아닙니다."

Yes Man '조성빈'의 진짜 마지막 한 마디　　　　　　　　　　386
No Man '김선우'의 진짜 마지막 한 마디　　　　　　　　　　388

PART 01

성빈이는 왜 Yes를, 선우는 왜 No를

CHAPTER 01

'No man' 김선우

No Man 김선우 Prologue

2022년 8월, 나는 내 삶에서 가장 어렵고 두려웠으나, 동시에 가장 "잘했다."라고 확신하는 한 가지 선택을 했다.

학부 졸업과 함께 날아온 대기업 L사의 면접 합격 소식. 정규직 전환 가능성이 높았던 그 대기업의 인턴십에, 나는 돌연 '불참'을 선언했다.

"선우씨, 정말 출근 안하시나요? 혹시 이유라도 알 수 있을까요?"

이유는 간단했다.

줄곧 좋아하는 일을 하고 살았는데, 현실적인 이유로 나의 꿈을 포기하고 싶지 않았기 때문이다.

대다수의 사람들이 선망하는 대기업 취업을 목전에 두고, 그간 걸었던 길로 되돌아 갔다. 솔직하게 말하면, 사실 대기업 취업을 꿈꿨다. 그래서 그동안 해왔던 방송일을 멈추고 취업준비에 돌입했었던 것이다.

그런데 막상 방송일을 그만두려고 하니 고민이 몰려 왔다. 세상의 보편적인 기준에 나를 가두고 싶지 않았던 것이다.

이 책을 쓰게 된 길고 길었던 그간의 이야기를 시작해본다.

나는 2019년, 대학교 학부 2학년 때부터(만 나이 23세부터) 프리랜서 MC 활동을 시작했었다. 첫 무대는 3만원 돌잔치 MC였지만, 2년 만에 몸값을 '100만원'으로 올렸다. 첫 방송은 어느 이름 없는 중고차 회사의 유튜브였지만, 단 2년 만에 수많은 대기업들의 러브콜은 물론, 지상파까지 진출했다. 매년, 매 분기, 매달 빠르게 성장하며, 이 일을 업으로 삼고 있는 사람이다.

2023년 6월 기준, 함께 일한 회사는 다음과 같다.

"삼성증권, 현대자동차그룹, SK텔레콤, SK렐링크, LG전자, LG생활건강, LG유플러스, 롯데지주, 대홍기획, CJ제일제당, 동원펫푸드, 한국피앤지, KT&G, 문화체육관광부, 환경부, 한국거래소(KRX), 서울특별시의회, 경기도청, 강원도청, 대구광역시청, 우아한형제들, GS리테일, 청정원, 광동제약, 위니아그룹, 로지텍코리아, 레고코리아, 한국엡손, 젠하이져코리아, 힐스펫뉴트리션코리아, 와디즈, 프레인글로벌, 대학내일, 샌드박스, 지누스."

누군가에게는 대단해 보일 수도 있고, 또한 누군가에게는 별것 아닌 것일 수도 있다.

남에게 어떻게 보이는지는 사실 전혀 중요하지 않다. 남들이 나를 어떻게 생각하든, 전부 계획대로 되고 있으니까. 한 걸음씩 내딛으며 나만의 길을 만들어왔고, 앞으로 나아갈 길을 개척해냈으니까. 그리고 그 걸음이 끝나는 지점에 그토록 내가 원하는 '성공'이 있을 것이라는 믿음이 있으니까.

먼저 나는 '방송'을 업으로 삼는 사람이다. 여러분은 '방송인'이라고 하면 어떤 사람이 가장 먼저 떠오르는가?

일반적으로는 얼굴이 잘 알려진 유명인(연예인) 또는 배우, 아나운서, 리포터, 쇼호스트, 유튜버, 인터넷방송 BJ 등의 다양한 직업군이 떠오를 것이다. 그런데 엄밀히 따져보았을 때, 나는 이러한 일반적인 직업군 정의에 부합하는 사람은 아니다.

주로 활동하는 플랫폼은 유튜브와 라이브커머스, 그 중에서도 대기업들이 운영하는 채널에 자주 등장하는 사람이다. 직업군으로 정의하자면 '쇼호스트, 아나운서, 리포터' 등의 역할을 수행하고 있는 사람이며, 직관적으로 정의하자면 '다양한 기업, 기관들의 얼굴'의 역할을 하고 있는 사람이다. 아직까지 얼굴이 많이 알려진 유명인은 아니지만, 2020년대에 들어서 급격하게 성장한 영상 플랫폼과 이커머스 플랫폼 업계에서는 꽤나 이름이 알려진 '전문방송인'이나 '기업방송'을 하는 사람으로 생각하면 편할 것이다.

그런 측면에서, 나는 방송 행사 업계에서 입지전적인 케이스로 불린다. 보통 이 업계에서 나처럼 프리랜서로 활동하는 선배들은 소위 '어디 출신'이라는 타이틀이 있다. K사 아나운서 출신, M사 공채 개그맨 출신, C사 공채 쇼호스트 출신 등.

왜냐하면 방송과 행사 업계에서 '출연자' 또는 '진행자'는 보통 광고주 내지는 광고대행사의 관점에서 신뢰할 수 있는 경력을 지닌 사람만이 선택받을 수 있기 때문이다. 대외적으로 매우 중요한 '온·오프라인 행사', '디지털 PR 프로젝트', '세일즈, 마케팅 프로모션'에서 가장 중요한 역할을 아무에게나 맡길 수는 없다. 그래서 일정 경력이 있어야만 활동할 수 있는 영역이다.

그런데 처음 시작할 때, 나는 그와 관련된 아무것도 없었다. 심지어 업계에서 자리를 잡은 지금도 딱히 없다. 심지어 2022년 8월 이전까지는 늘 '대학생'의 신분이었다. 그럼에도 불구하고, 시장에서 가장 빠르게 성장했고 꽤 안정적으로 자리를 잡았다.

그런데, 지난 2022년 3월부터 돌연 '취업준비'에 집중했었다. 아무도 모르게. 부모님, 여자친구, 친구 둘 외에는 아무도 나의 취준생활을 몰랐다. 왜냐하면 철저히 숨겼기 때문이다.

"미쳤어? 이미 대기업 과장만큼 버는 애가, 회사를 가?"

내가 이 책을 함께 쓰고 있는 10대 대기업의 인사팀 조성빈 씨와 삼겹살에 소주 한 잔을 하며 "형, 나 회사생활 해보고 싶어."라는 고민을 털어놓았을 때 돌아왔던 답이다.

> "인생의 빽도를 하냐. 모를 던져서 전진할 생각을 해야지.
> 선우야, 회사에 갈 순 있는데, 막상 가도 네가 할 게 없다.
> 이미 잘하고 있는데 대체 왜 그러냐, 제발 형 말 들어라."

물론 지금 생각하면 진심으로 나를 생각해준 고마운 사람이지만, 당시의 나는 "아, 스트레스 받아. 이 형 몰래 취업준비해야지."라는 결심을 했다. 생각해보면 방송 행사 업계에서 해온 일들이 취업시장에서도 어필

할 수 있는 이야깃거리일 테니 이 참에 좋은 회사 가서, 안정적으로 살자고 결심했다. 부모님도 내심 그걸 바라는 것 같았고, 3년째 만남을 이어오고 있는 여자친구와 결혼하고 싶었다. 장인, 장모님 되실 분들께 "방송하는 사람입니다."보다는 "대기업 어디 다닙니다."라는 한 마디가 결혼 승낙을 받는 데에 훨씬 효과적이니까.

나 왜 떨어져? 내가 이것밖에 안 돼?

그런데, 단 한 곳 외에는 기회조차 주지 않았다. 그 한 곳조차도, 다음 전형에서 고배를 마셔야만 했다. 그런데 엎친데 덮친격으로, 취업준비 기간이 길어지면서, 나는 점점 더 벼랑 끝에 몰리게 되었다. 방송 행사 업계 사람들이 나를 의심하기 시작했다.

"선우야, 요새 방송 감이 좀 죽었네, 무슨 일 있어?"

프리랜서에게 이러한 말은, 곧 다음 달부터는 그 회사와 일하지 못할 수도 있다는 것을 의미한다. 즉, 오래도록 깊은 신뢰 관계를 유지해온 굵직한 클라이언트(거래처)가 날아갈 수도 있는 '전조 현상'과도 같았다. 되돌아보면 이때가 가장 힘들고 고통스러웠다. 안정적인 회사 생활에 도전하기 위해서 물밀듯 들어오던 방송 스케줄도 눈물을 머금고 거절했는데, 매일 아침 채용공고를 찾아내고 지원하고 탈락, 탈락, 탈락.

그 와중에 '본업'에 피해를 주기 시작했다. 점점 벼랑 끝에 몰리기 시작했다. 그 와중에, 사람들은 또 어떻게 나의 취준사실을 알아냈는지, 업계

동료의 질문은 나의 불안한 심리를 극한으로 밀어 넣었다.

"선우야, 요새 일이 없어? 회사를 왜 가려고 해?"

이에 대한 나의 대답은 그럴듯했다. 이제 곧 8월 졸업인데, 지금 아니면 대기업 신입사원 채용에 도전하기가 힘들 것 같다는 둥, 인생에 한 번쯤은 꼭 취업준비를 해봐야 할 것 같다는 둥. 다양한 대의명분을 제시하며 나의 본심을 숨겼다.

왜냐하면, 내가 정말 취업을 하려고 한다는 게 업계에 소문나는 순간, 나는 6개월 이내에 이 업계를 떠나야 하기 때문이다. 생각해보자. 나의 전문성과 가치에 대한 평가와 인정을 기반으로, 시간당 수십만 원 단위의 출연료를 지급하는 중대형 브랜드사와 종합광고대행사가 있다.

이들이 과연, 그 '출연자'가, 본인 부서의 신입사원으로 입사할 준비를 하고 있다는 소식을 들었을 때, 그 사람에게 계속 회사의 중요한 프로젝트를 믿고 맡길 수 있을까? 이해는 할 수 있지만, 더이상 나를 전적으로 신뢰하기 어려워질 것이다. 상황이 이렇게 흘러가다 보니, 결국 내 마음 속엔 이러한 생각이 들었다.

'이도 저도 아니네. 망했다.'

이 때 나를 지켜보던 여자친구도, 3년 가까이 만나면서 가장 안쓰럽고 안타까운 순간이었다고 한다. 6개월 가까이 기가 팍- 죽어서는 아무것도 하기 싫어한다고, 마음이 너무 아픈데 해줄 수 있는 게 없다고 했다.

물론 대한민국의 대다수 취업준비생이 으레 겪는 과정이기에 유독 엄살 떠는 것일 수 있지만, 나로서는 이래서 힘든 부분이 있었음을 이야기하고 싶었다. 어찌됐든, 취업 준비 시기는 힘들었지만, 그래도 4개월 차가 되는 시기에 성과가 나기 시작했다.

결국 No! 초봉 6천을 포기한 남자

6월의 어느 날, 국내 3대 대기업 'L사'에서 서류전형 합격소식이 들려왔다. 이어서 인적성 전형과 1차 면접도 단숨에 이루어냈고, 마침내 "다음 주부터 서울 본사에 인턴으로 출근하세요."라는 통보를 받았다. 더군다나 내가 합격한 L사 계열사의 인턴십은 90%에 가까운 정규직 전환율을 자랑하는 곳이었다.

소문에는 신입사원 초봉도 이것저것을 합치면 약 '6천만 원'에 이른다고 했다. 프리랜서로 벌어들였던 금액보다는 다소 적긴 했지만, 이만한 연봉에 안정적인 '정규직'이라니. 망설일 이유가 없었다. 그래서 정말로 당장 다음 주부터 출근하려고 했다.
드디어 맛본 1승, 가장 먼저 아버지에게 전화를 드렸다.

그런데, 정말 예상외의 대답이 돌아왔다. "아들아, 고생했다. 그런데 뭐든지 다 장단점이 있단다. 일단 합격해봤으니, 마음먹으면 또 할 수 있다. 일단 하던 거 계속해봐라."라는 말씀을 하셨다. 솔직히 마음속으로 이렇게 생각했다. "뭐야, 내심 취업하길 바랐으면서, 이제 와서 아쉬우신 건가?"

일단은 아버지 말씀은 제쳐놓고, 여자친구에게 이 소식을 알렸다. 6개월 내내 마음고생 한 걸 누구보다 잘 아는 그녀는 진심으로 축하한다는 말을 건넸다. 하지만 그녀 역시 길고 격렬한 축하의 메시지 뒤에 결론적으로는 가지 않았으면 좋겠다는 의견을 제시했다.

*"왜? 우리 결혼하기로 했잖아. 너도 내가 불안정한 방송쟁이보다는,
번듯한 대기업 다니는 남편이 좋지 않아? 꽃길인데 왜!"*

*"그게 꽃길이야? 나는 아니라고 봐. 선우야,
너는 카메라 앞에서 가장 빛나.
가장 행복해보이고, 즐거워보이고, 그게 보는 사람에게도 느껴져.
너 잘 하잖아, 잘 커왔잖아. 난 네가 제일 잘한다고 생각하는데.
엄살 부리지 마. 아직 제대로 해보지도 않았으면서. 더 해봐. 나는 믿는다."*

이 말을 듣고, 얼마나 울었는지 모른다. 취준 과정에서 좌절하던 순간들보다 몇 배는 더 펑펑 울었다. 애써 꾹꾹 눌러오며 숨겨왔던 마음 속 깊은 곳의 진심이 터져 나오던 순간이었다. 안정적이고, 모두가 가고 싶어하는 길이라며 자신을 속이며, 6개월간 줄곧 나의 마음을 숨기고 살았었기 때문이다. 드디어 그 속박에서 벗어난 순간, 마음 속 단단한 응어리가 풀리며 눈물이 터져버렸다.

여자친구는 한 마디를 더 거들었다.

"야! 너 초봉 6천의 대기업 정규직 포기하는 거야.

남들은 가고 싶어 안달난 직장, 발로 차는 거라고.
두려워? 불안해? 그럼, 앞으로 그만큼 더 노력해봐.
훨씬 간절하게 부딪혀봐. 그리고 너, 이제 실전이야.
더는 대학생 아니야. 나는 너 믿어. 믿는 만큼, 해 봐."

그렇게 한 번 실컷 울고 난 뒤, 결국 'No'를 선택했다.

그리고는 나를 합격시켜주었던 대기업 L사에 인턴십에 참여하지 못하게 되었다는 소식을 전했다. 한편으로는 아쉬운 마음이 들었지만, 동시에 나를 사랑해준 L사에 진심으로 감사한 마음이 들었다. 만약 당시 채용담당자가 이 책을 읽게 된다면, 저를 선택해주셔서 진심으로 감사했다는 말씀을 전하고 싶다.

아무튼, 그렇게 나는 취뽀아닌 취뽀를 이루어냈고, 이제까지와는 완벽히 다른 마음가짐으로 '방송인'으로서의 커리어패스를 기획하기 시작했다. 이제는 누군가에게 '섭외'되는 입장이 아니라, 스스로 콘텐츠를 생산해내는 '콘텐츠 크리에이터'가 되기로 결심했다.

"그래, 책을 쓰자!"

그렇게 이 프로젝트는 시작되었다. 나는 Yes(직장)와 No(직업)라는 그 치열한 고민 속에서, 결국 No를 외쳤다. 이제 그 'No'가 옳았음을 증명하기 위한 첫 걸음으로서, 이 책을 쓴다. 누구와 함께? 나의 선택에 가장 결정적인 영향을 미쳤던, 내 삶의 구원자 'Yes Man' 조성빈과 함께.

이 책은 수백 페이지 분량의 '김선우 PR' 프로젝트임과 동시에, 아직 갈피를 잡지 못하고 있는 당신에게 선물하는 Life Navigation이다. 단언컨대, 여러분이 지금까지 만났던 자기계발서와는 분명히 다를 것이다. 무엇보다, 최근 대중들을 현혹하는 '돈잘버는 부업', '누구나 월천만원' 류의 잡설 따위와는 내용의 깊이면에서 완전히 다를 것이라 자부한다.

당신에게 겁을 주고, 당신이 잘못되었다고 지적하는 것이 아닌, 당신이 올바른 선택을 할 수 있도록 '돕는 것'에 초점을 맞추고 만들었다. 이 책에 등장하는 18명, 도합 600년의 인생이야기와 함께 삶의 본질을 파고드는 Life Navigation이다. 물론 이 책을 읽고 있는 당신은 우리 두 사람과 같을 수도, 다를 수도 있다.

하지만 우리는 확신한다. 삶의 본질은 변하지 않는다는 것을. 아무리 시대가 변하고, 다양한 직업군이 생겨난다 한들, 성공을 이루어 내는 '성공방정식'은 결코 변하지 않는다는 것을. 나는 나의 길을 선택했다. 할 수 있다고 믿고, 오늘도 나의 'No'가 결국 'Yes'였음을 증명하기 위해 고군분투하고 있다.

자, 시작해보자, 김선우는 왜 결국 No를 선택했을까?

CHAPTER 01

'No man' 김선우

Episode 1.

평범한 가정에서 태어난,
비범한 꿈을 가진 아이

평범하지만, 오히려 좋아.
비범한 꿈을 가졌으니,
비범한 노력을 하면 되지.

운명처럼 다가온 나의 꿈,
사랑하는 나의 일로, 성공한다.

❝ 평범한 중산층의 아들 '오히려 좋아'

나는 유복하게 자랐다. 보통 이런 부류의 자기계발서들의 시작점과 다르게, 나는 성장기 내내 경제적으로 부족함 없이 자랐다. 다만 흔히 말하는 '부잣집'은 아니었고, 사회계급론적 관점에서 봤을 때 '중산층'에 해당하는 집안에서 자랐다. 사실 더 엄밀히 말하면 '가난을 극복한 중산층 가정'에서 태어난 아이라고 보는 것이 맞다.

반면에 부모님은 가난한 환경에서 자랐다. 어린 시절에 빵 한 조각을 못 사 먹어서 그렇게 서러웠다던 어머니의 이야기, 할머니가 길에서 갈치를 팔다가 하나도 안 팔려서 부둥켜안고 엉엉 울었다는 아버지 이야기는, 이제는 서두에서부터 "그만, 그만!" 할 정도로 반복된 경제교육 빌드업이었다.

그래도 두 분은 잘 극복해냈다. 어머니, 아버지 모두 상업고등학교를 졸업하자마자, 국내 굴지의 금융회사 'N사'에 입사하셨고, 그곳에서 만나 결혼을 하셨다. 가난했던 환경 탓에 시작은 무일푼에 가까웠다. 당시 부모님께서 결혼할 때 할머니, 할아버지는 부모님에게 30만 원의 생활비를 건네실 정도로 처음엔 정말 힘들었다고 한다. 하지만 두 분 모두 열심히 일했고, 시대적인 흐름도 잘 따라주면서 잘 극복해내셨다.

그래서 나는 부족함 없이 자랐다. 적어도 엄마, 아빠에게 "나 그때 그거 못해서 서러웠어!"와 같은 이야기는 절대 할 수 없다. 어렸을 적부터 먹고 싶은 것, 배우고 싶은 것 모두 부족함 없이 지원해 주셨기 때문이다. 그래서 나는 감사하고, 운이 좋은 아이라고 생각한다. 김현진, 황미경 내외분들께 진심으로 감사드린다. 다음 생에도 두 분의 자녀로 태어나고 싶다.

"아들아! 너를 향한 지원은 대학교까지이다."

여기서부터 나의 고민과 인내의 시간이 시작되었다.

나는 중산층 집안에서 태어나 유복하게 자랐지만 (대다수 성인이 그렇듯) 대학 졸업 이후에는 모두 스스로 힘으로 헤쳐나가야 하는 환경이었다. 정말로 매우 당연한 이치다. 특히 내가 하고자 하는 일(방송업계)은 겉보기에는 화려하지만, 상당히 불안정적이고 도전에 대한 리스크가 상당히 큰 업종이다.

그래서 사실 우리 집이 "일 안 해도 돼. 하고 싶은 거 해!"라는 이야기를 할 수 있는 정도였다면 이러한 고민의 과정을 겪게 되지도 않았을 것이다. 하지만 나는 답을 찾아야만 했다. 결혼, 출산, 노후 등 삶의 전반적인 계획에 관한 이야기를 바탕으로 부모님을 안심시켜야만 했다.

물론 어떤 선택을 하든 결국 나의 선택이고, 결국 부모님도 나를 말리실 수는 없었겠지만, 적어도 부모님을 안심시키기 위해서는 대학 졸업 이후 나의 삶에 대한 계획을 명확히 세우고 나아가야만 했다.

사실 애초에 결혼과 출산에 대한 생각이 없었으면 문제가 없었을 수도 있다. 그런데 나는 결혼도 하고 싶고 아이도 낳고 싶었다. 아무것도 포기하기 싫었다. 그래서 고민이 시작되었던 것이다. 방송업계에서 20대 후반의 남자가 살아간다는 것, 결혼과 출산 생각이 있다는 것. 그러나 집안은 딱! 중산층에 속한다는 것. 여기서부터 나의 심각한 고민이 시작되었던 것이다.

아르바이트를 직업으로?

대학교 3학년, 결혼식 전문 사회자로 한창 활동하던 시절, 어머님의 "알바를 뭐 그렇게 열심히 해."라는 말씀에 욱했던 적이 있었다. 물론 학생이라는 본분이 있었기에 프리랜서 MC 활동은 누군가가 보기에는 '아르바이트'에 가까울 수 있었다. 하지만 나는 그때부터 줄곧, 이 업계에서 'Z세대 김성주가 되겠다.'는 명확한 목표를 가지고, 차근차근 한 단계씩 성장하겠다는 로드맵을 가지고 있었다.

그래서 단 10분 마이크를 잡게 되더라도, 그 시간을 가장 재미있고 감동적으로 만들기 위해 부단히 노력했다. 또한 다음 스텝으로 넘어가기 위해 끊임없이 길을 찾고 나를 홍보하고 있었다. 그런데 내가 이 일에 이만큼 진심이라는 걸 누구보다 잘 아는 엄마가 "알바 너무 열심히 하지마."라는 말씀을 하셨을 때, 나는 내 일에 대한 격하와 그 안에 숨겨진 의미에 화가 났다.

물론, 당신의 마음은 누구보다 안다. 하지만 나는 화를 냈다. 그리고 대답했다.

응, 이걸로 성공할거야.

왜? 나는 이 일에 진심이니까. 서브로 일하는 아르바이트생이 아닌, 신랑과 신부가 자신의 인생에서 가장 축복받는 행사인 결혼식을 이끌어줄 전문가로 섭외한 '프로페셔널'이니까.

늘 저항했다. 나의 직업이고, 내가 '프로'임을 강조했다. 평범한 중산층의 아들이라는 명제가 누군가에게는 '먹고살 만한데 뭘 그래?'로 느껴질 수 있다. 하지만 유복하게 자란 것과 하고 싶은 일을 걱정 없이 할 수 있는 것은 다르다.

그런데, 오히려 좋아!

평범한 중산층의 아들! 말 그대로 오히려 좋다. 만약 내가 더 잘 사는 집안에, 평생 돈 걱정 없는 집안에서 태어났다면, 이러한 고민의 과정들도 없었겠지? 대한민국 대다수를 차지하는 일반적인 청년들이 공감할 만한 메시지를 적어내지 못했겠지? 아, 오히려 좋아!

모쪼록 이 글을 절대 부모님을 원망하는 의미에서 쓴 것도 아니고 다른 어떠한 의도도 없다. 누군가에게는 나의 앞선 이야기들이 '배부른 소리'로 다가올 수도 있고 누군가에게는 '그럴 수 있는' 이야기로 받아들여질 수도 있다. 어찌 되었든 나는 부모님께 진심으로 감사드린다. 얼굴도 잘생기게 낳아주었고, 하고 싶은 것 다 하게 해주셨으니, 이만하면 완벽하다. 100점 만점에 95점 드리겠습니다.

자, 그렇다면! 평범한 중산층에서 태어난,
대기업을 합격해 놓고 입사하지 않은,
2023년에는 스스로 '광고왕'이라며
떠벌리고 다니는 김선우의 대서사시와
그 안에서의 고민과 깨달음은,
도대체 어디서부터 어떻게 시작되었을까?

시작해보자!

CHAPTER
01

'No man' 김선우

Episode 2.

학교가 싫었던 NO Man

학교는, 늘 내게 작게만 느껴졌다.
그래서, 늘 학교 밖으로 나섰다.
그러다 결국, 처참한 실패를 맛봤다.

다시 일어섰다. 길을 찾아나섰다.
그렇게, 증명해냈다. 나만의 '길'을

 ## 도대체 왜 공부를 해야 해요?

2014 대학수학능력시험 성적 25466,
일반고등학교 통합 내신성적 3.4,
대학교 졸업 평점 2.95!

나는 애초에 학교가 싫었던 No Man이었다.

성적이 좋았던 적이 없었다. 고등학교 때부터 흔히 말하는 '좋은 대학'을 가기에는 많이 부족한 성적이었다. 무엇보다 이 책을 함께 서술해나가고 있는 '조성빈' 씨와는 꽤 상반된 길을 걸어왔다. 그는 말 잘 듣는 모범생이었고, 나는 이단아 같은 학생이었다.

고등학교 성적은 물론이고, 대학교 학점까지 시원하게 말아먹었다. 첫 입학했던 대학교에서의 첫 학기 학점 ALL 'F', 얼마 전 졸업한 한양대학교 언론정보대학 졸업 평점 2.95!

8~90년대생은 물론이고 거의 전 세대가 어른들에게 줄기차게 들었던 이야기는 "공부 잘해야 한다."였을 것이다. 그런데 난 공부가 싫었다. 엄밀히 말하면 전형적인 주입식 교육이 싫었다고 봐야 하지만 어찌 되었든 우리 사회가 요구하는 전형적인 지식의 습득 과정을 정말 싫어했다. 지금도 싫다.

학교와 공부가 싫었던 'NO Man'이지만, 꿈을 향한 열정만큼은 언제나 'ON Man'

학교와 공부가 싫었지만, 그래도 공부를 아예 안 하는 학생은 아니었다. 중학교 시절에도 성적 상위 10% 내외는 유지했고, 고등학교에 진학해서도 (1, 2학년 때) 내신 2등급 정도는 유지했다.

다만, 나의 청소년기에는 참 신기한 바람들이 많이 불어 닥쳤다. 어쩌면 운명과도 같은 흐름이 아니었을까 한다. 2012년, 고등학교 입학 후 우리 학교에서는 "성적이 낮아도, 입학사정관제로 대학갈 수 있다!"라는 희망의 메시지가 가득했다. 학교 성적과 교내, 교외활동을 기반으로 '정량적인 성적이 다소 낮아도 좋은 대학에 갈 수 있다!'던 입시 제도는, 당시 공부를 너무나도 싫어했던 내게 한 줄기 빛처럼 다가왔다.

당시의 나는 저널리스트의 꿈을 가지고 있었는데, 그 열망이 용광로처럼 뜨거워서 당장에 무엇인가를 하고싶은 열정이 가득했다. 그런데 그 진로와 관련한 어른들의 조언들은(지극히 Yes Man적인 관점에서) "훗날 기자가 되고 싶다면, 명문대에 가야 한다. 그래야 언론고시도 통과할 수 있고, 기자 사회에서 살아남을 수 있다."라는 말씀들이 대부분이었다. 그리고 그것을 위해서 지금은 그 열정을 잠시 접어두고 공부에 전념하라는 말씀이 주를 이뤘다. 입시를 위해 시작했던 활동에서 발견한 '나의 꿈'에 어느 순간 진심을 다하게 되며 온 열정을 불태웠고 결국 학교와 공부로부터 거리가 먼 아이가 될 수밖에 없었지만, 확실한 것은 김선우는 학교를 좋아하지 않았던, 엄밀히 말하면 학교 공부를 좋아하지 않았던 'No Man'이지만, 꿈을 향한 열정만큼은 언제 'On Man'이었다는 사실이다.

3년을 통틀어 (당시에는 모든 학생이 의무적으로 참여했던) '야간자율학습'은 줄기차게 빠졌다. 당시 또래들(혹은 대학입시 경쟁자들은)은 평일 야간자율학습은 물론이고, 보통 주말 시간에도 학원에서 보충 수업을 듣거나 학교에서 자율학습을 하곤 했다. 그런데 나는 천상 No Man, 학교나 학원 대신 늘 다른 곳에 있었다.

인천광역시의 청소년 참여위원으로 활동하면서, 인천시에 청소년 정책을 제안하는 활동에 열정을 쏟다가, 조금 더 넓은 무대에서 '청소년의 목소리'를 알리고 싶은 마음이 들자 tvN 시사토크쇼 '쿨까당'에서 주최하는 대국민 법안오디션에 참여했다(당시 '청소년들의 정치참여권을 보장하라는 정치 19금 폐지법' 퍼포먼스를 준비해서, 샘 해밍턴 등의 경쟁자를 제치고 우승을 하기도 했다).

이것도 모자라 이번에는 박물관에 관련된 책을 써보겠다며 전국의 박물관을 돌아다니거나, 이번에는 진짜 청소년의 목소리가 담긴 책을 써보겠다면서 평생 모은 용돈을 탈탈 털어 선릉역 근처에 사무실을 내고 '청춘스퀘어' 출판 프로젝트를 진행하기도 했다. 지금 생각하면 어이가 없다. 애초에 좋은 대학에 가고 싶다면서 겸사겸사 시작한 일이었다. 영리하게 적당히 공부하고 스펙을 쌓았으면 어지간히 좋은 대학에 입학하게 되었을 것이다. 그런데 그 과정에서 열정이 지나치게 ON 되어버리며 온 시간과 에너지를 다 쏟아버리게 되었다.

 ## 수능 25466, 내신 3.4, 수시 올탈!

누군가가 보기엔 "그게 진심 어린 도전이냐! 입시준비지!"라고 이야기할 수 있지만, 한 가지 분명한 것은 당시의 선우는 정말 진심을 다했었다는 점이다. 솔직하게, 단순히 대학 입시를 위해 준비했던 '스펙쌓기'라고 생각했다면, 그저 한 줄 경력과 사진들만 건지면 그만이었다. 그런데 나는 굳이 인천광역시 청소년 참여위원회 발대식과 고등학교 방송반 행사 일정이 겹친 날에는 맨손바닥이 다 까져가면서 산 비탈길을 오르고 차가 쌩쌩 내달리는 8차선 도로에서 미친 사람처럼 손을 휘저으며 택시를 잡고 누가 보면 '연예인'인 것마냥 택시 안에서 교복으로 갈아입고 다음 스케줄을 향해 뛰어갔다.

어느날은 '청와대 청소년 출입기자'가 되어 기사를 한번 써보고 싶어서, 열 일곱 당시에 교복 입은 채로 모 대통령 후보의 유세 현장에 가서, 수많은 인파를 뚫고 경호원분께 다가가 "제 편지 꼭 전해주세요."라는 말과 함께 편지를 전달하기도 했다. 한 번은 청춘스퀘어 도서 출판 프로젝트 당시 (고등학생들을 대상으로 전국 소논문 경진대회라는 대회를 열었는데 참가자들에게 의미있는 상장을 수여해주고 싶어서) 당시 경기도지사가 참여하는 토론회에 무작정 찾아가서 도지사께서 잠깐 화장실에 갈 때 경기도지사상을 후원해달라는 내용의 서류봉투를 전달해주고 오기도 했다. 서울시 교육감 인수위, 인천시 교육감 인수위, 국회의원 사무실을 차례로 방문하며 도움을 청하고 다녔다.

수시 원서 모두 탈락

그런데 열정이 지나치게 과했던 탓일까? 당시 첫 입시에서 수시 전형으로 제출한 모든 대학에서 탈락했었다. 그런데 수시 원서 6장을 시원하게 날려 먹은 것도 모자라 수능 성적까지 '25466'이라는(좋은 대학에 입학하기에는 한없이 모자란) 성적을 받았다. 호기롭게 학교와 공부에 'NO'를 외치고, 나의 꿈과 열정을 향해 'ON'했었지만, 결국 대학 입시에 'NO'라는 거절의 대답을 들었다.

너, 계속 No Man 해! – 2014 대한민국 인재상

그래도 3년의 'ON'이 헛되지는 않았다. 당시 고등학교 선생님의 추천으로 2014 대한민국 인재상 공모사업에 지원하게 되었는데, 생각지도 못하게 '인천지역의 유일한 일반고 수상자'로 선정되었다. 당시 김연아, 손연재 선수 등 대한민국의 주요 인재들에게만 수여된다는 공모사업에서 내가 선정된 이유는 다음과 같았다.

"사회문제인식 및 대안 제시 경험을 바탕으로 사회 혁신에 기여할 인재."

당시 어머니께서는 "대학은 다 떨어졌는데, 평생의 명예를 받아오네. 무언가 되긴 하는구나?"라며 웃으셨다. 물론 상훈은 상훈일 뿐이었고, 현실은 냉혹했었다. 수시는 다 떨어졌고, 수능은 시원하게 말아먹었다.

힘들었지만 꿈을 향한 열정은 놓지 않았다. 대학에서는 날 받아주지 않았지만 나의 모든 열정과 과정들을 국가로부터 인정받았다는 자부심이 있었기 때문이다. 대한민국 인재라는 자부심과 함께, 나는 계속해서 'ON' 하기로 했다.

Yes할 걸 그랬어, 엉엉 울었던 기억뿐인 스무살

대한민국 인재상과 함께, 계속해서 'ON' 하기로는 했지만, 낙방 끝에 겨우 입학했던 대학교는 나에게 'NO'였다. E-비즈니스라는 생소한 학과였다. 지금 생각해보면 분에 넘치는 곳이었으나, "사회의 문제를 고발하는 저널리스트가 되기 위해서 대학에서 사회학을 전공해야 한다."라는 명확한 목표가 있어서 그랬는지 학교를 통학하는 시간 자체가 너무 고통스러웠다. 그래서 많이 울었다. 학교 가는 길에 울고, 수업 끝나고 돌계단에 앉아서 혼자 울고, 집으로 돌아가는 길에 친구랑 통화하다가 울고.

사실 후회도 많이 했다. 그냥 남들이 입시 준비하는 대로, 적당히 Yes 하면서 살아왔으면, 지금 이 정도의 상황은 벌어지지 않았을 텐데. 전혀 생각지도 못했던 학교에서 전혀 원하지도 않았던 공부를 하는 현실에 떨어질 일은 없었을 텐데. 그래서 첫 학기 3월을 제외하고는 거의 학교에 가지 않았다. 학교 안 가고 뭐했는지는 기억이 잘 나지 않는데 그냥 계속 방황했던 것 같다.

ALL 'F'

부모님께서 모를 리 없으니 점점 걱정하기 시작하셨고 결과적으로는 종종 아버지와 충돌하는 일이 생겼다. 지금 생각하면 김선우가 참 철이 없었지만 당시에는 정신을 멀쩡히 차리고 살아가기조차 힘들고 고통스러워서 아버지의 조언마저 너무 힘들었다.

학교에 가지를 않았으니 성적은 당연히 ALL 'F'를 받았다. 이런 상황 자체만으로도 힘들었는데 불난 집에 기름을 부었던 상황이 기억난다. 당시 2014 대한민국 인재상 수상자들이 모였던 자리에서 힘든 마음에 내 상황을 공개했다. 그런데 이 말을 들었던 어떤 누나가 "너 인생 그렇게 살면 안 돼."라고 공격을 해왔다.

나는 상처가 되는 말을 들어도, 시간이 지나면 잊어버리는 성격인데, 그때 그 사람의 말은 아직도 이해가 안 된다. 그 사람은 왜 그랬을까, 내 걱정을 해준 걸까? 그런 의도였으면 7년이 지난 지금도 기억하고 있지는 않을 텐데. 나는 그 말에 정말 큰 충격을 받았다. 지금까지의 내 모든 흔적을 부정당하는 기분이었고 삶의 바탕 자체가 흔들리기 시작하며 위태로워졌다.

일단, 짐을 싸서 집을 나왔다.

30개월의 인턴, JTBC, 대선캠프

명불허전 NO Man, 다시 ON Man!
- 국가미래연구원 입사

혼자만의 시간을 갖고 싶었고 입시에 온전하게 집중하고 싶었다. 당시 호기롭게 학교와 공부에 'NO'를 외쳤지만, 그 결과로 마주하게 된 나의 현실이 너무나도 혼란스럽고 고통스러웠다. 그래서 부모님에게도 숨긴 채 갑작스레 집을 나왔다. 곧바로 건대입구역 근처의 고시원 주간 총무 아르바이트 자리를 구한 뒤, 강남역 근처 선술집의 야간 서빙 아르바이트를 구하며 반수 계획을 세웠다. 결심한 뒤 일주일 만에 고시원으로 이사를 했고, 3개월 동안 치열하게 입시를 준비했다.

그런데 무슨 자신감이었는지, 이때도 명불허전 NO Man의 기질이 드러났다. 직전 입시에서 수시를 6곳 모두 다 탈락해놓고 현역이 아닌 재수로 도전하는 수시는 더 불리한데 나는 반드시 수시로 대학에 갈 수 있을 것이라는 확신을 가진 채 수능은 준비하지 않았다. 또다시 수시에 All-in 을 했다.

말도 안 되는 도박이었지만 무언가 확신이 있었기도 했고 대학에 입학하기 위한 수능 준비로 시간을 보내고 싶지는 않았다. 그렇게 낮에는 고시원에서 총무를 보고 밤에는 이자카야에서 서빙을 하면서 틈틈이 수시에 필요한 서류들을 작성했고, 무사히 모두 제출했다.

그런데 수시 원서를 모두 제출하고 나니 더 이상 할 것이 없었다. 그렇게 2015년도 하반기 시간이 붕 뜨게 되었는데 역시 수능을 준비할 생각이 없었던 No Man은 여기서 또 하나의 기발한 생각을 해낸다. 그리고 이 작은 행동 하나로, No Man 삶과 가치관, 통찰력 등 종합적인 능력치가 폭풍 성장하게 되는 기회를 맞이하게 된다.

그 행동은 바로!
내 삶을 바꿔버린 '페이스북 메시지'였다.

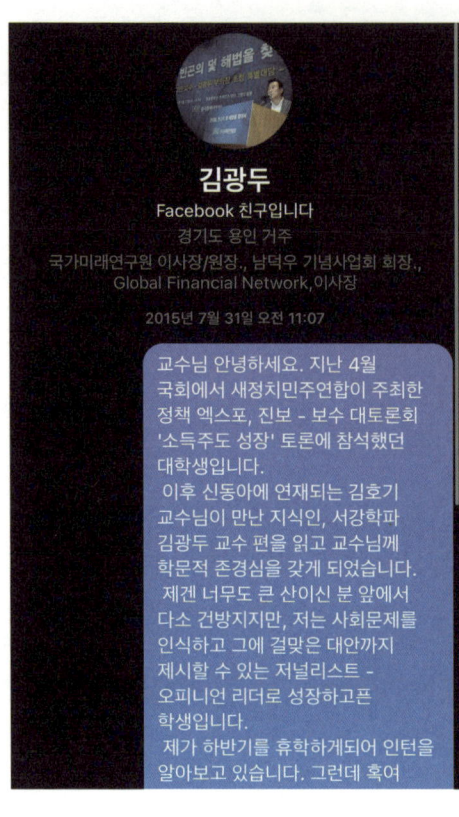
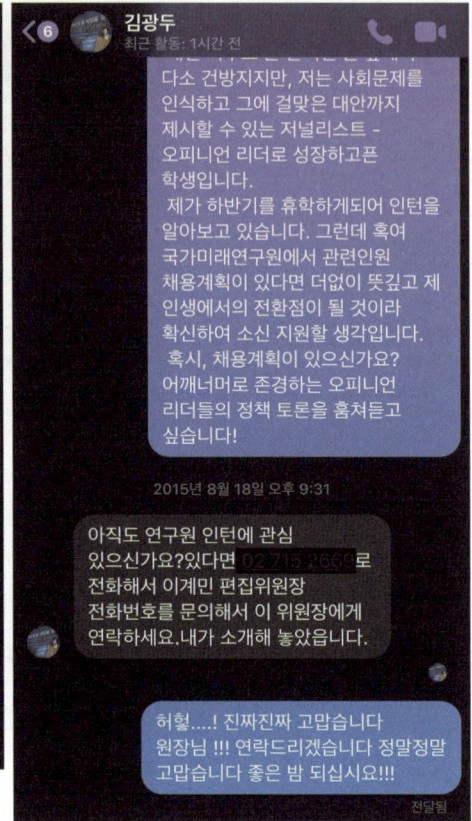

고통스러운 현실을 벗어나고 싶은 마음에 무작정 취했던 액션은, 향후 3년의 가파른 성장과 자신감의 밑거름 역할을 했다.

"구역질과 눈물로 범벅된 나의 스무 살, 나는 아버지의 자부심이다."

그렇게 우연히 취하게 된 액션과 함께 국가미래연구원이라는 회사에 입사하게 된다(지금은 예전보다 영향력이 약해졌지만, 당시만 해도 새 정부의 장관급 인사, 청와대 수석급 인사가 모두 이곳 출신이라는 뉴스가 연일 쏟아질 정도로 세간의 주목을 받는 조직이었다). 지금은 어느새 이

때의 기억을 떠올리며 흐뭇하게 웃게 되지만, 당시 스무 살의 나는 하루하루가 올려다보기조차 힘들 정도의 가파르고 높은 벽을 맨몸으로 오르는 기분이었다.

앞으로는 미생의 '장그래' 같았던 나의 인턴생활과 호기롭게 No를 외쳤다가 온갖 고생을 사서 해나가며 강하게 성장했던 나의 스무 살의 이야기를 소개한다.

국가미래연구원이라는 회사에서 30개월 동안 근무했지만, 처음 출근하던 날은 아직도 잊히지 않는다. 옷부터 고민이었다. 당시 원장님은 '편하게 입고 출근하라'고 하셨지만, 회사에 대한 막연한 두려움이 있었던 나는 정장을 꺼내 입었다. 한 가지 신기한 사실은 당시에 어떻게든 포멀한 룩(세미 정장류)을 입으면서 나이 들어 보이고 싶어했는데, 이제는 어떻게든 캐주얼한 룩을 입으면서 어려 보이고 싶어한다는 것이 새삼 재미있다. 그렇게 스무 살 재수생 김선우는, 셔츠에 타이를 매고, 재킷을 차려입고 마포역 근처 한 빌딩으로 출근했었다.

마치 아버지의 촌스러운 정장을 물려 입은 장그래처럼 스무 살 앳된 얼굴에 어울리지도 않는 정장을 차려입고 회사로 향했다. 그런데 입사 첫날 상급자의 한마디는 숨을 멎게 하는 긴장감을 안겨주었다.

> "어차피 원장님이 그냥 편하게 있다 가라고 채용한 거니까
> 자기소개서 쓰고 공부할 거 하고, 재수 준비 잘하다가 가면 돼."

누군가는 이 한 마디를 "우와, 좋다!"라며 받아들일 수 있겠지만, 당시의 나는 이러한 대우가 큰 상처로 다가왔다. 나름대로 무언가 해보고 싶어서 왔는데 그들은 나를 한낱 '낙하산' 내지는 '어린애' 정도로 생각하는 것으로 느껴졌기 때문이다. 입사 첫날부터 약 한 달 동안은 사무실이 거의 지옥과도 같았다. 아무것도 주어진 일은 없었지만 흡사 미어캣처럼 고개를 빳빳이 들고 도울 일은 없는지, 커피 한잔 하시겠는지 계속해서 여쭤봤다. 아무런 실력도 신뢰도 없는 나였기에 할 수 있는 것이라고는 '인간적인 유대'를 만드는 것뿐이었다.

회사에 머무는 시간 동안 한 시간에 한 번씩은 꼭 화장실에 갔었다.

긴장감이 극에 달하고 무엇인가 체한 것처럼 속이 답답해지면 화장실 변기 칸에 들어갔다. 그리고 손가락을 입안으로 깊게 집어넣는다. 입안까지 깊숙하게 넣으면 이내 헛구역질을 하게 되는데 이 행위를 몇 번 반복하면 자연스럽게 눈물이 맺힌다. 그렇게 헛구역질 몇 번을 한 뒤, 눈물 한 방울을 흘리고 나면 무언가 해소되는 기분이 든다. 그렇게 겨우 정신을 차리고 사무실에 들어갔다가 또다시 심한 압박감이 다가오면 이 행위를 반복했다.

사실상 7년이나 지난 일들이기에 웬만한 사건들은 "괜찮아, 그럴 수 있지." 하면서 꿀꺽 넘길 수 있게 되지만, 그때의 기억들만큼은 아직도 생생하게 남아있다.

조직의 문제를 해결하는 사람, 꼭 필요한 사람

퇴근하고 난 뒤에는 마포역이 도보로 5분 거리였음에도 불구하고 늘 걸어서 마포대교를 건너가 여의도 환승센터로 갔다. 그냥 걷고 싶었다. 여의도에서 인천으로 가는 88번 버스를 타고 멍하니 앉아있다가 창가에 기대어 계속 울었다. 그저 계속 울었다. 혹여라도 사람들이 쳐다볼까 봐 눈물이 맺히면 닦아내고 다시 울었다. 환영받지 못하는 회사에서 적응해나가는 것도 참 힘들었지만 아직까지 대학 진학 문제도 해결되지 않은 채 마치 주변인처럼 떠도는 이 삶이 너무 힘들고 벅차게 다가왔기 때문이다.

그렇게 긴장 상태의 연속으로 근무하던 어느 날, 우연히 보게 된 유튜브의 한 영상에서 결정적인 힌트를 얻었다. "조직에 필요한 사람은, 그 회사의 문제를 찾고, 해결해주는 사람입니다."라는 메시지를 전달하는 강의 영상이었다. 이 때 머릿속에 번뜩이는 아이디어 하나가 스쳐 지나갔다.

지금 우리 회사의 문제점은 무엇일까 고민하던 중, 문제를 발견했다. 우리 연구원은 기관, 기업과 협업하여 '포럼, 세미나'를 개최하는 사업과 연구용역사업이 주된 사업 영역이기는 했지만 동시에 정책 연구 자료를 제작해서 일반 대중들에게 배포하는 것 역시 중요한 사업 영역이었다.

때문에 원장님은 'IFS POST'라는 인터넷 신문을 통해 국내 각 분야 석학들의 인사이트가 담긴 칼럼을 생산하고 계셨고 이 사업을 더욱 확장하고 싶어하셨다. 그런데 여기서 가장 큰 문제점이 우리 연구원이 생산해내는 자료들의 '수준'은 높지만 대중들에게는 전파되지 못하고 있다는 문제였다.

그렇다면 어떻게 이 문제를 해결할 수 있을까 고민하던 중 당시 주류 SNS 채널이었던 페이스북이 떠올랐다. 당시 (페이스북을 사용했던 유저들은 기억할) '허핑턴포스트', '인사이트' 등의 페이스북 페이지들이 큰 인기를 끌고 있었는데 나는 우리 연구원의 페이스북을 이들과 비슷한 톤앤매너로 운영하면 괜찮은 성과를 얻어낼 수 있을 것 같다는 확신이 들었다. 그래서 바로 인터넷에 '페이스북 마케팅 강의'를 검색했고 두 개의 오프라인 강의에 사비 30만 원을 들여 참석했다. 그렇게 기본적인 광고 집행 스킬과 인사이트를 얻은 뒤, 우리 연구원의 방향에 맞는 SNS 채널 운영 전략을 기획했다.

그렇게 기획안을 만들고 다음날 바로 원장님께 제안을 드렸다. 원장님은 "그래, 우리 연구원에 꼭 필요한 일인데, 한 번 해보자."라며 흔쾌히 수락하셨고, 당시 50만 원의 홍보 예산을 배정받게 되며 회사의 SNS 채널 운영을 시작하게 되었다. 또한, 수강했던 강의 내용 중 '동영상 콘텐츠'가 일반적인 텍스트 위주의 콘텐츠들보다 반응률이 높다는 이야기에 착안해서 그 달의 월급 130만 원을 고스란히 투자해 '맥북프로'를 구매했다. 필요할 때 동영상 편집도 스스로 할 수 있는 장비를 갖추고 싶어서였다.

넌 우리 애야.

그렇게 만반의 준비를 한 뒤 회사의 SNS 채널 운영과 광고 집행을 시작하게 되었는데, 운영 한 달 만에 엄청난 성과가 나오기 시작했다. 일 평균 1천 내외였던 회사의 PV(페이지 뷰)가 20배가량 상승했고, 지금까지는 접할 수 없었던 일반 대중들의 적극적인 호응과 댓글을 통한 피드백이 쏟아졌다. 여기에 메이저 신문, 방송 기자들과 학계 정계 인물들이 우리 페이지로 유입되는 것은 물론, 이때를 기점으로 우리 연구원의 자료가 각종 메이저 언론의 기사에 적극 인용되는 현상이 벌어지기도 했다.

그렇게 우리 연구원의 콘텐츠가 온라인상에서 활발하게 공유되며, 홈페이지 방문자 수가 급증한 것은 물론, 소셜미디어 상에서 하나의 '공론장'으로 자리매김하는 긍정적인 변화가 생겼다.

그러던 중 원장님께서 이러한 성과를 치하할 겸, 나의 입사를 환영할 겸, '칼국수 한 그릇 먹으러 가자.'고 했던 날이 기억난다. 미생의 장그래가 주변인처럼 서성이던 중, 오 과장의 '너 때문에 우리 애만 혼났잖아.'라는 말에 감동하는 장면이 있는데, 그 씬과 똑같은 장면이 눈앞에 펼쳐졌다.

원장님은 본인의 음식을 덜어 주시면서 "우리 김선우 인턴 잘 먹어야지. 우리 연구원에 선우가 와서 활력이 도는구나."라는 말씀을 건네셨는데, 당시 집에 와서 이 한마디에 얼마나 펑펑 울었는지 모른다. 그렇게 나도 비로소 '이 회사 사람'이라고 인정받아가면서, 처음에는 비관적으로 말씀하셨던 상급자분들과도 모두 가까워졌고, 앞으로 나의 뜻을 펼쳐 보겠다는 다짐을 했다.

그리고 이내 원장님께서는, 이제 내가 무엇이든 잘할 수 있다고 판단하셨는지 이제 SNS 채널 운영은 자동화를 시켜 두고 새로운 프로젝트 '국가미래연구원 청년기자단'을 만들어보라는 지시를 하셨다. 지금 생각하면 어려울 일도 아니지만 당시 나이 스무 살이었기에 이 프로젝트를 성공적으로 완성시키기 위해 꼬박 일주일 밤을 새워 기획안을 만들어냈던 기억이 난다.

나는 아버지의 자부심이다.

치열한 고민 끝에 창의적인 기획안을 만들어냈고 스무 살의 인턴사원은 연구원의 임원진들과 원장님 앞에서 30분간 사업 계획을 발표했다. 박수와 함께 진행해보라는 승인을 받았고 적어도 네다섯 살 이상 많은 청년 기자들과 함께 '국가미래연구원 청년기자단 1기'를 시작했다.

처음 운영해보는 일이었기에 시행착오의 과정들은 있었지만 프로젝트는 성공적으로 운영되었다. 시범 운영 1, 2기를 거쳐 '3기'부터 공개모집 방식으로 대학생 청년 기자들을 모집했고 인지도가 적었던 우리 연구원의 대외활동에 선발인원의 5배수 이상의 지원자가 몰렸다. 점차 다양한 매력을 가진 사람들이 모여들면서 우리 청년 기자들이 작성한 칼럼은 네이버 뉴스와 제휴된 연구원 인터넷신문에 정식으로 게재되기 시작했고 평균 조회 수 2,000회 이상을 꾸준히 기록했다. 심지어는 청년 기자가 단독으로 보도한 내용이 유명 언론사 기사에 인용 보도되기도 하면서, 프로젝트는 비로소 안정 궤도에 오르게 되었다.

그러던 어느 날, 정말 우연히, 아버지와 김광두 원장님이 만날 일이 생겼다. 아버님은 오랫동안 N 은행에서 근무하셨는데 당시 N 은행의 회장님과 원장님이 공동으로 위원장을 맡을 프로젝트를 나와 진행하게 되었고 또 공교롭게도 이 프로젝트의 담당 부서가 아버지가 소속된 부서였으며 업무 담당자가 아버지와 가장 친한 동료였다. 인연도 어떻게 이런 인연이.

사실 당시 아버지는 내게 말씀은 안 하셨지만 걱정이 많으셨다. 아직 대학 진학 문제도 해결되지 않았는데 아들놈은 재수한답시고 하라는 수능 준비는 안 하고 어디 연구원에서 인턴을 하고 있으니. 내가 아빠가 된 입장에서도 참 답답하면서도 불안했을 것 같다. 그런데도 별 말씀 없으셨다. 하겠다고 하니까 그냥 내버려 두셨다.

N 은행의 회장님과 원장님이 만나게 된 날. 회장님은 물론이고 N 은행의 임원진들과 담당 부서 실무자였던 아버지와 직장동료가 있는 자리에서, 원장님은 한 마디를 꺼내신다.

"어, 여기 김현진 차장이라고 계시나요?"

"네, 접니다."

"아이고, 우리 김현진 차장 아드님이 우리 연구원에서 인턴을 하고 있는데. 이 놈이 아주 똑똑하고 일도 잘합니다. 난 놈이에요. 아들 잘 두셨습니다."

아버지는 이날의 일화를 "그랬더라, 잘하고 있구나."라는 정도로 말씀하셨지만, 원장님의 말씀은 달랐다. "선우야, 내가 N 은행 가서, 너희 아버지랑 임직원 다 있는 자리에서, 선우 칭찬을 제대로 한 번 했거든. 근데 말이야, 너희 아버님, 입이 찢어질 듯이 함박웃음을 지으시더라. 난 그렇게 사람이 좋아하는 표정을 몇 번 못 봤어. 아버님에게 잘해라."

갑작스레 시작되었던 나의 인턴생활, 나는 어쩜 이렇게 힘든지, 매일 울고 또 울면서 지나던 스무 살 청춘의 어느 날이었다. 내 가슴 속에는 드라마 미생 속 장그래의 대사 한 마디가 새겨졌다. "나는 아버지의 자부심이다."

내신 3.4등급! 한양대학교 ERICA 합격!
선우야, 앞으로도 계속 일하면 안되겠니?

그렇게 연구원에서 무사히 적응을 마쳤고, 웬만한 업무들도 다 손에 익으면서, 편하게 회사에 다니기 시작했다. 하지만 마음이 마냥 편할 수는 없었다. 오히려 시간이 흐를수록 더 큰 압박감이 다가왔다. 왜냐하면 나는 이 회사의 인턴이기 이전에 '재수생'이었기 때문이다.

애초에 입학했던 학과가 적성에 맞지 않아서 재수를 결심한 것이고 수시를 준비하는 과정에서 연구원에 입사한 것인데 가장 큰 문제가 해결되지 않은 상태였다. 이제는 회사에서 눈치 보느라 구역질을 하는 것이 아니라, 모든 학교를 불합격할까 봐 구역질을 해댔다. 아, 내 인생은 도대체 언제 안정 궤도에 오르나!

시작이 좋지 않았다. 탈락, 탈락, 탈락. 그럴 만도 했던 것이 수시를 준비해본 사람들은 알겠지만, 고3 현역 시절에는 수시모집에서 내신 성적이 3학년 1학기까지만 반영이 된다. 그래서 당시의 또래들은 보통 2학기 내신 성적은 놓아버리는 경향이 짙었다. 나는 현역 때 수시에 합격할 것이라고 철석같이 믿고 있었기에, 시원하게 3학년 2학기 내신을 말아먹었다. 그래서 최종 내신이 3.4 등급이 되어 버렸다.

"학생부 종합전형도, 결국 내신인가…" 어느새 거의 체념을 해가던 시점에 합격자 발표 문자가 왔다. 재수한 사람들은 공감할 내용이겠지만, 이 때 '예치금'을 이체하라는 메시지가 떴을 때 세상을 다 가진 듯한 기분이 든다. 합격이었다. 당시에는 '목표했던 만큼은 가지 못했다.'는 작은 아쉬움이 들기도 했지만, 일단은 합격의 기쁨이 너무나도 컸다.

원장님도, 연구원 직원분들도 모두 축하해주셨다. 그런데 동시에 "이제, 마무리할 때가 되었구나."라는 생각이 들었다. 왜냐하면 입학하게 되면 안산에 있는 학교에 통학하면서 수업을 들어야 했기 때문에, 물리적으로 마포에 위치한 회사에서 더는 근무할 수 없었기 때문이다. 그래서 혼자 마음 속으로 감사했던 기억들을 되짚어보며 연구원에서의 인턴 생활을 언제 마무리할 지 고민하던 때.

원장님께서 방으로 부르셨다.

"너 앞으로도 계속 일하면 안되겠니."

"엥, 어떻게요? 저 학교 갈 건데요 원장님. 어떻게 붙은 건데 안됩니다. 죄송합니다. 대학생 할래요."

"아니, 대학교에 없는 선에서 하라는 거지.
출근은 일주일에 하루만 해. 나머지는 재택으로."

"헉, 그래도 돼요? 그럼 저야 완전 감사하죠!"

"그래, 연구원에는 네가 필요하다. 월급은 기존에 받던 거 80% 줄게. 괜찮지?"

"괜찮고 말고요 원장님. 충성을 다하겠습니다."

그렇게 나의 인턴 생활은 이어지게 되었고
나는 대학교 2학년 1학기(22살)까지 쭉 '대학생'과
'반 직장인' 생활을 병행하는 이중생활을 이어나갔다.

ON! ON! JTBC 팀장님께 납치 당하다.

평화롭게 흘러가던 연구원에서의 어느 날. 원장님께서 오후에 DMC(디지털미디어시티)에 다녀오라고 하셨다. 이유인즉슨, 원장님께서는 내가 저널리스트가 꿈이라고 말씀드렸었던 것을 기억하시고, JTBC 모 국장님을 멘토로 모시는 겸 (당시 그 팀의 니즈였던) 페이스북 마케팅과 관련된 팁들을 전수해 드리고 오라는 말씀이었다. 국장님과 DMC의 한 카페에서 만나뵌 뒤, 그 팀이 운영하는 페이스북 채널의 문제점과 개선방안을 전달해 드렸다.

큰 나이차와 사회적 지위로 인해 편하게 모실 수 있는 분은 아니었지만, 그래도 내가 가고자 하는 분야의 대선배님이시니 온 정성을 들인 광고 집행 전략을 짜서 전달해 드렸다.

그런데 작성한 문서를 살펴보시던 국장님께서는 대뜸 "선우씨, 우리 팀에서 일해볼래요?"라는 제안을 하셨다. 대선배님에게 능력을 인정받았다는 사실에 기분은 좋았지만, 아직은 연구원 일만으로도 벅차고, 또한 전문적으로 일할 준비는 되어 있지 않다고 판단했기 때문에, 정중하게 거절 의사를 밝혔다.

하지만 결국 두 달 후에 프리랜서로 팀에 합류하게 되는데, 이 때 에피소드는 지금 생각해도 웃기다. 페이스북 광고 집행을 해 본 사람들은 잘 알겠지만, 페이스북 광고에서 가장 중요한 것은 '타기팅'이다. 콘텐츠별로 '관심 타깃 키워드'와 '연령대, 성별, 지역' 등을 상세하게 설정하고, 이에 적합한 광고 집행 예산과 기간을 배합했을 때 '최대 효율'이 발생한다. 당시 연구원에서는 50만원 남짓의 광고 집행 예산으로 신기에 가까운 효율을 내곤 했는데, 초반 3개월까지는 (일이 손에 익고 노하우가 생기면서) 광고 효율이 계속해서 상승하다가, 어느 순간 정체구간을 맞은 적이 있었다.

이 때 어떻게 해야 할지 고민이 참 많았는데 결론적으로는 '비슷한 유형의 페이스북 페이지'의 데이터를 확보해야겠다는 결론을 내렸다. 왜냐하면, 우리 연구원이 주로 생산하는 콘텐츠는 시사, 경제 등 어려운 주제들이 많았기 때문에 이와 비슷한 콘텐츠를 다루는 페이지의 데이터를 보면 분명한 힌트를 얻어낼 수 있었기 때문이다. 그런데 마침, JTBC에 계신 국장님이 진행하는 프로그램은 '시사 프로그램'이었고, 이 곳에서도 페이스북 광고 집행을 적극 진행하고 있었기에, 이 팀의 데이터를 꼭 얻어내고 싶었다.

그래서 당시 실무자로 계시던 팀장님께 연락을 드렸고 만나서 이야기 하자는 말씀에 사무실로 찾아뵈었다. 그런데 팀장님은 들어오시자마자 씨익 웃으시면서 문을 잠가버리셨다. 또한 "선우씨, 우리 이야기 끝나기 전에는 밖으로 못 나가요."라며 의자를 당기며 가까이 다가오셨다. 나는 어이가 없어서 "도대체 이게 무슨 상황이죠?" 하면서 웃었는데, 사실인즉슨.

"아니 선우야. 우리 데이터 공유해주는 건 전혀 문제가 없어. 해줄 수 있지 왜. 근데 대신 조건이 있어. 우리 팀에서 프리로 일해라. 아니, 국장님이 너 꼬셔 오래. 설득하기 전에는 내보내지 말래."

사실상 데이터를 얻고 싶은 마음도 있었지만, 나에게 이렇게까지 해주시는 분이 있다는 사실에 정말 감사한 마음이 들었고, 결국 그 팀에서 일하기로 합의를 했다. 그리고 나는 물 만난 고기처럼 말도 안 되는 광고 효율을 내기 시작했다. 마케터들은 공감할 것이다. "CPC 1원이 가능해? 광고 도달이 8만인데, 유기적 도달률이 20만, 이 수치가 가능해?" 가능했다. 당시 그 팀의 페이스북 페이지의 콘텐츠 '원료'는 매우 훌륭했으나, 유저들을 후킹할 만한 포인트가 없어서 타기팅이 정교하지 못했던 탓에 효율이 높지 않았을 뿐이다. 그렇게 내가 전담 관리를 시작하고 난 뒤 효율은 구체적인 수치는 밝힐 수 없지만.

9개월 간의 관리 성과, 월 40만 원 예산 기준.
"페이지 팔로워 2.5배 증가, 통합 도달률 500만, 동영상 누적 조회 수 200만 회."

엄청난 결과였다. 그렇게 나에 대한 입소문이 퍼지기 시작했는데 결국 한 박람회의 마케팅 프로젝트를 전담해서 진행하기도, 어느 대학원에서는 소셜마케팅 초청 강의를 하기도 하면서 시장에서 가장 어린 소셜마케팅 프리랜서로 활동했다. 그러다가, 그러다가!

대통령 선거 캠프, 그 치열한 현장 속에서

이때가 내 삶에서 가장 치열하고 바쁘게 지냈던 때가 아니었을까. 앞서 언급한 대로 페이스북 광고 집행을 비롯한 SNS 마케팅에 두각을 드러내며 일하던 중 드디어 군 입대 확정일자가 나왔다. 2017년 5월 15일로 입대 날짜를 받고 이제 하나둘 정리할 준비를 하고 있었다. 그런데 그와 동시에 우리 사회는 격동의 변화를 맞이하고 있었다. 박근혜 대통령이 대통령직에서 탄핵당하였고 한국 사회는 5월 장미 대선에 온 관심이 쏠리게 되었다. 하지만 그때까지만 해도 내 알 바 아니었기에 큰 관심은 없었다.

그러던 어느 날 나를 연구원에 채용하신 1년 반 가까이 모셨던 원장님께서 당시 문재인 후보 선거캠프에 합류하셨다는 소식을 들었다. 그전까지만 해도 별생각이 없었지만 이 때 나는 본능적으로 직감했다.

"기회다! 대선캠프에 가야겠다."

여기서 '기회'라는 의미는, 내가 캠프를 통해 어떤 자리를 얻고 싶다거나 인맥을 쌓고 싶다거나 하는 것 따위가 아니었다. 어차피 5월 9일로 예정된 대통령 선거 6일 뒤에 입대를 해야 했고, 2년동안 세상과 격리되는 만큼, 사실상 얻을 것은 크게 없었다. 하지만 일해보고 싶었다.

나름대로 인정받아왔었다. 글 잘 쓴다, 말 잘한다, 기획력이 좋다, 아이디어가 참신하다, 마케팅을 참 잘한다 등 22년 동안 살아오면서 얻어온 사람들의 평판이 과연 맞는지 확인해보고 싶었다. 그래서 원장님께 "저도 데리고 가시면 안 되겠습니까." 여쭙고, 바로 다음날부터 나는 캠프에 합류하게 됐다.

대선캠프가 나에게 남긴 것

후보의 PR 전략을 고민하는 중심 부서에서 그의 메시지와 그 메시지를 실현할 '영입인사'들을 어떻게 알릴지 고민했고, 우리 사회의 거대한 변화에 함께 발을 맞추며 걸어가는 기분이 들었다. 회의하고, 또 회의하고, 주말 없이 일하고 새벽 4시까지 술 먹고 아침 9시에 출근하고, 이 생활을 3개월 동안 반복하느라 체력적으로 힘들었다. 몸은 고되었지만 그동안 나 스스로 자신 있어 했던 능력치들이 '실력'이었음을 깨달을 수 있었던 확신의 시간이었다.

배정된 광고 예산 한 푼 없이 후보 영입인사들의 메시지를 SNS를 통해 효과적으로 전달했다. 다른 팀에서는 따라오지도 못할 효율을 내며 젊은 피의 역량을 제대로 보여줬다. 당시 두 명의 공동선대위원장 연설문도 작성해봤고 우리 위원회 영입인사가 제안하는 정책과 관련된 보도자료도 작성했다. 처음부터 잘한 건 아니었지만 모두 2~3일 이내로 감각을 익히며 이 책에 당당히 적어내릴 수 있을 만큼 열심히 일했고, 내 역할을 해내며 선배들의 칭찬도 많이 받았다.

워낙 강력한 후보였기에, 내가 열심히 일한 부분이 아주 티끌이나마 도움이 되었을지는 모르겠지만 어찌 되었든 캠프에서 '후보님'으로 존칭했던 그분은 대한민국의 대통령이 되셨다. 5월 9일 장미 대선의 투표가 마무리된 시간, 이제 새로운 대한민국의 대통령이 결정된 때, 우리는 함성

을 질렀다. 새로운 시대가 도래했다며 과거의 아픔은 잊고 새로운 대한민국을 만들어가자는 그 열망을!

기쁨도 컸지만, 동시에 나는 침울해졌다. 다른 게 아니라, 나는 6일 뒤에 군대에 가야 했기 때문이다. 대한민국 성인 남성이라면 모두 공감할 것이다. "입대 6일 전까지, 놀지도 못하고, 친구도 못 만나고, 소처럼 일만 하다가 입대한다고 상상해보세요. 참 안타깝지 않습니까?"

착잡했다. 그래도 평생 우리 집 가보로 가져갈 만한 사진과 기억을 얻었다. 당시 함께 일하던 선배들이 자리를 마련해준 덕분에, 선거 당일 오후, 문재인 대통령님께 인사를 드릴 수 있는 시간을 얻게 되었다.

"후보님, 당선 축하드립니다."

"이야기 들었어요. 이제 곧 군대 가요?"

"넵, 6일 뒤에 입대합니다."

"아이고, 그럼 군대 가기 전에 저를 위해서 일해준 거예요?"

"넵, 후보님! 정말 최선을 다했습니다! 축하드립니다!"

"고마워요, 군대 잘 다녀와요. 고마워요."

짧은 대화와 격려의 시간이었지만, 이 순간은 내 인생에 평생 잊지 못할 순간으로 자리 잡았다. 가볍게 말하자면 '평생의 안줏거리'를 획득한 순간이다. "형은 말이야, 군대 가기 전에 대통령께 인사드리고 간 사람이야."라는 식의 무용담도 가능해졌다랄까. 뜻깊게 이야기하자면, 우리 시대를 바꾼 그 사람에게 인정받았던 그 기억, 그가 남긴 따뜻한 말 한마디는, 나에 대한 확신을 더욱 단단하게 만들어주는 보이지 않는 무언가로, 내 삶에 깊게 자리 잡았다.

그렇게 나는 2017년 5월 9일. 한국 사회의 격동기에 탄생한 새로운 대통령께 인사를 드린 뒤, 사흘 동안 정신없이 친구들과 친척 어르신들에게 인사를 드린 뒤, 5월 15일 대한민국 공군에 입대하게 된다.

CHAPTER 01

'No man' 김선우

Episode 3.

세상아, 덤벼라! No! No!

일단 군에 입대했다.
5개의 자격증을 딴 뒤,
마음껏 꿈에 도전했다.

무시당했지만, 그랬던 이들을
내가 무시해버렸다. 그렇게,
또 한 번, 증명해냈다.
하지만, 또 흔들려버렸다.

군대에서 자격증 5개를 땄던 이유

"Re-Set: 다시 처음부터."

그런데 나는 이 때를 기점으로 진로를 변경하게 되었다. 캠프가 끝나면서 깔끔하게 기자가 되겠다는 꿈을 포기하기로 했다. 밝히고 싶지만 밝힐 수 없는 여러 이유들로 인해, 결국 이 길은 나의 길이 아니라는 결론을 내려버렸다. 그래도 대선캠프를 경험해 본 것은 인생에서 가장 잘한 선택이 아니었을까 생각한다. 가장 값지고, 귀하고, 치열했던 시간이었다.

그렇지만 나는 애초에 대가를 바라고 합류한 것이 아니었기에, 축하자리에서는 늘 말 없이 치킨만 뜯었다. 날이 다가오면서 함께했던 모든 캠프 선배들에게 인사를 드린 뒤, 경남 진주에 있는 대한민국 공군 교육사령부로 향했다. 이런 내 모습이 자랑스러웠다.

하지만 스스로 건넸던 위로는 군에 입대하자마자 모두 산산조각이 나고 만다. 대한민국 성인 남성들이라면 으레 겪게 되는 과정이기에 나만 혼자 유난 떠는 것일 수 있지만, 그래도 느낌이 좀 특별하기는 했다. 바로 일주일 전에 대선캠프에서 인사드렸던 그분은 '국가 원수, 최고사령관, 국군 통수권자'가 되셨고, 나는 이 체계에서 가장 아래에 있는 '훈련병'이 되어 버렸다.

당연히 예상했던 일이고 자연스러운 이치이지만, 나름대로 캠프에 있을 때는 그래도 인정받고 살았는데, 여기서는 매일 구르고 혼나고 구르고…. "에잇! 열 받네! 다들 뭐 어딜 간다 만다 이러고 있는데. 나는 진주에 왔다. 여기가 내 집이다! 으악!" 마음속으로 되지도 않는 자존심을 부려보기도 했다. 그러나 모든 훈련소가 다 그렇듯 6주간의 양성기간 동안 그런 잡생각은 모두 없어지고, 나는 이내 훌륭한 군인으로 거듭나게 됐다.

자, 이제 리셋이다. 나름대로 인정도 받고, 이것저것 해본 일도 많다. 하지만 이제부터, 그 일은 전혀 중요하지 않다. 앞으로의 나의 2년에 아무런 영향을 주지 못한다. 그럼 나는 여기서, 지금 이곳에서, 내가 꿈꾸는 미래를 위해, 내가 원하는 꿈을 위해 무엇을 해야 할까? 2년의 세월, 어떻게 보내야 할까!

내가 할 수 있는 것에 집중하자.
먼저 가장 중요한 것은 자대배치를 받은 뒤, 소속 대대의 일원으로서 '1인분'을 해나가는 것이었기에, 열심히 적응했다. 사회생활 참 잘하는 성격이라 무난하게 일병 시절까지 흘러갔고, 어느새 '일꺽'(일병 기간 7개월

중에 반이 지났다는 뜻) 시기가 되자, 어느 정도 시간과 마음의 여유가 생겼다. 일과 시간을 분석했고 '어느 자격증 시험에 도전할지, 시험일정은 어떻게 되며, 준비기간은 어느 정도 되는지'를 알아본 뒤 목표를 세웠다. 자격증들은 공기업 취업준비에 필요한 것들에 초점을 맞췄다.

왜냐하면, 대선캠프를 겪으며 기자라는 꿈을 포기하게 되었는데 ―그것을 대체할 새로운 꿈이 생겼을 때, 그 꿈에 도전하다가 실패했을 때― 먹고사는 문제에서, 벼랑 끝에 몰리고 싶지 않았기 때문이다.

말하자면 다시 한 번 No를 외칠 수 있는 기회를 잡기 위해서였다. 그때, 누구보다 당당히 No를 외치기 위해, 그 No의 선택에서 나 스스로와 가족을 당당히 설득하기 위해, '어떻게든 살아남을 수 있다.'는 나의 보루를 만들어야 했기 때문이다.

그렇게 결심했다.
"자, 전역할 때 자격증 5개 품고 여길 나가자."

5개의 자격증, 새로운 꿈

일주일에 하루만 쉬고 매일 공부했다. 공군은 병사들의 개인 시간을 보장해주는 편이고, 군생활 중 자격증 취득도 권장하는 편이다. 그래서 9시부터 5시 반까지의 일과시간을 마치고 나면, 10시 저녁 점호 이전까지의 시간은 자유롭게 사용할 수 있었다. 저녁 점호 이후 11시 반까지는 '저녁 연등' 시간이기 때문에, 독서실에서 자유롭게 공부할 수 있는 최고의 환경이 갖춰졌다.

먼저 몸풀기로 한국사능력검정시험 1급을 준비했다. 일과 후 3시간 정도를 투자했고, 자잘하게 암기해야 하는 내용은 작은 노트에 적어서, 점심 후 20분 정도의 자유시간과 화장실 가는 시간에 읽어가며 학습의 밀도를 높여갔다. 2개월 준비 후, 가볍게 합격했다. 자신감을 얻은 뒤 본격적으로 준비에 돌입했다. 매일 '순수 공부 시간'을 5시간까지 늘렸다. 점심을 최대한 빨리 마치면서 '1시간'을 확보하고, 저녁 식사 역시 최대한 빨리 마친 뒤 '저녁 연등 시간'을 포함해 '4시간'을 추가로 확보했다.

그렇게 3달간 준비한 토익에서도 850점이라는 준수한 성적을 얻으며 패스. 연이어 한 달간 준비한 토익스피킹에서도 목표했던 레벨 7은 아니었지만 6를 취득하면서 패스했다. 이 무렵 나는 '상병'이 되었는데, 나머지 두 개의 자격증을 준비하면서 엄청난 고독과 싸워야 했다. 모든 사회가 그렇듯, 어떤 집단의 사람들이 오랫동안 함께 생활하다 보면 가까워지고, 유대가 생기면서, 무리지어 다니게 된다.

특히 남자들만 모여있는 군대에서는 더욱 그렇다. 그런데 어느 순간 공부에 모든 시간을 투자하게 되면서 '동기, 선후임'들과 멀어진 것까지는 아니지만 '거리감'이 생기기 시작했고, 틈틈이 가까워지려 노력은 했지만, 물리적으로 불가능했기에, 점점 혼자만 있는 시간이 길어졌다(여기서 오해가 없었으면 좋겠는데, 나는 군대를 다시 가라고 하면 진지하게 긍정적으로 검토할 정도로, 좋은 동료와 함께 훌륭한 환경에서 군 생활을 했다. 개인적으로 모든 자유 시간을 공부에 투자하느라 자발적으로 고립되었다는 점을 알아주었으면 좋겠다). 그렇게 고독한 싸움이 시작되었다.

일과 시간을 마치면. 저녁 식사를 빠르게 마친 뒤, 아무도 없는 생활관 독서실에 불을 켜고 들어가 공부를 시작했다. 10분 단위로 시간을 쪼개어 가면서 최대한 많은 공부 시간을 확보하고, 저녁 점호를 마친 뒤, 12시까지 공부를 이어간다. 그리고 12시가 넘은 야심한 밤, 아무도 남지 않은 독서실에 불을 끄고, 아무도 다니지 않는 복도를 홀로 걸어가, 침대에 누워 잠을 청했다.

공부할 양이 많아지면, 작은 노트에 적어 일과 시간 중 틈틈이 암기했다. 컴퓨터를 통해 실습해야 하는 자격증을 준비할 때는, 그날의 당직 사령에게 사정을 설명하며 '30분'이라는 소중한 시간을 확보하고, 아무도 없는 사이버지식정보 방에서 자격증 실기를 준비했다. 이때 '왜 그렇게까지 했을까?'를 생각해보면, 간절히 공기업을 가고 싶어서도 아니었고, 애초 내 목표를 이루어야겠다는 자존심 때문도 아니었다. 단 하나, 전역하고 나서 '하고 싶은 일'에 마음껏 도전해보고 싶다는 생각뿐이었다.

그렇게 고독과 싸우며 나머지의 목표를 모두 달성했고, 결국 전역을 3개월 앞둔 시점 '컴퓨터활용능력 1급'과 '사회조사분석사 2급'을 마저 취득하며 목표를 모두 달성했다. 그렇게 스스로 "자, 안되면 공기업 준비하자. 충분히 해놨어."라며 다독였고, 남은 3개월은 온전히 나를 위해 사용하기로 했다.

그 아버지의 그 아들

마침 그 시기에 병사 휴대폰 사용이 허가되면서, 저녁 시간 내내 넷플

릭스를 시청하기도 했고, 마음 가는 대로 집어든 책을 읽기도 하면서, 전역 후에 무엇을 할지 고민을 했다. 사실 자격증을 준비하면서 어느 정도 방향은 잡혀있었다. "기자가 아니라면, 내가 가진 재능을 어디서 활용할까? 어떤 일을 해야 안정적이면서도, 재미있게 일할 수 있을까?"

이러한 고민은 기업 홍보실에서 PR을 하고 싶다는 결심으로 이어졌고 "그렇다면 홍보실에 가기 위해서 (군 전역 후) 대학교 재학 중 아르바이트 겸 할 수 있는 일은 무엇이 있을까?"에 대한 고민으로 귀결되었다.

"아! 홍보실 가고 싶다! SNS 마케팅도 해봤고, 보도자료나 연설문 같은 것도 다 써봤고! 그럼 또 뭘 해볼까? 보통 홍보실에서는 행사 같은 것들도 많이 주관하잖아. 행사 기획을 좀 할 줄 알면, 나중에 홍보실 취업에 유리하지 않을까? 그래! 그럼 행사기획을 배울 수 있는 아르바이트가 뭐가 있을까. 어? 행사 MC를 하면 그래도 행사에 대한 감각을 익힐 수 있지? 그래! 행사 MC를 하면서 취업을 준비해보자!"

지금 생각하면 비약에 비약을 거듭한 생각이었지만, 당시에는 MC를 하는 것이 도움이 될 것이라 철석같이 믿고 있었다. 물론 지금 생각해도 도움이 안 되는 것은 아니지만, 사실상 행사 기획은 대행사에서 다 알아서 하는 부분이고 홍보실 직원은 관리의 측면이 강하다. 또한, 홍보실에서는 그 외에도 해야할 일이 산더미인데, 홍보실에서 행사 MC 출신이라고 우대할 것이라는 환상은 조금 우습다.

아무튼, 다소 비약이 심한 결심이었지만, 뜻밖에 부모님의 반응은 굉장히 좋았다. 특히 아버지가 적극 지지해주시면서, MC 아카데미에 먼저 가서 체계적으로 배우라는 말씀을 해주셨다. 그리고 본인만의 행사 진행 노하우를 전수해주면서, 기왕에 하는 거 제대로 해보라는 응원과 함께 '100만 원 상당의 무선 마이크'를 선물로 주셨다.

물론 아들을 사랑하는 아버지이지만, 한 번 해보겠다는 말에 이렇게까지 적극적으로 나오는 게 조금 신기하지 않은가? 알고보니 결정적인 이유가 있었다. "MC, 사람들 앞에 서는 직업, 방송인." 이 일은, 우리 엄마, 아빠가 오랫동안 꿈꾸던 직업이었다.

Behind Story

"엄마, 엄마는 꿈이 뭐야?"

엄마는 어렸을 때 아나운서가 되고 싶었어. 내가 외모도 뛰어났지만, 목소리가 참 좋다는 이야기를 많이 들었거든. 그래서 말로 하는 직업을 하고 싶었어. 결론적으로는 은행원, 옷가게 사장, 공인중개사로 이어졌지만, 원래 꿈은 그거였지. 가난했는데 어떡해. 준비는커녕 대학도 못 가게 했는데. 아쉽지.

"아빠, 아빠는 꿈이 뭐였어요?"

아빠가 회사 다니면서 레크리에이션 아카데미에 다닌 적이 있어. 회사에서 종종 워크숍이나 체육대회 같은 행사가 있었는데, 내가 말을 잘하니까 사회를 보라고 맡겼거든. 근데 내가 생각보다 너무 잘하는 거야. 그리고 더 잘하고 싶은 거야. 그리고 퇴근하고 레크리에이션 아카데미를 다니면서 체계적으로 배웠어. 그랬더니, 이제는 회사의 온갖 행사에 나를 차출하는거야. 반응도 엄청나게 좋았고. 짜릿했어. 살면서 이렇게 쾌감을 느껴본 적은 처음이었어. 그리고 당시에 아빠랑 같이 준비하던 사람이 지금 유명한 누구거든. 그래서 회사 그만두고 제대로 해보고 싶어서, 너희 엄마한테 이야기를 꺼냈지.

"그랬더니?"

한 번 해보래. 하고 싶은대로. 대신, 이혼 도장 찍고. 그런데 그도 그럴 것이, 우리 결혼할 때 '생활비 30만 원'으로 시작했고, 너랑 민우는 한참 크고 있고, 돈

들어갈 곳은 한두 군데가 아닌데. 갑자기 뜬금없이 'MC'가 되겠다고 하니까. 나 같아도 그랬을 거야. 그래서 마음 접었어.

너희들 두고 내가 어떻게 하고 싶은대로 하니. 다만, 너무 강렬하고 간절했던 꿈이라서, 나는 TV를 잘 안봐. 유재석, 강호동, 신동엽, 참 재미있고 멋있는 사람들인데. 나는 그냥 늘 부러워, 불편한 감정이 올라와. 그래서 못 보겠더라고.

"아들아, (내가 못 이룬 꿈) 네가 하면 안되겠냐?"

뜬금없는 '레크리에이션 강사'로의 변신!

"김선우가 그런 일을 한대?"

"너 진짜 독하다. 무섭다."

전역 3일 후 찾아간 아카데미

이제부터 프리랜서 방송인으로 활동하고 있는 선우의 성장 일대기가 시작된다. 누군가는 "직업이 제대로 있는 거 맞아?"라고 물을 수 있겠지만 적어도 방송 행사 업계에서만큼은 제대로 인정받으며 성장해나가고 있다. 지난 시간은 너무나도 치열하고 때로는 잔인하기까지 했던 서바이벌의 과정이었다.

영화 타짜 중 곽철용 배우의 대사

"내가 달건이 생활을 열일곱에 시작했다. 그 나이 때 달건이 시작한 놈들이 100명이라 치면은, 지금 나만큼 사는 놈은 나 혼자뿐이야."

나름대로 치열했던 과정들을 설명하기에 이만한 문장이 없었다. 물론 업계에서 성장하는 과정에서 잘난놈들은 실력으로 신나게 제껴왔지만, 못난 놈을 보내거나 안경쟁이 친구들이 배신을 한 적은 없었다. 모든 업계가 다 그렇겠지만, 정말 치열하고 살벌했던 성장기였다.

처음 행사MC 아카데미에 갔던 날을 아직도 잊지 못한다. 지금까지 살아왔던 환경과는 완전히 다른 삶을 사는 사람들과 마주했다. 함께 시작했던 MC 꿈나무 동기들과 함께 행사MC가 되기 위한 트레이닝에 돌입했다(이때 함께 시작했던 10명 중 9명은 모두 이 길을 포기하고 다른 길을 걷고 있다). 이때 나의 마음가짐이 얼마나 비장했느냐면, 당시 아버지께서 군 복무도 마친 겸, 가족끼리 러시아 블라디보스톡으로 여행이나 다녀오자는 제안을 하셨는데, 나는 학원을 이틀 이상 빠질 수 없다며, 주말을 끼고 제주도로 여행을 가는 것으로 계획을 바꿔버렸다.

이러한 태도로 거의 6개월 동안, 아카데미에서 매일 목이 쉴 정도로 '죽을 듯이' 연습했다. 왜냐하면, 애초에 나에게 주어진 시간은 단 3개월 뿐이었다. 4월 말에 군을 전역했다. 9월에는 학교에 복학해야만 했다. 단 4개월의 시간 동안, 나는 나의 새로운 꿈을 향한 성장 모멘텀을 만들어야만 했다.

그래서 매일 4시간 넘게 수업을 듣는 것은 물론, 매 수업 네 시간 전에 가서 전날 배운 내용을 복습하고 연습했다. 주말에는 돌잔치 사회 무대를 시작으로 실습에 들어갔다. 이 과정을 지켜보던, 한 선배이자 스승님은 "무섭다. 무서울 정도로 빨리 큰다."라는 평가를 해주셨을 정도로 '진심'을 담아 배웠다.

유재석, 강호동, 신동엽, 김성주, 전현무.
내가 꿈꾸는 이들처럼 되기 위해서, 지금 당장 시작할 수 있는 일.
학교 다니면서도 '아나운서, 쇼호스트'와 같은 타이틀이 없어도,
당장 무대에 서서 사람들 앞에서 마이크를 잡을 수 있는 일.
나는 변신하기로 했다. 레크리에이션 강사로.

3만 원 돌잔치 MC

누군가에게는 이 내용이 불편하게 느껴질 수 있다. 하지만 나는 이 내용을 꼭 세상에 공개하고 싶었다. 주말마다 '첫 데뷔 무대' 겸 'MC 실습'으로 시작한 돌잔치 MC, 당시 시작할 때의 처우는 참 좋지 않았다. 누군가는 돌잔치 사회 한 번 보고 3만 원이면, 최저 시급보다 훨씬 높은 게 아니냐는 의견을 제시할 수 있지만, 그건 아니다. 인천 부평에서 경기도 구리까지 지하철로 왕복 4시간이 소요된다. 저녁 7시 행사면 집에서 오후 4시에는 나와야 하고, 행사에 맞는 의상과 메이크업을 준비해야 한다.

도착하자마자 행사가 시작되는 것도 아니다. 5시 반 정도에 도착해서 돌잔치 업장 예약실과 MC 선배들에게 인사를 드린다. 배치를 받은 뒤, 돌

잔치를 진행하는 아이의 부모님과 미팅을 한다. 그렇게 잠시 대기하며 분위기를 보다가 7시에서 7시 30분 정도에 행사를 시작하고, 약 30분에서 1시간 정도 마이크를 잡는다. 이벤트를 원하는 경우 조금 더 길게 진행을 하고, 평균 8시에서 8시 반 정도에 행사를 마친다. 그렇게 다시 집으로 출발하면, 평균 밤 10시 반에서 11시에 집에 도착하게 된다.

돌잔치 행사장에서 식사를 제공해주는 때도 있지만, 그렇지 않은 경우가 더 많아서, 이동시간을 포함한 (집 근처로 잡아주는 경우는 거의 없었다.) '약 7시간'의 보수가 3만 원이라는 것은, 사실상 생활이 불가능한 수준의 임금이었다. 지하철 왕복 교통비 5천 원(경의중앙선 경유), 식사 비용 약 8천 원을 제외하고 나면 1만 5천 원 정도 수중에 남게 되었기 때문이다.

그런데, 이런 말도 안 되는 처우에도, 좋았다. 정말 행복하고 짜릿하고 재미있었다. 마이크를 내려놓고, 박수를 받으면서 퇴장할 때. 나에게 가장 중요한 날의 행사를 맡겨준 고객들이 엄지를 치켜세울 때. 정말 '이대로 죽어도 좋겠다.'는 생각을 했다. 그래서, 더는 내 삶에서는 돈이나 사회적 명예가 중요한 것이 아니라, 그저 이 일을 평생 하면서 살아갈 수 있는 사람이 되고 싶다는 결심을 했다.

돌잔치 사회 무대도 정말 감사하고 소중한 무대였지만, 그러나 평생 이곳에만 머무를 수는 없었다. 금전적인 처우와는 별개로, 내가 이 일에 도전했던 진짜 이유가 있었기 때문이다.

Behind Story

사실 처음 이 일에 도전하겠다고 했을 때, 주변의 만류가 심했다. 조심스럽기는 하지만, 당시 선배들의 이야기는 이랬다. "선우야, 너 나름 대한민국 인재상도 받았고, 학교도 괜찮은 곳 다니고 있고, 인턴이며 대선캠프며 스펙 좋잖아. 그런데 그 일을 꼭 해야겠어? 원래 하던 거 하면 좋겠어."

또한 최근에 알게 된 사실인데, 당시 행사 MC를 시작한다고 했을 때 고등학교 동창들과 대학교 선후배들의 시선이나 미묘한 기류를 느끼고 있었다. 다만 내게 직접적으로 말한 사람은 몇 없기에, 또한 이 일이 너무나도 행복하고 즐거웠기에 신경 쓰지는 않았지만, 얼마 전 고등학교 친구가 이제는 말해줄 수 있다며 전해준 이야기가 있다.

"선우, 사실 그때는 상처가 될 것 같아서 절대 말 안했는데, 이제는 말해줘도 될 것 같아. 사실 너 돌잔치 사회 시작했다는 이야기가 돌면서, 고등학교 동창들 사이에서 한동안 말이 많았어. 김선우는 참 잘 될 줄 알았는데, 그러고 있더라는 이야기부터, 학생회장도 했던 애가 하고 많은 일 중에 그런 일을 하냐는 이야기까지 있었어. 지금은 널 부러워하지만, 그때는 그랬어. 그래도 잘 극복했다. 더 잘 돼서 연락 와도 받아주지 마라. 고생했다."

당시 그들의 시선과 비판을 누구보다 잘 알고 있었다. 하지만 동시에 짜릿했다. "야, 니들이 뭔데 이 일을 평가하고 말고를 해. 내가 왜 시작한 줄 알아? 야, 나

똑똑해. 너희가 동경하는 엘리트 사회에서도 밀리지 않아. 근데 이런 애가 주변 시선 아랑곳하지 않고, 본인 꿈을 위해 가장 밑에서부터 시작했어. 그러든지 말든지 행복하대. 여기서 성공 못하겠냐? 오히려 콘텐츠가 많아지지 임마. 두고 봐."

3만 원 돌잔치 MC에서, 100만 원 영부인 행사 MC로!

누구보다 간절하게, 누구보다 치열하게. 여차저차 첫 무대를 경험한 뒤, 단계별 전략을 세웠다. 먼저, 말도 안 되는 처우였던 돌잔치 사회를 벗어나 (조금은 처우가 괜찮은) 결혼식 사회자로 넘어간다. 둘째, 결혼식 사회도 첫 시작은 '결혼식장' 소속이지만, 빠르게 프리랜서 전문 사회자로 성장한다. 셋째, 프리랜서 매칭 애플리케이션에서 1위를 달성한 뒤 이를 무기로 더 다양한 행사와 방송 무대로 영역을 확장한다.

돌잔치 사회는 스무 번만 했고, 곧바로 결혼식 사회자로 변신했다. 돌잔치를 진행하는 영상을 기반으로 신도림에 있는 결혼식 사회 업체에 명함을 내밀었고, 함께 일해보자는 제안과 함께, 이제는 '5만 원' 결혼식 사회자가 되었다. 결혼식 사회는 그래도 처우가 괜찮았다. 돌잔치보다 대기시간이 짧았고, 결혼식장에서 뷔페도 이용하게 해주었다. 인천 부평에서 신도림까지 거리도 가까웠으며, 당시 업체에서 나에게 건수를 몰아주는 덕에 수입도 100만 원을 넘어서게 되었다. 그렇게 안정적인 환경을 마련했고, 결혼식 사회가 없는 평일에는 하루 8시간씩 MC가 되기 위한 연습을 이어나가며, 성장해나갔다. 종종 MC 선배들의 행사에 오퍼레이터(행사에서 음악을 틀어주고 보조를 하는 역할)로 따라다니며 어깨너머로 행사를 배웠고, 도와드린 선배들의 도움으로 작은 무대부터 서기 시작하며 기반을 다져가기 시작했다.

신도림에서의 결혼식 사회는 꽤 안정적이었지만, 나는 여전히 배가 고팠다. 결론적으로 결혼식 사회자로 무대에 서긴 했지만, 엄밀히 말하면 나는 '신랑, 신부'(클라이언트)의 섭외를 받아 무대에 서게 되는 것이 아닌, 결혼식장에 소속된 사회자로서 무대에 서는 것이었기에, 프리랜서 무대로 나가고 싶었다.

그래서 무대마다 녹음을 하고, 영상을 찍어둔 뒤, 이를 기반으로 진행 실력을 업그레이드 해나갔다. 그러면서 결혼식 사회 경력이 50회 정도에 이르렀을 때, 영상촬영에 동의해준 신랑, 신부 덕에, 드디어 나의 진행영상을 유튜브에 업로드하며 '프리랜서' 무대로 나아갈 수 있게 되었다.

'크몽, 숨고, 오투잡, 헤이비글' 등 프리랜서 MC들이 소위 '일을 따오는' 플랫폼들이 있었는데, 당시 가장 활성화되어 있었던 '숨고'에서 첫 프로필을 작성하며 프리랜서 시장에 도전장을 내밀었다. 처음에는 일이 잘 잡히지 않았지만, 다른 사회자들과 차별화되는 나만의 메시지와 정성 어린 응대, 매회 업그레이드되는 실력과 함께, 결혼식 사회자 시장에서 빠르게 성장했다. 고객들의 리뷰가 쌓이고, 입소문이 나면서, 결국 6개월 만에 숨고 결혼식 사회자 부분에서 '리뷰 수 1위, 고용 수 3위'를 달성하여 300

명의 사회자 중 1%: Top 3로 거듭나게 되었다. 이때는 '20만 원' 사회자로 성장했고, 월수입은 200만 원 내외로 상승했다.

코로나 때문에 결혼식 두번이나 연기했는데 사회자님께서 일정 변경해주시고 따뜻한 말씀해주셔서 너무 감동이었습니다😭 비록 홀 99인 인원제한에 어버이날 예식 이라 많은분들이 참석하시진 못했으나 그 이상으로 많은 호응 이끌어주시고 분위기 띄워주셔서 행복하게 웃으며 결혼식 잘 마쳤습니다🙂💕 하객분들도 사회사님 매끄럽게 진행 잘 하신다고 칭찬이 많았습니다👍 김선우 사회자님 강추!!드리구요 너무 감사하고 앞으로도 하시는일 모두 잘 되시길 응원하겠습니당 :)

임** ⭐⭐⭐⭐⭐

안녕하세용 오늘 결혼 마친 새신랑신부입니당 ^^ 후기보고 바로 이분이다 하고 연락드렸는데 역시 정말 좋으셨습니다^^

식전에 파악할 부분 미리 체크해서 다 반영해주시고 ,식중에도 2부예식 시작시간 등 미리미리 잘 알려주셔서 마음이 참 편하더라구용 .

방송사고가 났을 때도 유머러스하게 잘 넘겨주시는 것 보고 역시 프로는 프로다 싶었습니다.

예식 끝나고 사회봐주신 분 진행 정말 잘하신다구 칭찬 많이 받았어요 ^^ 덕분에 예식 유쾌하게 잘 마무리했어용. 감사합니다💕 그리고.. 김성주 닮으셨다는 후기있던데 진짜 닮으셨어요 >_<
대박나세요~~!!

2020.11.21

권** ★★★★★

숨고를 통해서 만난 우리 김선우사회자님!! 사회자 선택시 진행했었던 영상을 보고 남편과 저희 친정아빠 저 모두 같은선택을 했지요~ 안정적인 목소리 톤, 유머러스함, 센스 믿고 맡길 수 있는 분 이라고 생각이 들어 바로 연락을 드렸고 처음 통화시 20분 넘게 통화했는데도 어색하지 않고 계속 웃으며 대화했던 기억이 나요~

본식 한달전이라 이것저것 신경쓸게 많아서 스트레스 받고 있었는데 사회부분은 정말 일도 신경쓰지 않게 해주셨고, 결혼식날 처음 뵀는데 사진보다 훨씬 잘생기셔서 깜짝 놀랐습니다ㅎㅎ 사회 너무 깔끔하게 잘해주시고 중간에 눈이 마주쳤는데 고개도 끄덕여 주시며 편하게 해주셨어요~
어찌나 믿음이 가는지 역시 잘했다는 생각을 했죠
결혼식이 끝난지 일주일 지났는데 친구를 사회자로 했던분들이나 가족분들 지인분들이 이래서 전문사회자를 하는구나 하면서 잘했다고 하는 말을 들을때마다 뿌듯함을 느끼는 하루하루를 보내고 있어요~~♡♡

다음달에 결혼하는 제 친구한테도 적극 추천 할 정도로
김선우 사회자님 정말 잘하셔요!!!

저희 결혼식이 더욱더 빛날수 있도록 함께 해주셔서 감사했습니다 💑 추천 많이 많이 할게용♡

2020.11.09

라이브커머스 요정 떠누!

당시 빠른 성장과 함께, 사실상 '이대로도 10년은 먹고살 수 있는' 기반을 마련하긴 했다. 25살의 나이에 업계에서 자리를 잡은 것이기 때문에, 앞으로 10년은 거뜬히 결혼식 사회자로 활동할 수 있었기 때문이다. 하지만 나는 여전히 배가 고팠다. 더 인정받고, 더 다양한 일을 하고 싶었다.

그래서 이제는 '방송'으로 넘어가기 위한 기회를 찾기 시작했고, 마침내 모 정육업체의 라이브커머스를 진행하게 되었다. 숨고를 통해 쇼호스트 견적 요청서가 날아왔는데, 후보에 있는 사람들 간에 면접에 이루어졌다. 경쟁이었다. 당시 너무나도 하고 싶어서 블루투스 스피커로 음악을 틀고, 성대모사를 하고, 삼행시를 하는 등 간절한 모습을 보였고, 이에 감동한 업체가 나와 함께 라이브커머스를 진행하겠다는 연락을 주었다. 그렇게 2020년 6월, 3만 원 돌잔치 사회자로 시작한지 1년 만에, 나는 그토록 하고 싶었던 '방송'에 '쇼호스트'로 출연을 하며, 진정한 첫 커리어에 발을 내딛게 되었다. 결과는 대성공이었고, 이때를 기점으로 비로소 '방송인'으로서의 기틀을 잡아나가기 시작했다.

당시 A 정육 업체와 두 번의 방송을 이어나갔는데, 당시 내부 사정으로 당분간은 진행하지 않겠다는 소식이 들려왔다. "아뿔싸, 어떻게 잡은 기회인데, 이렇게 끊기는 걸까." 하지만 그곳만 믿고 가만히 기다릴 수는 없었고, 두 번의 진행 레퍼런스를 기반으로 수백 곳의 브랜드사와 라이브커머스 대행사에 프로필을 돌리기 시작했다. 아침에 눈 뜨자마자 잡코리아, 사람인, 인크루트, 미디어잡을 뒤지며 이메일을 보내고, 심지어는 네이버 스마트스토어 기능인 '톡톡 메시지'를 통해 같이 일하자는 영업 메시지를 보냈다. 지금까지 발송한 영업 메일만 누적 1,000건은 족히 되는 것 같다.

연락이 오면 면접이나 미팅을 가고, 그 과정에서 말도 안 되는 갑질과 폭언을 했던 업체들도 더러 있었지만, 전혀 신경쓰지 않았다. 그저 계속해서 한 걸음씩 나아가고, 또 나아갔다. "왜 이번 달은 섭외가 없지?", "왜 그 업체는 더는 나랑 안 하지, 내가 잘못한 건가?"라는 불안함과 초조함은 사치일 뿐이었다.

매일매일 나를 알리는 이메일을 돌리고, 인스타그램을 통해 나를 홍보

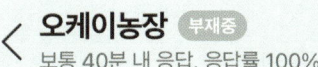

어렵지 않은한 꼭 저와 함께하려합니다. 그 이유는, 방송 실력과 동시에, 진심으로 해당 브랜드를 위해 갖은 노력을 기울이기 때문입니다. 최근 라이브 커머스시장은 경쟁이 매우 심해서, 이익을 보기 힘듭니다.

제대로 성공하기 위해서는 / 1. 사전마케팅 2. 매력적인 상품구성 3. 높은 수준의 쇼호스트 / 3박자가 맞아야합니다. 최적화된 조합을 추천해드릴 수 있습니다. 이 메세지에서 구체적인 데이터를 공개할 수는 없으나, 실제 사례들이 있습니다.

제가 자신있게 추천드리는 조합입니다. 최저비용으로 최고효율을 내는 사전바이럴 업체, 대행사보다 훨씬 저렴한 방송사 출신 PD, TV 홈쇼핑 출신의 탑 쇼호스트까지, 저만 할 수 있는 최저가 견적이 가능합니다.
진입을 망설이신다면, 대행사들의 견적에 신뢰가 가지 않으신다면 000-0000-000로 연락주십시오.

Showhost, MC 김선우 - InstaBio
Special One & Only One

하고, 주어진 방송에 모든 것을 올인하며 조금씩 성장해나갔다. 진정한 셀럽이 되려면 이러면 안 된다고? 아니, 이래야 한다.

원래부터 반짝반짝 빛이 나서 사람들이 주목해주는 셀럽도 있지만, 이렇게 구질구질한 과정들을 딛고 일어서, 끝내 대중들의 사랑을 받게 되는 셀럽도 있는 것이다. 양지바른 정원에 피어나는 장미꽃도 있지만, 진

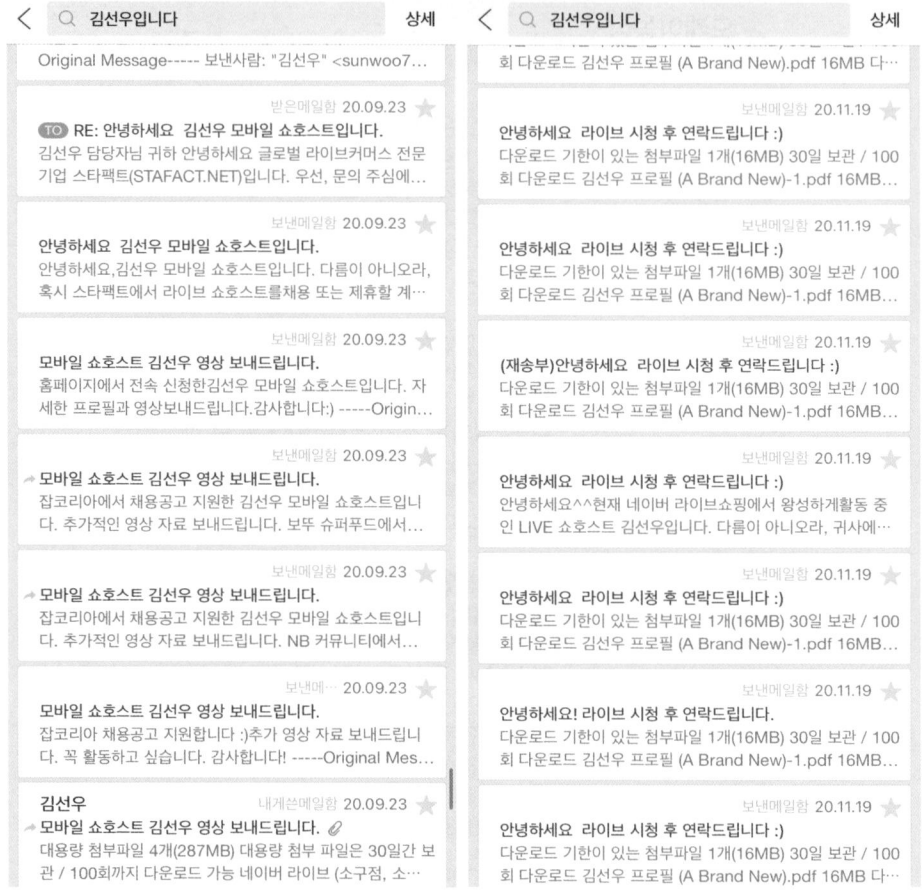

흙 속에서 피어나는 연꽃도 있는 것이다. 나는 기꺼이 후자를 선택했다. 연꽃이 되기로.

과정들을 압축해서 서술했지만, 나는 지인들이 이 업계에서 일하고 싶다고 하면 일단은 말린다. 그리고 질문을 한다. "각오는 되어 있느냐.", "생각보다 감당할 것이 너무나도 많다." 왜냐하면, 앞에서 서술한 브랜드사나 방송대행사들의 갑질은 말할 것도 없고, 업계에서 활동하는 프리랜서들 간의 견제와 질투가 너무나도 심하다. 어느 업계가 안 그러겠냐마는, 특히 방송 행사 업계는 '입으로, 말로' 먹고사는 사람들이다 보니, 억울한 소문이나 원색적인 비판의 수위가 '경악'스러울 수준인 경우가 잦다.

특히 나는 여전히 이 업계에서 압도적으로 어린 나이이고, 대학교 재학 중에 아르바이트 겸 일을 하는 형태였기에, 정말 '살얼음판을, 까치발 들고, 간절히 기도하며 걸어가듯이' 지낼 수밖에 없었다.

조금이라도 어깨가 올라가거나(= 조금이라도 건방져지거나) 나 잘났다는 어필을 하는 순간 소위 '말이 나오기 시작'하고, 그들은 갖가지 핑계로 나에 대해 험담을 하고, 부정적인 여론을 만들고, 결론적으로는 업계에서 일을 못하도록 뒷작업을 한다.

내 성격 자체가 밝고 긍정적인 장점도 있지만, 동시에 말이 많고 경거망동하는 '푼수'의 기질이 다분했기에, 초반에는 한 마디 말실수로 인해 업계에서 완전히 매장당할 뻔한 일도 있었다. 초반에는 나를 도와주겠다며 나섰던 선배가, 나의 성장 그래프가 일정 수준을 넘는 순간, 나를 비판하고 매도하기 시작하는 것은 물론, 하지도 않은 말과 행동을 지어내며, 어떻게든 상처를 주기 위해 애를 쓴다.

"누가 그랬다더라, 누가 그랬다며, 대박."이라는 말에 쉽게 동조해선 안 된다. 이 말에 동조했다가는, 어느 날 갑자기 이름도 모르는 선배로부터 욕설과 폭언의 전화를 받게 된다. 어느 브랜드사나 대행사가 나와 일하게 되었다고 해서, 절대 안심하면 안 된다.

외모든, 말투든, 진행 방식이든, 무엇 하나 꼬투리 잡힐 명분을 주는 순간 "왜 저 친구랑 해요? 저랑 하시죠."와 같은 식의 뒷작업이 시작된다. 개그맨, 아나운서, 쇼호스트, 소위 '출신'이 있는 사람들은 같은 출신의 사람들과 뭉치며 세력을 형성한다. 혹여 잘못하더라도 집단이 서로 보호해준다.

그런데 나에게는 그런 것이 전혀 없었다. 아무런 방패막이 하나, 나를 보호해줄 사람 하나 없었던 대학생 쇼호스트 김선우는, 이러한 살얼음판과 같은 업계에서, 때로는 깨지고 부딪히고 밟혀도, 화가 나는 갑질과 무시를 당해도, 잡초처럼 일어나면서 한 걸음씩 내딛어갔다.

영부인 행사 무대에 서다.

일반적인 직장인들의 커리어패스로 비유하자면, 지금까지는 '취업 준비' 과정에 가까웠다고나 할까. 이번 주제에서 이야기할 행사 무대를 커리어패스에 비유하자면 '대기업 취뽀'에 비유할 수 있다. 라이브커머스 활동도 이어갔고, 대기업과 공공기관 행사 무대에도 종종 섰고, 결혼식 사회자로도 이름을 날리긴 했지만 '큰 한 방'이 없었다.

예를 들면 내가 그렇게나 집착했던 '어디 방송사 공채 출신'이라던지, 그런 게 없었다. 하지만 꾸준히 레퍼런스를 만들어가던 어느 날, 매일매일 영업 메일을 열심히 돌리던 어느 날, 드디어 기회가 찾아왔다. 당시 아나운서 공개채용에도 도전하기 위해 '모아스피치'라는 아나운서 아카데미에 다니고 있었는데, 대표님께서 어느 행사 아나운서에 나를 추천해주셨다. 클라이언트는 무려 청와대.

당시 행사 주최 측은 문화체육관광부였지만, 영부인이 직접 참석하는 행사였기에, 소위 '청와대 행사'라고 불리는 급의 매우 큰 무게감을 지닌 행사였다. 당시 행사 MC 자리를 (대표님께 적절한 후보를 추천해달라며) 연결해주신 분이자 진행해주시는 분이 EBS 유나영 아나운서 선배님이었기에, 사실상 대표님께서 강력하게 추천을 하셨다고 한들, 될 가능성은 낮아 보였다.

그런데 이게 웬 걸, 젊은 감각의 남자 MC를 한 번 믿어보시기로 한 것인지 BH(Blue House)의 OK 싸인이 떨어졌고, 그렇게 나는 무대에 서게 되었다. 행사 당일 일주일 전부터 잠을 못 잤다. 자다가도 깨서 행사대본을 봤다. 행사 당일은 어떻게 지나갔는지 하나도 기억이 안 난다.

긴장 안 하기로 유명하지만, 정말 이때는 인간이 이렇게까지 긴장할 수 있나 싶을 정도로 긴장했다. 더구나 온라인으로 생중계되는 행사였기에, 아버지께서 온 가족이 있는 단체 톡방에 (실시간으로 진행되는) 행사의 접속 링크를 공유하셨다. 할머니, 이모, 이모할머니, 6촌 친척 할 것 없이 모두 실시간으로 나의 진행을 지켜봤다.

나의 커리어가 바뀌는 날, 나를 증명하는 날, 아주 강력한 레퍼런스가

생기는 날. 본능대로, 배운 대로, 나를 믿는 대로 마이크를 잡았고, 가장 중요한 영부인을 모시는 멘트 "오늘 행사에 참석해주신 대통령 부인 김정숙 여사님을! 뜨거운 박수로! 모시겠습니다."까지 완벽했다. 행사 중반부 즈음 분위기가 쳐질 때, 행사 톤앤매너 준수는 물론 영부인까지 빵 터뜨린 애드립까지 센스있게!

이날의 결과는, 전화 한 통으로 마무리가 되었다. "선우야, 대선캠프 때 같이 일했던 누나 ㅇㅇㅇ이야. 사실 누나 영부인 수행비서로 있었거든. 너 진짜 잘했어. 다들 저 친구 누구냐고 묻더라. 잘했다. 잘 컸다."
그리고 지금까지 나를 따라다니는 수식어 '26살 남자 MC, 청와대 행사를 뒤집어버린 친구' 섭외 비용은 100만 원. 그렇게 나는 업계에서 인상적인 타이틀 하나를 적립했고, 본격적인 커리어 패스를 만들어가기 시작했다.

롯데그룹의 PR 콘텐츠를 시작하다.

오늘도 여전히, 수많은 브랜드사와 광고 방송 행사 대행사에 "안녕하세요, 김선우입니다!"라는 영업 메일을 돌리던 어느 날. 운명적인 공고 하나를 봤다. 첫 문장을 읽자마자 차를 골목길에 세우고, 곧바로 내가 왜 이 콘텐츠를 진행해야 하는지, 내세울 것은 없지만, 아주 상세하고 논리적으로 적어 내려갔다.

보낸사람 김선우

MC 김선우 롯데지주 유튜브 지원합니다.
2021.05.10 23:13

📎 대용량 첨부파일 1개 대용량 첨부 파일은 30일간 보관/100회까지 다운로드 가능
(26MB)

김선우 (SH떠누) 프로필 (2021.03).pptx 26MB
다운로드 기간: 2021/05/10 ~ 2021/06/09

지원공고를 보고 제 자리라는 생각이 들었습니다.

1. "기본적으로 높고 밝은 텐션입니다."

저는 현재 라이브커머스 쇼호스트로 활동 중입니다.
(레퍼런스 링크 :

현재까지 로지텍, 질레트, 라인프렌즈 등 유명브랜드와 함께
진행했고, 5월 중 SK 7 Mobile / 동원펫푸드 / 디즈니 등
탑브랜드와의 라이브커머스 진행 일정이 잡혀있습니다.

단순히 텐션이 높은 것이 아니라, 보는 사람을 '즐겁게'하는

밝은 텐션 그리고 자연스러움에서 묻어나오는 '편안함'으로
시장에서 높은 가치를 인정받고 활동 중에 있습니다.

2. "시사 상식에 밝습니다."

* 전공
한양대학교 ERICA에서 정보사회학을 전공했습니다. 학교생활 내내 사회 이슈를 접하고, 분석하는 데에 열정을 쏟았습니다. 전공 자체가 '사회학' 입니다.

* 수상이력
고등학교 졸업과 동시에 '2014 대한민국 인재상' (교육부 주최, 매년 100인 선정)을 수상했습니다.

수상 근거는 '사회 문제 인식 및 대안제시 경험을 바탕으로 사회 혁신에 기여할 인재'라는 명목이었습니다.
- 관련기사 :
https://www.google.com/amp/s/m.ajunews.com/amp/20150105093532886)
* 근무이력

1. 2015년 9월부터 2017년 3월까지
군 전역후 2019년 5월부터 2020년 1월까지

(사) 국가미래연구원에서 인턴으로 일했습니다.
김광두 서강대 석좌교수님 가까이서 일했고,
경제와 정치 분야 자료조사부터 세미나, 토론회 등
연구원 행사 전반을 보조하며 만으로 3년을 일했습니다.

2. 2016년 6월부터 2017년 4월까지,
JTBC 이규연의 스포트라이트팀에서 (프리랜서로)
SNS 마케팅을 담당했습니다. 당시 한주간의 이슈를
심층보도하는 스포트라이트팀에서 매주 자료를 받아,
SNS 상에 효율적으로 배포하는 일을 도맡아서 했습니다.

3. 2017년 3월 ~ 5월 문재인 대통령 선거캠프에서
일했습니다. 당시 김광두 교수, 김상조 교수 (전 정책실
장)등을
집중적으로 보좌했습니다. 당시 캠프 최연소 실무진이
었습니다.

* 보유 자격증

사회조사분석사 2급 / Toeic 905 / 컴퓨터활용능력 1급
한국사 1급 / KBS 한국어능력시험 3+를 보유하고있습니다.

3. "MC 경력이 있습니다."
현재 라이브커머스 쇼호스트로 활동함과 동시에 MC로
활동중입니다.
기업행사, 기관행사, 결혼식 등 행사경험이 수백회 있습니다.
서울대, 서울시립대, 조선일보, 대명그룹 행사 등을 진행했고
5월 중순에는 청와대 주최 행사도 예정되어 있습니다.

이외 다른 정보는 프로필을 참조해주십시오.
말씀드린 경력 모두 증빙 가능합니다.

귀사께서 원하시는 인재는,
정보를 쉽고 재미있게, 좋은 목소리와 발음으로 전달하면서
여러가지 기획에도 잘 어우러질 수 있는 '유쾌한 진행자'
쉽게말해 '똑똑한 또라이'를 찾고계신 것 아닙니까?

접니다. 연락주십시오. 라이브커머스 일정도 많지만,
롯데그룹 유튜브 레퍼런스는 제게 꼭 필요한 상황입니다.
기회 주시면 최선을 다해 임하겠습니다.

> "선우씨보다 경력이 좋은 사람들은 많았어요.
> 그런데, 선우씨만큼 본인이 이걸 왜 해야 하는지,
> 어떻게 할 것인지 명확하게 보여주는 사람은 없었어요.
> 그래서 저는, 메일을 읽자마자 확신했습니다. 이 사람이다."

그렇게 롯데지주가 운영하는 공식 유튜브 채널에 업로드되는 롯데그룹 사보 'L피셜'의 남자 MC가 되었다. 돌잔치 사회자로 시작해, 결혼식 전문사회자를 거쳐, 라이브커머스의 쇼호스트가 된 김선우는, 과연 5대 그룹사가 원하는 수준에 미칠 수 있을 것인가. 나를 계속 원할 것인가, 나의

방식이 맞는 것일까. 불안함은 잠시 뒤로하고, 김선우를 있는 그대로 보여줬다.

점이 선이 되는 그 순간

그리고 여기서, 그동안 의미 없을 것이라 생각했던 나의 경험과 경력들이 아주 강력하게 빛을 발하기 시작했다. 점을 찍으면 선이 된다는 스티브 잡스의 말이 떠오르는 순간이었다. 당시 클라이언트 롯데지주가 원하는 바는 다음과 같았다.

"롯데그룹의 ESG 경영, 사회공헌사업, 신사업 정책과 신제품 소개를 쉽고 재미있게 해주세요." 쉽지 않은 미션이다.

"아나운서도 아니고, 개그맨도 아니고, 도대체 어떤 톤앤매너를 잡아야 할까?" 그런데 나에게는 너무나도 쉬웠다. 자, 여기서 다시 되돌아보자. 김선우가 어떤 사람인가. 사회문제인식 및 대안제시경험을 바탕으로 사회 혁신에 기여할 인재라는 명목으로 2014 대한민국 인재상을 수상했다. 한양대학교 ERICA에서 사회학을 전공했으며, 대선캠프까지 경험해보며, 이러한 무거운 주제들을 수도 없이 다뤄본 사람이다. 동시에, 돌잔치 사회부터 각종 레크리에이션을 섭렵한 리얼 광대다!

그래서 롯데지주가 만족했느냐고? 작년 2021년 4월에 시작된 'L피셜' 프로젝트는, 이 책이 출간된 2023년 6월까지도 이어지고 있다.

심지어 롯데그룹의 광고계열사 대홍기획에서는, L피셜과 무관한 프로젝트에도 날 섭외하고 있고, 대홍기획의 디지털광고 자회사 스틱인터랙티

브에서는, 또 다른 브랜드사 프로젝트에 날 섭외하여 함께하고 있다. 그리고 그 스틱인터랙티브와 함께 일하는 영상제작사는, 또 다른 프로젝트에 나를 호출해서, 함께 일하고 있다. 롯데와 함께한 3년, 이제 업계에서는 나를 이렇게 칭한다.

"김선우? 뭐하는 사람인데요?"
"김선우? 롯데의 아들."

그리고 이때부터 나는 또 한 번 폭발적으로 성장함과 동시에, 본격적으로 '김선우'라는 브랜드를 업계에 강력하게 각인시켜나가기 시작한다.

방송인 김선우? 맞네 방송인

그토록 원하던 타이틀 몇 개를 적립하고, 여전히 매일 아침에 일어나

면 프리랜서 관련 채용공고를 리스트업하고, 메일을 보내며, 영업하기를 반복한다. 신뢰할 만한 경력이 생기면서, 본격적으로 굵직한 경력들이 쌓여가기 시작했고, 비로소 '방송인'으로 성장하기 시작했다.

매일 아침 모집공고 사이트를 이 잡듯이 뒤지기를 1년하고도 6개월이 지난 어느 날 "나 이제는 기업방송도 했고, 굵직한 행사도 했고, 라이브커머스도 많이 했으니까, TV 예능 한 번만 제발 나가보고 싶다."라는 간절한 바람을 품고 살던 어느 날, 우연히 EBS 파일럿예능 누구세탁소에 출연하는 기회를 잡았다.

누군가를 속이거나 설득하는 데에 특화된 사람을 찾는다는 공고에, 한때 마피아 게임계의 사기캐였다는 둥, 네다섯 살 누나들의 마음을 훔친 연상킬러였다는 둥, 타고난 신기와 말재주가 있다는 둥. 갖가지 어필을 하며 결국 출연 기회를 따냈고, 그토록 원하던 TV 예능을 촬영하게 되었다. 청와대 행사만큼이나 촬영 시간 내내 꿈을 꾸는 것만 같았다. 아, 여기가 그토록 원하는 곳이구나. 나도 할 수 있구나. 나도 될 수 있구나. 메인급 출연자는 아니었지만, 맹활약하며 많은 분량을 따냈고, 드디어

TV 프로그램 경력 한 줄을 쓰게 되며 '방송인'이라는 타이틀을 사용하기에 손색이 없어졌다.

그렇게 마침내 '청와대 행사, 롯데의 아들, EBS 예능 출연'이라는 굵직한 경력 세 개를 쌓았다.

그런데,
그런데,
그런데.

CHAPTER
01

'No man' 김선우

Episode 4.

**잠시 'Yes'를 고민했지만,
결국 No를 외쳤어!**

잠시 흔들렸지만, 그 바람은,
오히려 김선우라는 돛단배의
강력한 추진력으로 작용했다.

대기업 정규직? 안가.
내가 대기업이 되면 되잖아.

그 다음이 없었다.
아무 것도 보장된 것이 없기에,
사실상 매달 마지막 주차만 되면,
다음달 스케줄이 어떻게 될지
불안에 떠는 프리랜서 출연자였다.

업계에서 활동할 수 있는 경력은 있었지만, 대중들에게 얼굴을 알릴 방송의 기회는 EBS 예능 이후로 오지 않았다. 한마디로 이렇다 할 돌파구가 없었던 것. 그것이 문제였다. 그래서 나는 '방송사 공채에 합격해서, 취업을 한 다음, 그곳에서 열심히 성장하면서 얼굴을 알리고, 때가 되면 다시 프리랜서가 되자.'는 계획을 세웠다. 그런데 너무나도 야속한 것이, 단 한 곳도 면접 볼 기회조차 주지 않았다. 업계 선배들은 "선우면 당연히 되지. 모셔가야지."라고 이야기했지만, 정말 단 한 곳도 나에게 기회를 주지 않았다. 2년에 가까운 시간 동안 아나운서 공개채용, 홈쇼핑 쇼호스트 공개채용에 각각 다섯 번, 모두 열 번을 도전했지만, 모조리 탈락하면서 이 길에 대한 의지와 동기를 상실했다.

그렇게 나는 어느 순간부터 눈빛에서 '총기'를 잃었다. 27년 내내 사람들을 만나면 "저는요! 이렇게 해서, 이렇게 될 거예요!"라는 말을 반복하던 나는, 어느 순간부터 "하면 뭐해요. 무슨 의미가 있어요."라는 부정적인 메시지를 내뱉기 시작했다. 하고 싶었던 TV 방송에서 나를 불러주는 것도 아니고, 그렇다고 라이브커머스나 행사 업계에서 원탑도 아니고, 공개 채용 시험은 면접에 가보지도 못했고. 선배들은 "그렇게 버티다 보면, 기회가 올 거야."라며 날 위로했지만, 나는 그런 기약 없는 기다림에 인생을 거는 배짱 있는 사람도 아니었다. 계속해서 수렁에 빠지고, 더욱 총기를 잃어갔다.

갑작스러운 취업준비와 합격,
잠시 고민했지만 결국 'No Man'

점점 이 길에 대한 희망을 잃어가면서, 결국 심각한 고민에 부딪혔다. 아르바이트는 아르바이트로 남겨야 할까. 여기까지만 하고, 안정적인 길을 찾아 나서는 것이 현명한 판단 아닐까. 솔직히 공채가 되는 것도 아니고, 내가 돈을 엄청 잘 버는 것도 아니고, 그렇다고 취업 걱정 없이 살아갈 만큼 우리 집이 여유 있는 집안도 아니고. 나를 향한 지원은 대학교까지였고, 이제 결혼하고 아이를 낳고 살아가려 하는데, 과연 이 길이 답이 있을까. 그렇게 결국 나는, 앞서 언급했던 결론을 내리게 된다.

"김선우, 너는 여기까지다."

그러다가, 어느새 8월 졸업을 앞둔 2022년 3월의 어느 날. 나는 취업하기로 결심한다. 방송일의 불안정성과 치열한 경쟁에 지칠 대로 지쳤고, 돌파구는 딱히 보이지도 않고 하고 싶은 것 다 도전해봤으니 취업하자고 결심했다. 취업준비과정은 대한민국의 모든 취준생들이 으레 겪듯 '고통스러운' 과정이었기에, 나만 엄살피우는 것만 같아 짧게 요약해서 서술하려 한다.

우선 나의 졸업 평점은 2.95였지만, 틈틈이 준비를 해오며 살아온 덕에 이력서가 나쁘지는 않았다. 토익 905점을 보유하고 있었고, 사회조사분석사 2급, 컴퓨터활용능력 1급, 한국사능력검정시험 1급, KBS 한국어능력시험 3+를 보유하고 있었다. 그런데 내가 준비하려는 사기업 채용시장에서 토익을 제외하고는 아무런 쓸모가 없었다. 물론 공기업 채용시장의 관점에서는 기본적인 준비가 끝난 상태로 볼 수도 있었지만, 공기업 채용 역시 NCS와 전공지식, 치열한 면접의 과정을 거쳐야 함은 물론 문과 '사무직' TO는 극악에 가까웠기에, 나는 반드시 사기업 채용시장에서 승부를 봤어야만 했다.

지금에 와서는 CJ제일제당 채용담당자 조성빈의 "학점은 하나도 안 중요하다."는 말을 경험적 데이터와 함께 비로소 믿을 수 있게 되었지만, 처음 서류를 제출하고 탈락의 고배를 반복해서 마시던 때, 정말 모든 것을 잃고 절벽에 매달려있는 심정처럼 위태로웠다.

가혹할만큼 채용시장은 나에게 수없이 높은 벽과도 같았다. 현대자동차 홍보실 2연속 탈락은 말할 것도 없고, 심지어는 지난 2년간 현업에서 활동해온 라이브커머스와 관련된 직무에서조차 서류에서 탈락했다. 그 중에서도 '배민쇼핑라이브 사업기획' 직무 탈락은 가장 충격적이었다.

함께 일해본 경험도 있고, 업계의 평가를 모두 알고 있기도 하며, 내부 직원까지 적극 공감한 문제점들을 70장짜리 사업기획서에 녹여서 제출

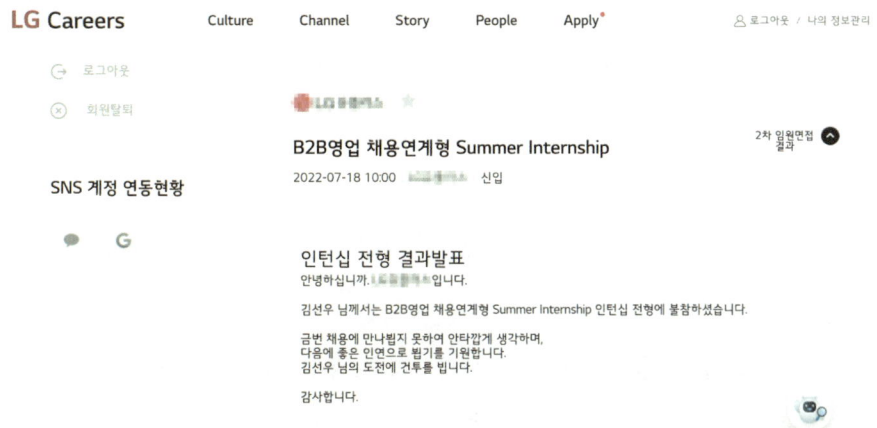

대기업 L사 채용 관련 자료

하기까지 했는데, 서류에서 탈락했다. 마케팅 직무도 탈락, 라이브커머스 관련 직무도 탈락이었다. 그 중 유일하게 SKT B2C 마케팅/세일즈 서류전형에 통과했지만 인적성 탈락. 탈락, 또 탈락이었다. 너무 힘든 탓에 취업 컨설팅 멘토에게 문의를 해보면 "왜 떨어지는지 모르겠다."라는 답변부터 "선우씨, 중소기업에서 시작해서 중고신입으로 가거나, 외국계 기업에서 계약직부터 시작하는 방법도 있어요."라는 조언까지 다양했다.

물론 지극히 현실적이고 감사한 조언이었지만, 내가 당장 그러질 못했던 이유가 있었다.

지금 하고 있는 일도 나름의 벌이가 괜찮지만, 이제 안정적인 삶을 살고 싶어서 이 길을 포기하는 것이다. 그런데 그 안정적인 삶을 위해, 또다시 처음부터 불안정한 커리어패스에 도전하고 싶지는 않았다. 대기업 채용만 뚫어내면 해결될 것 같은데, 줄줄이 서류에서 탈락하기를 반복. 하지만 모든 취준생이 그렇듯, 또 이러면서 단단해지고 취업에 대한 눈이 트인다.

거의 죽기 일보 직전의 상태를 이어가기를 4개월, 그럼에도 계속해서 온 힘을 다해 취업 시장의 문을 두드렸고, 마침내 3대 그룹사 L사의 '채용연계형 인턴십'에 합격하게 된다. 얼마나 간절히 원한 기회인데, 어떠한 심정으로 결정을 내린 뒤 얻게 된 기회인데. 너무나도 소중하고 감사했다. 그래서 당장 다음 주부터 인턴십에 참여하려고 했다. 그런데 가지 않았다.

딱 두 사람이, 나를 붙잡아줬다. 한 명은 우리 아빠, 한 명은 사랑하는 내 여자친구. 사실 아버지는 이전부터 취업 준비는 한 번 해보는 것을 제안하셨다. 왜냐면, 아버지도 아셨으니까. 우리집이 나 하고 싶은대로 끝까지 지원해줄 수는 없다는 것을. 잘하고 가능성이 보이긴 하지만, 이 아이가 결혼을 하고 아이를 낳고 나서도 늘 '잘 풀리기만 할 수 있을지'에 대한 걱정이 있으셨기 때문이다. 여자친구도 처음엔 지지해줬다. 결혼할 남자친구가 안정적으로 대기업 다니면 좋고 또 해보겠다는데 굳이 말릴 이유는 없었다.

그런데 이 두 사람이, 막상 출근하려고 하니까, 말렸다. 조금만 더 해보라고. 장단점이 분명히 있는데, 여기서 그만하기에는 아쉽다고. 우리 한 번 해보자고. 도전해보자고. 특히 여자친구는, 내가 이 일을 할 때 얼마나 행복해하고 즐거워하는지를 가장 잘 아는 사람이니, 특히 지지해줬다. 그래서 출근하지 않았다. L사 채용팀에서 세 번이나 전화가 왔지만, 개인적인 사정으로 죄송하다는 말씀만 올리고, 예정되어 있었던 스케줄에 집중했다. 그리고 그 선택과 함께, 나는 또 한 번 '폭풍 성장'을 경험하게 된다.

" '5대 그룹사, 외국계기업, 공공기관'의 파트너 김선우

취업 준비는, 정말 신의 한 수였어.

그토록 원하던 대기업 입사 기회를 보란 듯이 내팽개치고, 인스타그램에 글을 하나 올렸다. "저 김선우, 대기업을 포기하고, 스스로 대기업이 되기로 했습니다."라면서, 사실상 여전히 불안하고 초조하지만 포부를 밝혔다. 취업을 준비하기 전 만났던 성빈이형을 만나 그간의 역사를 솔직하게 털어놓고, 이제 다음 스텝을 향해 나아가겠다고 이야기했다. 취업 준비하겠다 했을 때 그토록 욕을 퍼부었던 조성빈은 "잘했다 동생. 고생했다. 그릇이 더 커지네."라며 다독여주었고, 어차피 신입사원 입사는 서른 때까지도 늦지 않는다며 당분간은 계속 도전해볼 것을 제안했다.

"형, 형의 다음 목표는 뭔데, 우리 나중에 책 쓰기로 한 거 잊지 않았지, 알지?"

"그럼 당연하지, 우리는 3년 전부터 책 한 권 쓰자는 말을 달고 살았다."

"근데, 왜 꼭 나중에 써야 돼? 지금 쓰면 안 되나, 나 지금 딱 콘텐츠 좋잖아."

"음, 그건 그렇지? 해? 해봐? Go?"

"그래, 남자는 직진이다. Go."

그렇게 이 책을 적어나가게 된 것이다. 취업준비는 정말 신의 한 수였던 것이, 먼저 독자들의 관심을 이끌 한 문장이 명확하게 나왔다. 사실 책을 쓰는 것 자체는 전혀 어렵지 않다. 그동안의 일기를 풀어내는 과정일 뿐이니까. 잘 팔리는 책, 관심받는 콘텐츠를 만드는 것이 어려운 것이다.

그런데 나는, 사실상 꿈을 포기하고 돌입했던 '취업준비'의 과정과 그 성과 덕분에 '대기업 초봉 6천을 포기하고, 꿈을 향해 나아가는 남자'라는 PR 메시지를 만들 수 있게 되었고, 이를 기반으로 나의 꿈과 목표를 풀어나갈 수 있게 되었으며, 결과적으로 평범할 수 있는 콘텐츠들을 '독자들의 관심을 끄는 이야기'로 재탄생시키는 동력을 얻었다.

또한, 취업을 준비하는 과정에서 그동안의 프리랜서 활동들을 모두 되돌아봤다. 취준생과 직장인들은 공감하겠지만, 서류전형의 자기소개서에서는 어떻게든 나의 활동을 직무와 연관 지어서 설명해야 한다. 그래서 '직무 적합성'에서 점수를 받게 되고, 그래야만 취업에 성공할 수 있기 때문이다. 라이브커머스 쇼호스트, 행사 MC, 기업 홍보영상 진행자 등. 취업을 준비하기 이전에는 단순히 '방송, 행사'를 한다는 일차원적인 의미에서 그쳤던 일들을 '기업과 업무 담당자'의 시선에서 바라보게 되었다.

"내가 했던 일이 뭘까, 롯데 L피셜은 그룹의 PR활동이다. 라이브커머스는 뭘까, 제품 세일즈와 브랜드 PR 활동이다. 각종 행사는 뭘까, 온오프라인 공간에서 기업의 메시지를 전달하는 PR & 프로모션 활동이다."라는 깨달음을 취업준비 과정에서 얻었다. 그리고 프리랜서 현업으로 돌아갔을 때, 나는 한 단계 더 성장해있었다. 담당자가 가이드라인을 제시하기도 전에 "이런 걸 원하시는 거죠? 이 부분은 제가 이렇게 풀 거고, 이렇게 이끌어갈게요. 결론은 이렇게."라며 한 발짝 더 앞에서 프로젝트를 바라보기 시작했다. 또한, 여기에 담당자가 보지 못한 관점까지 추가해내며 "선우씨, 방송도 잘하는데 일도 정말 잘한다. 나중에 우리 회사 올래요?"라는 제안을 받을 정도의 '인사이트'와 '실력'을 얻게 되었다.

그리고 운명과도 같이, 마치 거짓말처럼, 본래 신입사원 채용에서는 탈락했었던 '현대자동차그룹'이 PR 프로젝트를 함께하자는 제안을 해왔다. 본래 필름메이커스라는 사이트에 '출연자 모집'으로 올라왔었던 글인데, 나는 프로필과 함께 '현대자동차그룹 홍보실 2회 탈락'이라는 색다른 이력을 첨부했고, 이에 (다른 방송인 대비) 압도적인 호감도와 경쟁력을 지니게 되면서, 곧바로 출연자로 선정되었다.

바로 이어서, 이전에는 입찰 참여의 기회조차 없었던 글로벌 대기업 'P&G'에서 다우니 라이브커머스를 함께하자는 연락이 왔다. 이때부터 나는 단순히 방송에 출연하는 것을 넘어, 담당자와 같은 눈에서 세일즈의 성과를 분석하기 시작했다. 더 높은 구매 전환을 이끌어내기 위해서, 어떤 메시지를 중점적으로 전달해야 할지 '브랜드'와 함께 고민했고, 이를 또 다음 방송에 녹여내면서 '다른 쇼호스트들과는 다른 무엇'을 보여주었다. 그렇게 P&G를 한 번의 인연을 넘어 수차례를 함께하는 장기 클라이언트로 발전하게 되었다.

그런데 이것은 시작일 뿐이었다. 한층 풍부해진 인사이트와 남다른 열정으로 일을 대하기 시작하니, 현대자동차그룹과 P&G에 이어 '삼성증권, SK텔레콤, LG전자, LG생활건강, 경기도청, 서울특별시의회, CJ제일제당, 광동제약, 젠하이져코리아, 레고코리아, 위니아딤채, 와디즈, 한국거래소' 등 다양한 분야의 탑브랜드사에서 자사의 PR 영상 프로젝트, Sales 프로젝트를 함께하자는 제안을 해왔다.

또한 롯데지주와는 2023년, 계약을 또 한 번 갱신하면서, 업계에서 전례가 없는 '3년차 브랜드 유튜브 진행자'이자 롯데맨으로 자리를 잡았다. LG전자와는 만 1년 이상 LG전자베스트샵 라이브커머스 프로젝트를 함께하며 [서울, 경기, 인천, 부산, 경북, 충남, 충북, 전남]까지 전국을 일주했고, 지금도 매달 수회 함께하며, 업계에서는 나를 LG맨으로 칭한다. 뿐만 아니라 KT&G에서는 (대기업 L사 공채 합격 이력을 긍정적으로 평가하며) 약 3개월 간의 진행되는 마케팅 해커톤 프로젝트를 통으로 진행해달라는 제안을 해왔다. 큰 건들만 기술했지만, 지금도 크고 작은 탑 클라이언트들의 연락이 이어지며, 업계의 온리원이자 스페셜원으로 성장하고 있는 중이다.

무엇보다 '방송, 광고 업계'에서 그 누구도 이루지 못한 기록.
삼성그룹, SK그룹, 현대자동차그룹, LG그룹, 롯데그룹과 모두 일해본 남자.

고작 그의 나이 스물여덟!
자부심이 있다. 또한 자부할 수 있다.
누군가 이 기록을 깨기는, 정말 어려울 거라고.
이윽고, 나만의 매력적인 카피를 만들어냈다.

"5대 그룹사부터 글로벌 대기업, 공공기관, 스타트업까지!
브랜드가 가장 신뢰하는 파트너, 김선우와 함께하세요."

3년째 진행 중인 롯데그룹 월간뉴스 'L피셜'

광고 영상 업계를 통틀어, 브랜디드 유튜브 콘텐츠가 3년 이상 이어진 선례는 물론, 진행자가 3년째 이어지는 사례도 없었다. 회사에 가진 않았지만, 나에게는 나를 사랑해주는 회사가 있다.

누가 뭐래도 가장 사랑하는, 대한민국 최고의 기업 롯데그룹.

오랜 기간 염원했던, 언젠가 꼭 함께하고 싶었던 대한민국 최고의 브랜드 '삼성'과도 함께하게 되었다. 국내 최초 투자심리토크쇼 'I like that' 시리즈를 시작으로 총 네 개의 시리즈를 함께하며 과분한 사랑을 받고 있다.

"안녕하세요, 김선우입니다. 오늘은 삼성으로 출근합니다."

SK텔레콤 Fly AI 과정 수료생 인터뷰

앞서, SK텔레콤 채용 과정 중 인적성 전형에서 탈락하여 일주일간 몹시 슬펐다는 이야기를 했다. 그러나 정확히 6개월 뒤, SK텔레콤으로부터 연락이 왔다.

함께하자고. 지독하게 사랑하니까, 결국 나에게 오더라.

LG전자, LG생활건강, LG유플러스 라이브커머스 방송 사진

LG그룹으로부터 유독 큰 사랑을 받았다. 2년째 함께하고 있는 LG전자를 비롯하여, 그룹사의 소비재 브랜드와는 모두 함께했다. 채용에 합격했던 회사도 이 중 한 곳이었다.

현대자동차그룹 전기차충전소 E-pit PR 프로젝트

과연, 나의 홍보팀 지원 서류를 두 번이나 탈락시킨 현대자동차그룹에서도 나에게 연락이 올까 궁금했었다. 서류 2회차 탈락 후 3개월 뒤, 거짓말처럼 연락이 왔다. 최고의 회사, PR 에이전시와 함께한 꿈만 같았던 촬영.

위니아 딤채 2023년 신제품 소개 영상

위니아그룹으로부터도 큰 사랑을 받았다. 처음엔 김치골든벨의 행사 MC로, 이듬해엔 위니아 브랜드 유튜브의 진행자로, 곧이어 딤채의 신제품을 소개하는 가이드로.

감사하고, 사랑하는 회사. 김치냉장고의 기준.

좌측부터 P&G 다우니, CJ제일제당, 젠하이저 코리아

1년 이상 함께하고 있는 글로벌 소비재 브랜드 P&G
취준생 시절 한 번 즈음 꿈꿨던 회사 한국피앤지,
담당자님은 종종 말씀하신다. "입사하실 생각 없나요?"

(Yes Man과는 아무런 관련 없이) 그룹의 사내방송부터 라이브커머스 프로젝트까지 꾸준히 함께했던 CJ제일제당. 사내에 영상이 송출되면, Yes Man이 가장 먼저 연락을 준다.

"PD님, 하이엔드 블루투스 이어폰은 자신 없어요."
"무슨 소리야? 선우씨가 제일 잘할텐데? 공부해와."

곧바로 서울의 젠하이져 청음샵을 세 군데 다녀왔고, 2주간 주말 내내 청음샵에서 살다시피 했다. 그렇게 역대급을 만들어낸 젠하이져 코리아 블랙프라이데이.

그리고 이 원고는 2023년 4월 10일, 출판사 박영사에 최종 제출했는데, 최종원고 마감과 출판일 사이에도 나의 커리어업은 계속되고 있다. 정확히 일주일 후부터 시작되는 삼성그룹의 삼성증권 브랜드 유튜브 시리즈물과 함께, 나의 커리어 마지막 퍼즐인 '삼성'의 조각까지 맞추게 되면서, 이윽고 2022년 7월, 회사에 입사하지 않기로 하며 설정했던 목표를 모두 이루어냈다.

그래서 취업준비는 나에게 신의 한 수와도 같았다. 이전과는 비교도 안될만큼의 강력한 레퍼런스가 엄청난 속도로 쌓여갔고, 늘 고민이었던 "어디어디 출신입니다."라는 PR을 가능케해주는 '그놈의 타이틀'은, 자연스럽게 해결되었다.
업계에서 인정하는, 동시에 나를 소개하는 문구는, 간단하다.

"5대 그룹사가 선택한 남자. 탑 클라이언트들의 황태자."

그런데, 이와 동시에 (오랜 기간 존경했던, 내겐 연예인만 같았던) TV 방송인 선배, 방송작가 출신 교수님이 나를 여기저기 적극 소개해주시기 시작하면서. "이 친구, 요새 핫해. 광고왕이야. 대기업 프로젝트 얘가 다 해요."라며 나를 알려주시기 시작했고, 결국 나의 커리어는 가파르게 성장해나가게 되었다. 그렇게, 지금 여러분 앞에 이 글을 써내려 갈 수 있는 일종의 자격을 얻었다.

이 원고를 마무리하던 5월의 어느날,
나는 엄마에게 이렇게 이야기했다.

"엄마, 나 작년에 L사 입사했으면 큰 일 날 뻔 했다."
"왜?"
"(장기 클라이언트) 삼성, 엘지, 롯데가 나에게 월급 주거든. 아들이 회사를 세 개나 다녀. 그것도 우리나라 최고의 회사들."
"잘했지. 그런데 엄마는, 그것도 참 대견스럽지만, 네가 늘 행복해보이고 재밌어하는 것 같아서 좋아. 지금처럼만 해. 좋아하는 일 하면서, 즐겁고 행복하게. 엄마는 그거면 됐어. 잘했어 우리 아들."

나는 우리 사회의 보편적인 제도와 시스템에 줄곧 'No'를 외쳤다. 모두가 가는 길에 반기를 들기도, 보편적인 담론에 반항하기도 했다. 때로는 나를 가장 사랑하고 아껴주시는 부모님조차, 그 선택에 우려를 표하시기도 했지만, 시간이 흐르면서, 부모님도 (너의 선택이 옳았다면서) 나의 'No'에 진심으로 'Yes'라고 대답해주셨다.

성공하고 싶다면 No를 외치라는 것이 아니다.
우리 사회의 제도와 시스템이 잘못되었기 때문에
No를 외치라는 것이, 외쳐야 한다는 것이 아니다.

때때로, 우리 사회의 보편적인 제도와 시스템 속에서

내가 좋아하는 일, 내가 행복해질 수 있는 방향이
마땅히 보이지 않는다면 당당하게 No를 외치라는 뜻이다.

96년생 청년이 살아온 이야기는 이렇게 마무리 지어보려 한다.

 ## 'No Man'의 길, 결국 나의 길이 'Yes'였음을 증명하는 싸움

브랜드의 '방송인'에서, 대중의 '방송인'으로

김선우의 이야기 어떠셨나요? 여기까지 읽은 독자들은 과연 저에 대해 어떻게 생각할까요? 사실 이미 많은 사람에게 피드백을 받아서, 대략적으로는 짐작해볼 수 있습니다. "정말 열심히 사는 친구구나. 화려한 듯, 겁도 많고, 또 그러면서 심지는 굳은 친구구나."

그런데 여러분, 이런 저를 책에서만 보기에는 조금 아쉽지 않으신가요? 다양한 기업 유튜브 콘텐츠나 운 좋으면(?) 제가 진행하는 행사에서 관객으로 즐거움을 느낄 수도 있지만, 기왕이면 더 자주 보고 싶지 않으신가요?

"그래. 저 친구가 TV에 나와도, 더 다양한 매체에서 얼굴을 비춰도, 나쁘지는 않겠네. 채널을 돌리지는 않을 거야."라는 정도의 호감이 생기셨다면, 제가 어떤 콘텐츠에 나오면 좋을까요?

그렇다면 그 이전에, 저는 어떤 프로그램에 나가서 저를 보여주고 싶을까요?

이에 대한 저의 대답은 "무엇이든 좋다."입니다. 여러분 앞에 설 수 있는 콘텐츠라면, 여러분께 즐거움을 드리고 저의 메시지를 전할 수 있는 콘텐츠라면, 다 좋습니다.

제가 나오는 예능 프로그램을 보면서 여러분이 한 번 크게 웃으며 스트레스를 해소할 수 있다면. 긴장감이 극에 달하는 오디션 프로그램에서 저의 진행과 함께 '심장 쫄깃한 재미'를 한 번 제대로 느낄 수 있게 된다면. 비록 화면 너머이지만, 김선우만의 매력으로 우리나라 방방곡곡의 현장의 맛을 생생하게 맛보게 될 수 있다면. 김선우가 인터뷰하는 사람들의 이야기를 같이 듣고, 공감하면서, 당신의 삶에 조금이나마 치유의 메시지를 전할 수 있다면. 잠들기 전, 아침 출근하는 길, 잠이 쏟아지는 점심시간, 저의 저세상 텐션과 장난끼 가득한 이야기들을 통해, 일상에 활력을 얻게 될 수 있다면. 저는 무엇이든 좋습니다.

당신 삶에 스며들고 싶습니다. 당신의 일상에 제가 있었으면 좋겠습니다. 그것을 저의 일로 여기고, 제 삶을 꾸려나가며, 오래도록 당신 곁에 머물고 싶습니다. 지금까지는 연습생이었습니다. 이제는 데뷔하고 싶습니다.

더 다양한 곳에서, 더 많은 당신들과 만날 수 있는 곳에서, 인사드리고 싶습니다. 당신 앞에 서고 싶습니다. 재미와 감동을 주는 사람으로 성장하고 싶습니다. 저에게 기회를 주시면 안 될까요? 어떻게 기회를 줘야 할까, 독자로서 할 수 있는 것이 무엇일까 궁금하시죠!

방법은 생각 외로 간단합니다. 유퀴즈 시청자 게시판이나 각종 유명 유튜버들에게 김선우를 출연시켜달라고 요청하셔도 되고, 저의 책에 대한 리뷰를 작성하시고 주변 친구들에게 구매를 권유하셔도 됩니다. 유튜브 채널 'DDEO NU: 떠누'를 구독하고 적극 홍보하셔도 되고, SNS에 제 책을 홍보해주셔도 되고, 시간적 여유가 되신다면 저의 팬카페를 개설하셔도 됩니다.

농담이랍니다. 혹시 '뭐라도 해주고 싶다.'는 생각이 드셨거나 '진짜 해볼까?'라는 마음이 조금이라도 드셨다면, 그걸로 충분합니다. 그저 지켜봐 주세요. 저를 기억하고 있어 주세요. 여러분, 저는 믿어요. 이렇게든 저렇게든, 어떻게든 언젠가는 김선우는 그 꿈을 이룰 겁니다.

Z세대 김성주! 국민 MC의 탄생! 롱런하는 방송인! 지금 당장이 아니어도 좋아요. 언젠가는 여러분 앞에 설 겁니다. 이 순간, 이 감정을 기억하며 연예대상 시상식에서 수상소감도 눈물 한 방울 흘리며 이어나갈 겁니다.

이 책의 독자가 몇 분이 될지는 모르겠지만, 단 한 명이라도 좋습니다. 제 꿈을 늘 지지해주고 사랑해주었던 제 여자친구만 이 책을 완독해도 좋습니다. 독자 여러분, 훗날 저를 보면서 이렇게 말씀하시게 될 겁니다. "녀석. 결국, 됐네. 축하한다. 나는 될 줄 알았어."

여러분, 저는 직장이 아닌 직업을 선택했습니다. 솔직히 말씀드리면, 저는 빛나고, 화려합니다. 하지만 그 이면에는 여전히 불안함이 이어지고 있습니다. 그러나, 오늘도 계속 한 걸음씩 나아가며, 이 책의 출판 일자와 당신이 이 책을 구매한 날짜, 그 사이의 시간에도 빠르게 성장하며, 하나씩 정답을 찾아내고, 그 정답을 증명해나가고 있을 겁니다.

저는 당신께, 직장보다는 직업을 선택하라고 말씀드리고 싶습니다. 챗GPT가 우리의 직장을 통째로 빼앗아갈 날도 '초읽기'에 들어간 오늘, 직장이 언제까지 당신의 삶을 보장하겠습니까.

이 책을 읽어갈 연령대는 30~40대보다는 10~20대 분들이 많을 거라 생각합니다. 사실 현재의 30~40대 분들은 제가 무슨 말을 하는지 아주 잘 알 겁니다. 하지만 지금의 10~20대는 '대기업 입사' 그것만을 바라보고 달려갈 가능성이 크고, 또한 그것으로 인해서 더 크고 중요한 것을 바라보지 못할 가능성이 꽤 클 것이라고 예상합니다. 실제로 제 주변도 그렇습니다.

결국 'No'가 'Yes'입니다.

제가 이 긴 글을 통해 전달하고 싶은 메시지는 '결국 No가 Yes'라는 사실입니다. 저는 지금까지 입시, 취업 등의 중요한 관문을 통과할 때마다 'No'를 선택했고, 그 탓에 수많은 것들을 감당해야만 했습니다. 저는 우리 사회가 만들어놓은 시스템과 그 시스템에 합류하기 위한 관문인 제도를 정면으로 거부했습니다. 때문에, 참 많이 힘들기도 했고, 때로는 정말 고통스러운 시간을 보내기도 했습니다.

하지만 저는, 둘 다 고민하고,
겪어본 사람으로서 아주 큰 확신이 있습니다.
마지막 두 가지 이유로, No Man의 길을
걸어야만 하는 이유를 말씀 드리겠습니다.

첫째, Yes Man 조성빈처럼 'Yes'라는 대답 안에서, 우리 사회의 시스템과 제도 안에서, 자신의 꿈과 목표를 일치시킨다면 문제가 되지 않습니다. 오히려 지지합니다. 회사에 가더라도, 그 선택이 그 다음의 '스텝'을 위한 '연습'에 가까운 계획된 움직임이라면, 역시 지지합니다. 하지만 본인의 결정이 아닌, 대다수가 우르르 몰려가는 길에 휩쓸려가며 'Yes'를 선택한다면, 결국 시간이 지난 뒤 스스로 질문을 던졌을 때를 생각해 보세요.
20년 뒤의 스스로 "나 잘살았던 걸까, 그때 결정 잘했던 걸까?"라는 질문을 했을 때, 되려 No라는 대답에 가까워질 확률이 아주 높아질 수밖에 없을 겁니다.

조금 더 강하게 이야기하면, 사실상 그런 여유로운 질문을 던지기도 전에, 당신이 사회적 안정기인 40대에 접어들 때 즈음, 회사의 훌륭한 부속품 이외의 어떠한 경제적 생산성도 발휘하지 못한 채, 결국 조직으로부터 배신당할 날 (버림받을 날) 만을 두려워하며, 가장 젊고 에너지 넘치는 날, 과감하게 도전하지 못한 스스로를 질책하며 살아가게 될 수 있습니다.
그렇게, 퇴직금으로 도전해볼만한 '프랜차이즈 창업'이나, 자신의 경제적 가치를 증명하지 못한 채 도피하는 수단인 '부업의 길'로 빠지게 될 가능성이 높습니다. 하지만 만약 당신이 그 길을 택한다면, 그 길마저 99%의 확률로 실패할 겁니다.

왜? 당신은 가장 가능성 높고 혈기왕성한 오늘을 외면하고, 안전함을 핑계로 십수년을 회사의 부품으로 살았으니까.

"아닌데요? 저는 때를 기다리는 건데요?"

지금 당신 가슴 속에서 시키는 일이 있고, 그 때가 지금일 수 있음을 알면서도 외면하는 당신에게는, 그 때가 반드시 올 것이라는 허황된 꿈보다 차라리 매주 로또를 사는 게 더 현실성 있는 생존 방법일지 모릅니다.

둘째, 좋아하는 해야만 느낄 수 있는, 돈으로도 바꿀 수 없는 행복이 있습니다.
또한, 좋아하는 일만을 통해서 영위할 수 있는 삶의 가치와 결국 나에게 박수를 치게 되는 사람들의 인정이 있습니다.
그러면서 자연스럽게 따라오는 경제적인 풍요까지, 모두 맛보게 될 수 있습니다. 할 수 있습니다.

어느 유튜버는 이렇게 이야기하더군요. 좋아하는 일이 아닌 잘하는 일을 하라고, 좋아하는 일을 하라며 당신을 현혹하는 사람들에게 선동되어 인생의 잘못된 선택을 하지 말라고. 저는 그 기나긴 영상 끝에, 그 이야기를 했던 사람과 그 말에 동조하는 이들에게 딱 한 마디만 질문해보고 싶어졌습니다. 제가 존경하는, 현대家 창업주 故 정주영 회장님의 명언이기도 합니다. "이봐, 해봤어?"

좋아하는 일로 성공해본 적도 없는 사람들의 말을 믿지 마세요. 그 사람들 말고, 좋아하는 일에 죽을 듯이 매달려서 성공한 사람들의 이야기에 귀 기울이세요. 때때로 형용할 수 없는 불안함과 위태로움에 부딪혀도, 결국 그 길을 우직하게 나아간 끝에 가능성을 현실로 만들어낸 진짜 멘토들의 말에 귀를 기울이세요.

저는 이 원고의 마감일인 2023년 4월 10일 전까지, 약 두 달간 온갖 잔병치레에 시달렸습니다. 일주일에 한 번은 눈이 빨갛게 충혈되고, 온몸에 몸살기운이 느껴지고, 머리가 깨질 듯한 두통에 시달리곤 했습니다. 부모님은 "너 그러다 죽겠다. 살살해 제발."이라며 말릴 정도로, 여자친구는 "제발 좀 쉬어, 친구들도 만나고 해."라며 저를 걱정할 정도로, 일에 미쳐서 살았습니다.

제가 왜 그렇게 사는 줄 아세요? 원고 마감일인 오늘은, 도저히 안되겠어서 병원에 가 12만원 어치의 수액을 꽂아넣은 뒤에, 겨우 정신을 차리고 다시 카페에서 글을 쓰고 있습니다.

별 거 없어요. 그냥 좋아서요. 재밌어서요. 아파도 너무 재밌으니까요. 당신, 사실은 부자가 되고 싶어서 이러는 거 아니냐고요? 여러분, 제가 큰 돈을 벌고 싶었으면 굳이 이 내용을 책으로 출판할까요?

종종 몸은 아프고 힘들지만, 저는 정말 재밌고, 행복해요. 무리해서 쌓인 몸의 피로가, 내가 좋아하는 일에서 오는 짜릿함으로 다 날아가버려요! 이렇게 살다보면 하루하루가 달라지는 게 느껴져요! 저는 좋아하는 일을 하면서, 놀고 있을 뿐인데, 돈이 막 입금돼요! 그것도 꽤 많이, 자본주의의 열매들이 나에게 안겨요. 그리고 사람들이 막 인정도 해줘요!

"선우는 참 멋져, 선우는 참 보기 좋아. 그대로만 쭉 가자 우리!"하면서 저를 응원해줘요. 이러한 과정의 이야기 하나하나가, 이 책의 내용으로 이어져요. 그럼 저는 또 돈을 벌겠죠? 제 커리어는 또 한 번 향상되겠죠? 그렇게 좋아하는 일을 더 많이 하게 되겠죠? 여러분, 이거예요.

여러분이 좋아하는 일을 하고 싶다면, 열심히가 아니라 잘, 미친듯이가 아니라 죽을 듯이 해봐요. 답이 안보이면, 어떻게든 답을 찾아요. 징징거리지 말고, 남 핑계 대지말고 계속 해서 액션, 액션, 또 액션해요. 실패하면 다시 한 번, 리액션해요. 그렇게 당신의 답을 찾아내라고요. 그리고 그 답을 증명해내라고요. 좋아하는 일을 잘하는 일로 만들고, 좋아하는 일로 돈을 만들어내라고요. 그걸 하시라고요. 쓸 데 없이 본업 잘 할 자신 없어서 부업이나 월천 버는 법 이런 잔기술에 현혹되지 마시고요. 본인 가슴이 시키는 것에 올인하라고요. 그럼, 제가 느끼고 누리는 것들 여러분이 다 가질 수 있어요. 그러니까, 좋아하는 일을 하세요.

설마, 아직도 결정 못한 거예요?
읽기만 하고 자신은 없는 건가요?

괜찮아요. 일단은, 제가 하고 있을게요.
제가 더 열심히 할게요. 그렇게 보란 듯이 성공해서!
여러분 앞에 쉴새 없이 나타나서, 계속 이야기 해드릴게요.

할 수 있다. 이 네 글자.
해보자. 이 세 글자.
제가 평생 이야기하면서,
당신이 원하는 삶을 선택할 수 있도록,
늘 당신 곁에 머무는 방송인이 될게요.

김선우 커 나가나는 것 지켜보시면서,
오늘도 당신의 일상을 살아내면서, 준비해요.

그리고 따라올 준비하고, 저질러요! Follow me!
김선우를 선택하라! 당신의 선택은?

CHAPTER 01

'No man' 김선우

Special Episode.

Yes와 No의 기로에서, 나의 구원자 'Yes Man'

다행이다. 참 다행이다. 그를 만나서.
만약 내 삶에 그가 없었다면,
나는 오늘 무엇을 하며 하고 있었을까.

아찔하다. 하마터면,
정말 큰 일 날 뻔했다.

"선우야, 우리 과 13학번 선배 중에 진짜 너랑 똑같은 인간 하나 있어."

"형이랑 셋이 꼭 밥 먹자, 와 진짜 16학번에 이런 애가 또 들어오네."

아무 것도 모르던, 그저 내가 좋아하는 전공을 공부하고 가고 싶었던 학교에서 배울 수 있게 되었다는 사실만으로 하루하루가 감사하고 행복했던 시절이었다. 1년 늦긴 했지만, 그래도 '새내기'라는 이름 아래, 모든 것이 용인되었던 날들. 드디어 나도 '과잠'이라는 걸 입어보게 되고, 선배님들 따라 캠퍼스 투어에서 "여기가 앞으로 너희가 다니게 될 학교야, 우리 학교 되게 크다. 전국적으로도 손에 꼽아!"라는 선배의 말에 감격이 차올라, 곧바로 부모님께 전화 드려 자랑을 했던 날들. 바로 위 학번인 '15학번'조차 대하기 쉽지 않았는데, '13학번'이라는, 까마득하게 먼 것만 같던 그 선배를 우러러보기만 했던 시절. 그때, 나는 Yes man 조성빈을 처음 알게 되었다.

"선배님, 밥약(밥약속) 잡으실까요?"
"마 그냥 형이라고 해라. 그래 국밥 한 그릇 하자."

"그래, 선우야. 너는 어떤 놈이고? 학교생활 할 만하나?"

"네 형, 저는 이런 사람이에요. 이런 목표를 가지고 있고요, 이렇게 학교생활 하고 있습니다."

"오, 너 좀 다르네?"

"응, 형 나 이제 말 편하게 한다."

"이미 편하게 하고 계시네요. 후배님."

지금은 형이라고도 잘 안 하는, 조성빈. 아무튼 우리 성빈이 형과는 정말 '찰나의 순간'에 가까워졌다. 동족은 동족을 알아본다고 하였던가, 나는 느꼈다. 이 사람은, 내가 정말 오랫동안 모시고 싶은 선배이자 형님이다. 진짜 멋있다. 그런데 사실 생각만큼 가까워지는 못했다.

그저 형이 우리 학과 비상대책위원회 위원장을 하겠다 했을 때 "적극 지지합니다. 저는 무조건 형 편입니다." 하는 무한지지를 보낼 뿐. 이어 학생회장에도 출마한다 했을 때 '적극 지지한다.'는 말과 함께, 동기들에게 "무조건이다. 조성빈 뽑아야 한다. 그게 미래다!" 하면서, 보이지 않는 곳에서 선거운동을 좀 도와줬을 뿐. 이따금, 우연히 시간이 맞으면, 학교 앞의 순댓국집에서 국밥이나 한 그릇 할 뿐. 그 정도 이상도 이하도 아닌, 좋은 형으로만 알고 지냈다.

왜냐하면, 물리적으로 가까워질 시간이 없었다. 앞서 이야기했지만, 나는 대학교 1학년 때에도 너무 바빴다. 학점이 1점대에 수렴했다. 놀기도 놀아야 하고, 연구원 일도 해야 하고, Jtbc 일도 처리해줘야 하고, 너무나 바빴다. 그리고 조성빈이라는 존재가 내 삶에 다가온 지 얼마 지나지 않아, 나는 군에 입대하게 되었다. 그래서 그렇게 가까워질 수가 없었다.

그럼에도 우리는, 계속 가까운 사이로 남았다.

"형 살아있제?"
"암, 선우는 뭐하고 지내노?"
"이거이거 하지~ 얼굴 함 보자."
"그래~"

"형 대기업 입사했다며? 축하한다."
"고맙다이, 니는 뭐 할거고?"
"형 나는 이거이거 할 거다~"
"그래, 얼굴 함 보고 이야기하자."

이따금 생존신고 정도, 서로의 삶에서 큰 줄기의 사건이 있을 때 이야기해주는 정도. 평균 반년 정도 지났을 때, 이야깃거리가 좀 생겼을 때 만나 불꽃수다를 떨고, 다시 각자의 삶에 집중하는 정도. 어차피 SNS 보면 어떻게 사는 줄 아니까, 어련히 어떻게 살고 있구나 생각하면서, 적당한 거리를 유지하는 '친한 형, 동생' 정도로 지냈다.

"마, 오늘 재밌었다. 형도 열심히 살게. 니도 열심히 해라."
"형, 나도 오늘 에너지 제대로 받고간다. 딱 기다려."
"그래, 빡세게 살자. 그리고 또 보자. 화이팅이다!"

내 나이 스물넷부터 지금까지, 근 3년 가까이를 이런 사이로 지냈다. 그러다가, 어느 날, 나는 다소 다급한 목소리로 형에게 전화를 걸었다.

"형, 오늘 저녁에 시간되나?"

"왜, 무슨일이고?"
"나 회사갈까 고민 중이어서…"
"아, 알겠어 이따 보자."

우리는 서로의 일정이 바쁜 탓에, 최소 일주일 정도 전에는 약속을 잡아야 했다. 나도 바빴지만, 형은 Yes Man이니까, 더욱 바빴다. 그런데 그 날은 아무 말도 없이 바로 나와버리더라. 그리고는 형은 내게 말했다.

"마, 니 전화에 다 제껴버리고 나온거다. 일단 결론부터 말한다. 가지마라."
"아, 왜! 나 갈래!"
"가지 말라 했다."
"아니 형, 이런 고민이 있다니까."
"알아, 아는데, 가지마. 내 말 들어."

성빈이 형은, 앞서 프롤로그에서 이야기했던 내용들을 거의 '세뇌'시키듯이 이야기했다. 사실상 화를 냈고, 중간중간 거친 어조로 말을 내뱉기도 했다. 하지만 당시의 나는, 여러분도 알다시피 "응, 취준해볼거야~ 아 몰라~" 하면서 무시하고, 몰래 취업준비에 돌입했었다. 그의 말이 무슨 뜻인지는 알았다만, 나는 꼭 해봐야만 아는 성격이기에, 일단 해봤던 것이다.

그런데 막상 회사를 가지 않기로 결심을 하고 나니, 그때 형이 나에게 했던 말들이, 토씨 하나 틀리지 않고 내 가슴 속에 박혀 들어왔다. 그리고는 깨달았다.

"아, 이 형은 진짜였구나."
"진짜 내 사랑이구나."

만약 그때 Yes Man이, 그렇게 확신에 찬 어조로 날 말리지 않았더라면, 물론 나의 선택에는 '내 신념'도 있고, 여자친구와 부모님의 응원도 있고, 다양한 동기가 있었지만. 가장 중요한 '선택'의 순간에 '그의 조언'이 없었더라면. 그래서 만약, 내가 정말 No Man으로서의 길을 모두 포기하고, Yes의 삶을 선택했다면. 물론 그 안에서도 나름대로 성과를 만들어낼 수는 있었겠지만, 물론 잘해낼 수는 있었겠지만 지금의 내가 있었을까?

하루종일 한 끼도 챙겨 먹지 못하고, 동공이 풀릴 정도로 바쁜 하루를 보내도, 돌아오는 차 안에서 씨익 웃게 되는 날들을 마주하게 될 수 있었을까. 그 기쁨이 채 가시지를 않아서, 집에 돌아가 차를 주차하고, 새벽녘의 산책을 나가게 되는, 이런 날들을 마주하게 될 수 있었을까. 내 꿈에 더 확신을 갖고, 더 간절해져서 "선우야, 너 완전히 다른 사람이 되었어!"라면서 나를 응원해주는 주변 사람들을 마주하게 될 수 있었을까.

그는 내 삶의 구원자다.
그는 Yes Man이지만, 정작 No Man의 Yes는 뜯어말렸다.
아니 그렇다면 왜, 정작 그는 Yes Man을 선택한 거지?

그 좋은 거 혼자만 하겠다는 거야 뭐야?
나는 예스맨 할 깜냥이 안 된다는 거야 뭐야!
정작 본인도 No 하고 싶었기 때문에, 나에게 자신을 투영해서!

그 길의 끝은 무엇인지 한 번 실험해보고 싶었던 거야 뭐야! 대체 뭐야!

자, 이제부터 그의 이야기가 펼쳐진다. No Man 삶의 가장 든든한 스폰서, 가장 존경하고 사랑하는 멘토, 가장 사랑하고 좋아하는 형. Yes Man의 이야기가 지금부터 시작된다.

"형, 도대체 왜 Yes를 한 거야?"

CHAPTER 02

'Yes Man' 조성빈

Yes Man 조성빈 Prologue

"No Man으로 살 수 있었지만
기꺼이 Yes man이 되기로 했어."

'No Man'의 Yes를 말렸던 이유, 내가 'Yes'의 길을 걷기로 한 이유

어린 시절부터 나는 무척이나 흔히 말하는 '끼'가 많은 아이였다. 갓 난아기 때부터 낯을 가리지 않아 누구든 품에 안아주면 곤히 잠을 잤고, 사람들 앞에서 춤을 추고 노래를 부르는 아이였다. 5살 유치원 학예회를 시작으로 거의 매년 학교, 성당 심지어 지역 축제까지 거침없이 내 안에 내장된 '끼'를 발산했다. 덕분에 유년기 동안 또래 친구들뿐 아니라 어르신들까지 다양한 세대와 성향의 사람들과 커뮤니케이션을 이어가며 MBTI 검사에서 외향(E)가 만점이 나올 정도로 적극적이고 나를 표현하는 것을 즐기는 사람으로 성장할 수 있었다.

남들보다 다양한 사람들과 다양한 장소에서 다양한 입장으로 만나는 일이 늘어나다 보니 하고 싶은 일도, 되고 싶었던 장래희망도 종류별로 다양했었다. 화려한 무대에서 공연하는 사람들을 보고는 가수나 개그맨, MC가 되고 싶어 했고, 다문화/탈북자 가정과 관련된 활동을 하면서는 정치인, 로비스트의 꿈을 꾸었고, 대학교를 들어가서는 심리상담사로 활동하며 김미경님과 김창옥님처럼 사람들의 고민을 나누고 아픔을 위로하는 멋진 강연자가 되고 싶었다.

하지만 '하고 싶은 일'을 통해 프로의 시장에서 성공하기에는 2% 아쉬운 나의 재능과 여러 가지 현실적인 상황들로 나는 김선우와 같은 'No Man'의 삶을 선택하는 대신, 사회에서 주어진 역할과 '해야 하는 일'을 성실히 수행하며 안정된 삶 속에서 가치를 찾아가는 'Yes Man'의 길을 걷게 되었다. Yes Man의 이야기에 들어가기에 앞서 이번 프롤로그에서는 'No Man'의 길을 고민했던 내가 결국 'Yes Man'이 되기로 선택한 이유와 과정들을 독자 여러분과 나누고 싶다.

사실 나도 'No Man'이 될 수 있었어!

흔히 사람은 살면서 인생을 송두리째 바꿀 수 있는 기회가 딱 세 번 찾아온다고 한다. 만약 누군가 나에게 '그 기회가 언제였냐?'고 물어본다면 거리낌 없이 입사하기 직전인 4학년 2학기가 그 중 한 번이라 말할 수 있다. 대학교 시절 지독하리만큼 치열하게 보냈던 'Yes Student' 생활의 선물로 나는 운 좋게 4학년 여름방학 때 남들보다 조금 일찍 대기업 입사를 확정 지을 수 있었다. 덕분에 잔여 학기는 그동안 즐기지 못했던 캠퍼스의 낭만을 몰아서 느끼며 목표로부터 자유로운 6개월을 보냈다.

기존에 담당하던 요식업 프랜차이즈와 함께 다른 대기업에서 프리랜서 마케터로 근무하게 되었고, 주민센터 강사, 과외, 학부생 조교, PPT 디자인 아르바이트를 병행하면서 매월 500만 원 이상의 고정 수익을 만들

었다. 사회적·경제적 독립을 이루니 남는 시간은 고스란히 내가 하고 싶었던 일들에 집중할 수 있었다. 곡을 쓰고 집에서 레코딩을 하며 작업물을 커뮤니티에 공유하고, 버스킹, 결혼식 축가, 행사 MC 등으로 활동반경을 넓히며 짧은 기간동안 간접적이지만 '하고 싶은 일'을 직업으로 가져볼 수 있었다.

특히 사람들 앞에서 노래를 부르고 사회를 보는 것은 잠시 잊고 살았던 나의 꿈을 현실에서 경험하게 해주는 꿈 같은 시간이었다. 행사를 앞둘 때면 새벽까지 대본을 분석하면서 그날 진행할 레크리에이션과 애드리브들을 준비했다. 행사에 참여하는 연예인들의 프로필을 공부하고 최신곡들을 사전에 숙지하여 그들이 무대에 오르기 전 관객들과 함께 노래를 부르곤 했다. 짧은 기간이었지만 "이렇게 노래 잘하는 MC는 처음 봐요. 저는 가수가 온 줄 알았어요"라며 인사를 건네준 가수, 사투리와 텐션, 지금 캐릭터 그대로 아침방송 VJ로 활동해보자던 소속사 관계자와 방송국 PD님의 제안은 평생 잊지 못할 추억이자 안줏거리가 되었다.

하지만 딱 거기까지였다.

나는 달콤한 꿈에서 깨어나기 위해 단호하게 내 볼을 꼬집었다.

가끔 그때의 추억을 안줏거리 삼아 이야기할 때면 주변 사람들은 미쳤다고 왜 회사원이 되었냐고 잔소리를 하지만, 그때의 선택을 결코 후회하지 않는다. 만약 그때 내가 No Man의 길을 갔었다면 지금보다 결코 행복하게 살았을 거라 생각하지 않는다. '하고 싶은 일'을 하는 대신 불확실한 Risk를 감당하며 사는 것보다 꼭 '직업'이 아니더라도 안정된 상황에서 '하고 싶은 일'을 즐기는 것에 더 큰 행복을 느낄 거라는 확신이 있었다.

작년 모 방송국의 모창프로그램 섭외 연락을 받았지만, 방송 촬영 준비를 위해 요구되는 기간과 강도가 늘어나 내가 '해야 하는 일'에 영향을 주기 시작하자 나는 한 치의 망설임도 없이 '하고 싶은 일'을 포기했다. 어린 시절부터 꿈꾸던 텔레비전에 나올 수 있는 기회가 코앞까지 다가왔지만 하나도 아쉽지 않았다. 오히려 자유로운 상황에서 '하고 싶은 일'들을 할 수 있어서 다행이었다고 생각한다. 만약 그때의 경험들이 없었다면 지금 회사를 다니면서 힘든 순간이 찾아올 때마다 '그냥 때려치우고 내가 하고 싶은 일을 하면서 살까?'와 같이 '하고 싶은 일'에 대한 미련이 현재의 삶을 잠식했을 수도 있다. 짧은 시간이었지만 '해야 하는 일'과 '하고 싶은 일' 두 가지를 모두 경험한 나는 꼭 가슴이 뛰는 일을 직업으로 할 필요는 없다는 결론을 내릴 수 있었다. 나에게는 외부의 리스크를 최소화하는 '안정감'과 '소속감' 속에서 가치와 자아를 실현하는 것이 '하고 싶은 일'을 하며 살아가는 것보다 내가 추구하는 행복에 가까웠다. 그것이 내가 'No Man'이 될 수 있었음에도 기꺼이 'Yes Man'의 길을 걸어가고 있는 이유이다.

'No Man'은 걱정이 없어요?

앞서 언급했듯이 어린 시절부터 타고난 '인싸' 그 자체였다. 한순간의 어색함이 있다면 모든 역량을 총동원해서 분위기를 띄우고 어색함을 웃음으로 가득 채우는 나를 보면 주변 사람들은 당연하게도 내가 걱정이란 것을 하지 않을 거라고 생각했다. 하지만 이런 기대와는 반대로 나는 정말 걱정이 많은 사람이다. 일반적으로 많다는 범위를 벗어나 정말 저런 것까지 걱정하면 어떻게 살아가나 싶을 정도로 걱정이 많다.

이런 쫄보 마인드는 어린 시절부터 타고난 기질이었다. 가족 여행을 떠날 때면 문을 나섬과 동시에 가스 밸브와 창문은 잠겼는지, 전기장판은 껐는지를 부모님께 연신 물어보았다. 그리고는 차에 올라 5분 단위로 자동차 주유등을 보며 기름은 안 떨어지는지, 80km 도로에서 왜 100km로 달리는지, 고속도로에서 앞차와의 안전거리가 충분한지에 대해 수많은 잔소리를 부모님께 했다고 한다. 지금도 크게 다르지 않다. 성인으로서 나는 내가 통제할 수 없는 공간과 상황에 대해 극도의 두려움을 가지고 있어 여행을 갈 때면 미리 코스를 짜고 거리뷰로 길을 파악하거나 집과 15분 이상 떨어진 곳에서는 술을 마시는 것을 좋아하지 않는다. 영화를 볼 땐 범인이 누구인지, 반전은 무엇인지 미리 알고 나야 영화를 온전히 즐길 수 있다.

이런 내 관점에서 'No Man'의 판단과 선택은 굉장히 무모해 보인다. 사회의 구성원이라면 관념적으로 해야 하는 일들이 있는데 그것에 'No'를 외치는 것부터가 큰 Risk를 감수하는 행동이라고 생각했다. 그래서인지 No Man 선우와 대화를 나눌 때면 늘 걱정이 앞섰다.

"선우야, 네가 계획도 있고 확신도 있어서 하는 건 다 좋은데, 만약에 계획대로 안 되었을 때 다음 대안은 있어?"

"형! 지금 딱 삘이 왔어. 형은 안 보여? 난 벌써 이게 잘되면 다음에 뭘 해야 할지가 보이는데?"

"그래도 너보다 먼저 그 길을 갔던 사람들한테 조언도 구하고 혹시라도 잘못되었을 때 어떻게 하면 좋을지 Plan B도 물어봐."

"에이 형. 길은 내가 만들면 되는 거지~ 지금 사람들이 하는 것처럼 할 거였으면 애초에 시작도 안 했어."

솔직히 '얘 진짜 큰일 났구나. 사람이 한순간에 눈이 돌아간다더니! 지금이라도 내 동생 선우를 말려야겠다.'라고 생각한 순간이 한두 번이 아니다. 그럴 만도 한 게 적어도 내가 아는 'No Man'들의 끝은 모두 좋지 않았다. 여행 유튜버가 되겠다며 모아둔 돈을 탈탈 털어 해외 여행을 다니던 A는 코로나의 등장과 함께 '조회 수 43'이라는 최고 업적을 남기고 쿠팡 물류센터로 향했고, 185cm의 훤칠한 키와 누가 봐도 수려한 외모를 가진 B는 배우가 되겠다며 지방 극단에서 몇 년을 일하더니 결국 노량진 학원으로 발걸음을 향했다. 프로게이머가 되겠다며 밤낮으로 미친 듯이 게임을 하던 C는 직업군인이, 시인이 되겠다며 매주 SNS에 글을 쓰던 D는 코딩학원을 등록했다.

개인의 삶에 가치를 매길 수 없는 것도 사실이고, 결코 쿠팡물류센터,

공무원, 직업군인, 코딩학원을 가는 것이 실패한 삶을 의미하는 것은 아니지만 내 주변의 'No Man'은 본인이 가고자 하는 목적지에 도달하지 못하고 중도 하차를 선언했다. 냉정하게도 그들이 No를 외친 시간은 버려진 시간이 되었고, 다른 사람들은 그만큼의 시간동안 사회가 만들어 놓은 시스템 속에서 치열하게 경쟁하며 안정적으로 미래를 준비하고 있었다.

'No Man'의 Next Step은 무엇인가요?

젊은 날의 고생은 사서도 한다고 한다. 아프니까 청춘이라고도 한다. 넘어지면 다시 일어나면 된다고 한다. 늦었다고 생각할 때가 가장 빠르다고도 한다. 하지만 한국사회는 전 세계에서 유일하게 번역도 되지 않는 '적령기'라는 단어를 사용한다. '취업 적령기', '결혼 적령기'처럼 삶의 몇 가지 이벤트들에 대해 이를 달성해야 하는 특정 기간을 사회적 합의로 규정하고 여기에서 벗어나면 경쟁에서 도태된 것으로 여긴다.

덕분에 체계적인 대학교 입시와 취업 시스템이 자리를 잡았고, 이를 통해 안정적으로 사회가 운영되고 있다. 따라서 사회의 시스템 안에서 경쟁하는 구성원이 동시에 최소한의 사회적 안전망을 제공 받을 수 있도록 설계되어 있다. 예를 들어, 대학교 입시에 실패하면 재수를 하면 된다. 재수에 실패하면 삼수를 하면 된다. 처음부터 원하는 회사에 입사하지 못할 수 있다. 그럼 다른 회사에 다니다가 경력직으로 이직하면 된다. 각종 고시를 통과하지 못한다면 7급 공무원을, 다음은 9급 공무원을 도전하면 된다. 우리는 그들을 걱정할 수는 있지만, 사회에서 실패한 사람으로 낙인 찍지는 않는다.

하지만 'No Man'은 다르다. 한국사회에서 '시스템'이란 추천경로를 이탈해, 자기가 가고 싶은 길로 달려가는 것은 어마어마한 성공을 가져다 줄 수도 있지만 동시에 조그마한 방향의 차이도 목적지와는 생판 다른 곳으로 그들을 안내해 길을 잃고 헤매게 할 수도 있다. 다시 방향을 잡고 추천경로로 돌아온다 해도 잃어버린 시간들을 온전히 보장받지 못한다. 'No Man 지망생'들이 시스템을 벗어나 방황하는 동안, 수많은 'Yes Man 지망생'들은 치열하게 살아오고 있다. 꾸준히 시스템 속에서 노력하고 있는 사람들을 대상으로 비교 우위에 서기 위해서는 지나온 시간, 아니 그 이상의 시간을 투자해야 한다.

정말 묻고 싶다. 대안은 있는지? 정말 실패해도 괜찮은지?
시간이 한참 지난 뒤 자신의 도전을 돌아보며 자신의 용기를 한낱 객기로 치부하며 후회하지 않을 자신은 있는지 말이다.

안타깝지만 내 주위의 많은 'No Man 지망생'들은 넘어지고 다시 일어나지 못했다. 자신의 실패를 인정하는 사람도 있었고, 주변 사람들의 만류나 경제적 상황을 탓하며 자신의 실패를 인정하지 못하는 사람도 있었다. 하지만 확실한 것은 누구 하나 다시 도전하지 못했다. 그러니 나는 말하고 싶다. 승부에 확신이 없다면 함부로 'No'하지 말라고.

그럼에도 'No Man'이 되려는 당신에게

너무나 많은 'No Man 지망생'들의 슬픈 결말을 보며 나는 오랜 시간 'No Man'의 길을 걸어가는 선우에게 대단한 배경(빽)이 있는 줄 알았다.

일개 고등학생이 '대한민국 인재상'을 받지 않나, 대학생이 되어서는 하라는 공부는 안 하고 어느 날은 기자가 되었다가, 대선캠프 마케팅 담당자가 되었다가, 결혼식, 칠순, 돌잔치에 레크리에이션 강사가 되는 중구난방의 커리어를 가만히 보고 있노라면 평범한 집안에서 태어난 사람이 아무런 도움 없이 저렇게 살아간다는 것이 내 상식에선 불가능한 일이었기 때문이다.

얼마 전까지 이런 나의 의심은 사실상 정배에 가까웠다. 그래서 선우에게 툭하면 '그래서 너 아버지가 얼마 물려주신다냐?', '너희 집 화장실은 3개는 넘지?'라며 잔소리를 해댔다. 그런데 함께 책을 쓰기 시작하고 서로의 이야기를 하면서 알게 된 선우는 내 상상 속에 존재했던 도련님은 아니었다. 선우 또한 나처럼 지극히 평범한 가정에서 자란 친구였다. '낡은 빨간 프라이드'를 타고 방방곡곡 일터를 누비고, 얼마 남지 않은 아버지의 퇴직을 걱정하며, 좀처럼 살 수 없는 부동산에 여자친구와의 신혼집을 걱정하는 여느 평범한 20대 친구 말이다.

그럼 무엇이 달랐기에 녀석은 'No Man'으로 살고 있는 걸까. 내가 바라본 선우는 무엇보다 자신의 꿈에 엄청난 확신이 있었고 동시에 그만큼의 절실한 간절함이 있었다. 단순히 '해보고 안되면 말지'의 수준이 아니라 이렇게까지 했는데 안될 수는 없을 정도로 노력하는 집념을 가지고 있었다.

출판만 해도 그렇다. 출판을 해보자는 것은 내가 던진 아이디어였다. 대학교 '또래 상담사'라는 일을 하면서 지역의 중고등학생을 대상으로 강연을 진행한 적이 있었다. 많은 사람들 앞에서 나의 생각을 통해 그들에게 위로와 공감을 주는 일은 너무나도 큰 보람을 느끼게 해주었다. 조금 더 경험을 확대해보고자 강연 시장에 문을 두드렸지만 당연히 어떠한 조직에서도 '24살짜리 대학생의 이야기'를 돈을 주고 듣고 싶어 하지 않았다. 그렇기에 언젠가 사회가 먼저 궁금할 정도의 사람이 되었을 때 책을 내보고 싶다는 이야기를 선우에게 했고, 그것을 들은 선우는 "형, 이거 기다릴 것 없고 지금 바로 하면 되겠는데?"라며 눈을 반짝였다.

추진력 하나는 기기 막힌 녀석이었기에 설마 될까 하는 마음으로 지켜보았다. 이내 선우는 반년도 지나지 않아 출판을 현실로 만들었다. 그런 모습을 지켜보면서 한편으로는 '역시 No Man 하지 않기를 잘했어.'라는 안도감이 들면서 동시에 사회의 시스템을 벗어나 자신만의 길을 가려면, 자신의 의견과 선택을 세상에 관철시킬 수 있는 집념과 끈기가 필요하다는 것을 느꼈다.

단순히 '이 일을 하면 반지하에 살아도 행복할 것 같아.'라는 안일한 마음이라면 당신은 'No Man'을 포기하는 것이 맞다. '내가 이 일을 하고 살았을 때 어떻게든 그 시장에서 살아남아 최고의 자리에 오르겠다.'고 마음만 먹는 사람도 포기하는 것이 맞다. 마음을 먹음과 동시에, 어쩌면 마음보다 반 박자 빠르게 행동으로 실천할 수 있는 사람이 'No Man'으로 살아남을 수 있을 테니 말이다.

나는 왜 Yes Man의 길을 선택했을까?

지극히 평범한 삶, 아니 정확히 말하면 기성세대가 요구하는 '예의 바른 범생이의 삶'을 살아온 나에게 입시, 취업, 이직 등 선택의 기로에 있는 주변 사람들은 항상 비슷한 질문을 던졌다. "좋아하는 것과 해야 하는 것 중에서 무엇을 해야 할까?", "이상을 따라가야 할까?, 현실을 따라가야 할까?", "너는 지금의 삶에 만족해?" 그들은 사실 마음 한편에 정답을 알고 있으면서 다른 사람의 입을 통해 본인의 선택에 대한 합리성과 지지를 얻고 싶어 했다.

나는 그들에게 무슨 대답을 했을까?
과연 당신이라면 그들에게 자신 있게 무슨 말을 할 수 있을까?

통영 촌놈이었던 나는 지난 시간 동안 그리고 지금 이 순간에도 수많은 기회, 우연, 의무의 갈림길을 걸어오며 내 삶의 부분들을 채워가고 있다. 그 선택은 나를 '아들', '대학생', '학생회장', '아르바이트생', '선생님', '조교', '강연자', '가수', '마케터', '영업사원' 등의 모습으로 살아오게 해주었다. 그리고 그 나비효과가 오늘날까지 이어져 지금의 나는 대학생들이 취직하고 싶어하는 기업 중 한 기업의 인사팀에서 '인사 담당자'가 되었다.

수천명이 넘는 사람들의 인사제도를 기획하고, 승진, 평가 등 회사생활 전반을 관리하며 신입·경력 사원을 채용하고 있다. 10년 전 집 앞의 방파제에 앉아 고향을 떠나 낯선 도시에서의 삶에 대한 기대감과 두려움으로 가득 찼던 나는 그때와는 전혀 다른 모습으로 살아가고 있다.

나를 비롯한 수많은 청년들은 부모님께 이어받은 삶의 바톤을 한 손에 움켜쥔 채 월급보다 집값이 더욱 빠르게 올라가는 세상 속에서 '갓생'을 꿈꾸며 헬조선의 뜨거운 열기를 맨몸으로 버티고 있다. 수많은 선택 속에서 울고 웃을 청년들이 나의 이야기를 통해 조금이라도 자신의 삶에 확신을 얻고 지나간 것에 후회하지 않으며, 앞으로 걸어가면서 자신만의 색들로 아름답게 삶을 채워갈 수 있길 바란다.

CHAPTER 02

'Yes Man' 조성빈

Episode 1.

Yes Man이 되기 전 알아야 할
세상의 이치들

누구나 하고 싶은 일만 하고 살 수는 없어!
남들은 평범한 인생은 재미없다고 하지만,
나도 이제 처음 살아보는 걸?

이번 Episode 1에서는 Yes Man의 삶을 소개하기에 앞서 평범한 사회의 구성원인 내가 바라보고 생각하는 세상의 이치들에 대해 이야기하고자 한다. 사회적으로 커다란 업적과 발자취를 남긴 사람이 아니라 여러분들과 다를 것 없이 지극히 평범한 삶을 살고 있는 나이기에, 이 책이 단순한 자기계발서로 정의될 수 없다. 비슷한 시기에 비슷한 고민을 하고 있는 나의 생각을 여러분들과 효율적으로 나누고 공감대를 형성하기 위해 내가 세상을 바라보는 시선과 관점을 독자 여러분들과 나눈다. 내가 바라보는 관점과 여러분들이 바라보는 관점이 다를 수 있지만 이번 Episode를 통해 여러분들도 하나의 사회적 현상과 개념에 대한 본인만의 관점을 만들고 앞으로의 이야기를 함께 나누고 싶다.

 **평범한 대기업 직장인이, 이 책을 쓰기까지**

경상남도 통영시, 무난한 학력, 아르바이트, 학생회장, 취업까지 지난 내 29년의 삶은 지극히 평범한 단어로 요약될 수 있다. 학창시절에는 항상 제일 앞줄에 앉아 선생님의 질문에 '저요! 저요!' 하며 손을 들던 아이였고, 특별한 반항 없이 무난한 사춘기를 보내 부모님의 사랑과 주변 어른들의 예쁨을 꽤나 많이 받았다. 대학생 때는 아르바이트를 통해 생활비를 벌었고, 특별하게 방황하지 않아서인지 휴학 없이 졸업함과 동시에 원하던 회사에 취직할 수 있었다. 이렇게 정리해보면 그동안 내 인생은 특별한 문제도 그렇다고 특별히 잘 나가지도 않은 인생이었다. 뭐랄까 대학교 새내기 수준에서 생각할 수 있는 혹은 명절에 어른들이 말씀하시는 평범한 삶이 이런 삶 아닐까?

그렇기 때문에 글을 쓰는 지금의 모든 상황이 참으로 어색하다. 책을 쓴다는 것은 독자분들에게 전달할 학문적 지식이 있거나, 특별한 경험 혹은 성과를 바탕으로 영감이나 감동을 줄 수 있어야 한다. 그렇기에 지극히 평범한 월급쟁이인 내가 책을 쓴다는 것은 정말 부담스럽기 짝이 없는 일이다.

이 말도 안 되는 일의 시작은 선우 녀석의 전화에서 시작되었다. 대학시절 선우는 나에게는 그리 가깝지는 않았지만 사는 모습과 방식이 남들과는 다른 유별난 후배였다. 입학 때부터 늘 주변사람들과, 교수님들에게 자기 할 말을 대놓고 하는 머리 굵은 후배. 어느 날 갑자기 아나운서 준비를 하지 않나, 또 갑자기 각종 행사, 라이브커머스에서 끼를 부리는 후배가 바로 함께 글을 쓰고 있는 김선우였다.

"형, 나 이제 하고 싶은 일 그만하고 형처럼 취직할까봐."

처음 들어보는 낮고 기죽은 선우의 목소리였다. 어떠한 문제가 발생해도 고개를 숙인 적이 없던 친구였기에 놀란 마음에 퇴근 후 고기를 사주며 선우의 이야기를 들어보았다. '성공은 하고 싶은데 모난 돌이 되어 정을 맞으니 남들처럼 평범하게 살고 싶어', '언제까지 하고 싶은 일만 하고 살 수 없잖아. 이제 나도 정상적으로 취직해야겠어', '불안정한 삶은 그만하고 이제 안정적으로 살고 싶어'. 사실 그날 선우가 한 고민은 평범한 20대 중후반의 사람이라면 누구든지 할 수 있는 지극히 당연한 것들이었다. '가보지 못한 길에 대한 아쉬움은 누구나 남는 거다.'라며 적당히 달래서 돌려보낼 수도 있었지만, 선우에게는 그럴 수 없었다.

가장 큰 이유는 나처럼 해야 하는 일들을 통해 의미를 만들어가는 'Yes Man'의 삶만 정답이 아니기에, 누구보다 열심히 자신이 하고 싶은 일을 하며 길을 만들어가고 있는 'No Man'의 방향이 꺾이지 않길 바랬다. 다행히 최종적으로 선우는 여전히 자신만의 스타일로 'No Man'만의 길을 그려가고 있다.

"형은 좋겠다. 매월 따박따박 월급도 나오고, 형네 회사 복지도 진짜 좋잖아!"
"너는 좋겠다. 하고 싶은 대로 마음껏 할 수 있어서."
"형은 좋겠다. 어디가도 명함 한 장이면 어떤 사람인지 설명할 수 있고 인정도 받을 수 있어서!"
"선우야. 그게 무슨 의미가 있겠어. 결국 다 하기 나름이지. 그럼 주변에 한번 물어볼래? 누구처럼 살고 싶은지?"

그렇게 우리는 출판을 결심했다. 언젠가 무엇인가 이루고 난 뒤에, 남들이 우리의 목소리를 더욱 귀 기울여 들을 수 있을 때 책이든 강연이든 타인의 고민을 나누고 싶다는 막연한 목표는 있었지만, 그 순간이 한순간 코앞으로 다가온 것이었다. 선우의 경우에는 어린 나이에 대한민국 인재상, 대선캠프, 라이브커머스 등 남들이 쉽게 경험해보지 못하는 독보적인 사건들이 인생 곳곳에 있지만, 지극히 평범한 회사원인 내 삶이 무슨 의미를 줄 수 있을지에 대한 고민이 많았다.

하지만 이내 평범한 삶을 살았기에 확신이 들었다. 누구나 정답을 알고 보는 영화처럼, 치트키를 쓰고 플레이하는 게임처럼 모든 것이 한순간에 이뤄진 것들이 아니있기에 평범한 사람들에게 내 이야기를 통해 그들의 고민에 도움을 줄 수 있을 거라는 믿음이 생겼다.

만약 이 글을 보는 독자분들 중에서도 너무 평범하게 살아가고 있어서 오히려 방법을 몰랐다면, 평범하게 사는 것이 두려워 앞으로 가는 것이 망설여진다면 이 책 속의 'Yes Man'의 생각과 삶을 통해 당신의 선택에 자그마한 도움이 되길 바라면서 글을 이어간다.

 **'자기주도적 삶'이 우리를 망치고 있어!**

최근 나는 '갓생 살기' 프로젝트에 반쯤 미쳐있었다. 자기관리와 효율적 시간 활용, 20대의 마지막을 자축하는 의미에서 '바디 프로필'이라는 목표를 세웠다. 집 주변에 다양한 최신 기기와 전문 트레이너가 다수 포진되어 있는 헬스장을 등록했고, 매일 6시, 23시마다 한 시간씩 운동을 나갔다. 하지만 운동을 시작하면서 수면시간이 하루 4시간 정도로 단축되었고 이로 인해 주말에는 침대 위에서 대부분의 시간을 보냈다. 이를 해결하고자 '멀티비타민', 아르기닌', '밀크씨슬', '오메가3'와 같은 영양제를 구매했다. 매주 월요일은 15분 정도 일찍 출근해서 매일 먹을 약을 소분했다. 식후 섭취인지, 식전 섭취인지, 함께 복용하면 좋은 약과 그렇지 않은 약은 무엇인지, 인터넷과 논문을 찾아가며 본격적인 건강 관리에 들어갔다.

아무도 시키지 않아도 나의 건강과 보다 나은 삶을 살기 위해 '자기주도적'으로 시작한 운동이었다. 그렇다면 그로부터 반년이 지난 시점의 나의 상태는 어떨까? 원하는 목표를 이룰 수 있었을까? 어처구니없게도 운동을 시작한 지 두 달이 지난 날이자 첫 PT 수업을 받은 바로 다음날 헬스장은 강제철거를 당했다.

'자기주도일까? 사회적 방치일까?'

최근 몇 년 전부터 '자기주도'라는 단어가 유행처럼 번지고 있다. '자기주도적 학습'을 시작으로 '자기주도적 성장', '자기주도적 커리어' 등 단순한 교육의 범위를 넘어서 삶의 다양한 영역에 '자기주도'는 하나의 트렌드로 자리 잡았다. 과거 나이, 직급, 권위 등 사회적 체계에 의해 일방적으로 결정되던 부분들이 개인의 니즈와 선호에 따른 선택으로 대체되어 자신의 삶을 스스로 선택하고 만들어 나갈 수 있게 변하고 있다.

대부분의 사람은 타인이 시켜서 하는 것보다 스스로 하고 싶은 일을 주도적으로 선택해서 할 때, 더욱 높은 몰입도와 만족감을 바탕으로 더 나은 결과를 만들어 낼 수 있다. 하지만 나는 이와 반대로 '자기주도적'이란 패러다임이 사람들의 주도적인 삶, 안정적인 삶을 방해하고 있다고 생각한다. 여기에는 아래와 같은 두 가지의 이유가 있다.

첫 번째, 우리는 유튜브, SNS, 인터넷 커뮤니티 등 다양한 형태와 성격의 미디어에서 쏟아지는 검증되지 않은 정보에 무방비로 노출되어 있다.

다양한 형태의 미디어들은 대중의 이목을 집중시키기 위해, 자극적 이슈 메이킹을 위해서 진실의 극히 일부, 심지어 진실이 아닌 부분들도 마치 그것이 진실의 전체인 것마냥 포장해서 우리에게 노출하고 있다. 목숨을 건 투기가 재테크의 신화로 포장되기도 하고, 벼락부자의 노하우가 성공의 원리원칙으로 여겨지기도 한다. 그 결과는 어땠는가? '영끌'로 '한방'을 노리는 심리가 절정에 달해 수많은 청년들이 주식과 비트코인의 한탕주의에 미쳐버렸던 시기가 도래했다. 직장인과 학생을 막론하고 엘리베이터, 카페, 화장실 등 일상적 공간에서조차 화살표의 노예가 된 사람들을 쉽게 볼 수 있었다. 동시에 '한방주의'로 대표되는 일확천금에 대한 사람들의 욕심은 정직한 노력의 가치를 훼손시켰다. '단기', '가성비', '빨리빨리'의 단어가 자리 잡으며 '정도', '근면성', '꾸준함'의 가치가 외면받고 있다.

두 번째, 우리는 실패를 당연한 과정으로 받아들이지 못하고 있다.

앞서 언급했듯이 단기적 성공에 대한 사람들의 선호도가 높아지면서 실패에 대한 사람들의 거부감은 극도로 치닫고 있다. 실패의 원인을 분석하고, 더 나은 도전을 준비하는 사회적 분위기는 없다. 비트코인과 주식 투자가 한창이던 시기에 각종 인터넷 커뮤니티에서는 '죽으면 그만이야'라는 멘트가 유행처럼 사용되었다. 왜 우리 사회는 타인의 성공담에만 귀를 기울일까? 오징어 게임 속 유리 징검다리 건너기 속 인물들처럼 부서지는 유리판을 기억해야 나도 추락하지 않을 수 있는데 말이다!

사회는 여전히 '자기주도적'인 삶을 권장한다. 이는 사전 정보와 계획이 없는 어설픈 '자기주도적' 삶을 조장한 후, '너희의 불행과 어려움은 스스로 자초한 일'로 치부하는 일종의 사회적 방치일 수도 있다. 그렇다면 사회적 방치가 아닌 진정한 자기주도적 삶을 살기 위해 우리가 가져야 할 태도는 무엇일까?

마지막으로 우리는 주도적인 삶을 살기 위해 여러 가지 완성될 최종적인 목표만 가질 뿐 목표를 달성하기 위한 과정에 대해 구체적인 생각을 하지 않는다.

앞서 말했듯, 헬스장이 망한 이후 주변 사람들은 모두 입을 모아 "이제 다이어트는 실패했네", "어쩌냐 바디프로필 완전 망한거 아니야?" 등의 반응이었다. 물론 22년에 바디프로필을 찍지 못했다. 만약 자기주도적인 삶이 하나의 목표를 달성하는 것이라면 나는 실패했다. 하지만 나는 변화된 환경 속에서도 여전히 주도적으로 살아가고 있다.

일주일에 최소 두 번은 회사 헬스장에서 운동을 하며 균형잡힌 식단을 실천하고 있다. 덕분에 과거보다 피로감은 덜 느끼면서 생활하고 있고 몸무게도 5kg 정도 줄였다. 여전히 주도적인 삶을 살고 있기 때문에 조건과 환경이 받쳐준다면 다시 한 번 바디 프로필에 도전할 수 있다. 여기서 중요한 것은 자기주도적인 삶은 과정이지 결과가 아니라는 것이다.

다이어트를 목표로 한 사람, 바디 프로필을 목표로 한 사람의 대부분은 목표를 달성하게 된 후 다시 과거로 돌아간다. 목표를 이뤘기 때문에 더 이상 과정에서의 변화를 지속할 이유가 없기 때문이다. 결국 사람은 결과를 목표로 하되, 과정의 변화를 위해 주도적인 노력을 해야 한다.

사회는 여전히 '자기주도적'인 삶을 권장한다. 이는 사전 정보와 계획이 없는 어설픈 '자기주도적' 삶을 조장한 후, '너희의 불행과 어려움은 스스로 자초한 일'로 치부하는 일종의 사회적 방치일 수도 있다. 그렇다면 사회적 방치가 아닌 진정한 자기주도적 삶을 살기 위해 우리가 가져야 할 태도는 무엇일까?

 **불행한 프로보다는 행복한 아마추어가 되겠어**

앞서 언급한 진정한 '자기주도적 삶'을 실천하기 위해서 가장 중요한 것 중 하나는 '해야 하는 일', '하고 싶은 일', '할 수 있는 일' 이 세 가지 일을 구분하는 것이다. 나에게 '해야 하는 일'은 사회적 합의에 따라 현재 자신이 속해 있는 계층 혹은 역할에 의해 주어진 일을 의미한다. 학생에게는 대학교 입시, 취업, 이를 위한 전반적인 학습의 과정이, 직장인에게는 경제활동, 업무, 사회생활 등이 '해야 하는 일'이 될 것이다. '하고 싶은 일'은 개인의 성향, 취향에 따라 차이가 있으며 수행하는 과정에서 삶의 만족도를 느끼는 일이다. 누군가에게는 주말에 친구와의 술자리가, 평일 새벽 운동이, 해외 여행 등이 '하고 싶은 일'이 될 수 있고, 또 누군가에게는 '하고 싶지 않은 일'이 될 수 있다. 마지막 '할 수 있는 일'은 개인의 역량이 반드시 뒷받침되어야 하며, 개인의 역량 유무와 동시에 사회적으로 수행할 수 있는 시기가 정해져 있는 경우가 대부분이다. 물론 사회적으로 수행할 수 있는 시기가 지나더라도 수행할 수는 있지만, 효율성이 상당히

떨어지게 된다. 예를 들어 19세~21세까지가 대학교 입시 준비를 효율적으로 '할 수 있는' 시기이다. 30세도 대학교 입시를 준비할 수 있으나 똑같은 노력과 자원을 투입하더라도 그 효율성은 상대적으로 반감된다.

이 세 가지 유형의 일들의 균형을 잘 맞추는 사람은 똑같은 시간 동안 한정된 자원을 효율적으로 사용할 수 있는 것은 물론 높은 개인의 만족감 또한 느낄 수 있다. 하지만 안타깝게도 많은 사람들은 주로 '하고 싶은 일'과 '할 수 있는 일'로 헷갈려한다. 특히 '하고 싶은 일'의 경우, 대부분 약간의 재능을 바탕으로 유년시절 타인에게 인정받은 적이 있거나, 유년시절 동경하는 대상의 특징으로부터 시작된 경우가 많다.

어린 시절 나에게 '하고 싶은 일'은 노래였다. 동네에서 노래로 콧방귀 좀 뀌던 나는 남들 앞에서 노래를 부르는 일이라면 가요제, 학예회, 성가대, 버스킹 등 시간과 장소를 가리지 않고 내가 가진 끼와 재능을 뽐내고는 했다. 아쉽지만 그 재능이 정말 뛰어났다면 지금 나는 여러분들과 책이 아닌 음악으로 만났을 것이다. 내가 가진 애매한 재능과 사춘기 시절의 과도한 자신감이 만나 나 또한 앞서 말한 것처럼 '하고 싶은 일'을 '할 수 있는 일'로 착각한 적이 있다. 그리고 그때 부모님 속을 참으로 많이 썩였다. 지금 생각해보면 너무 무모했지만, 부모님 몰래 각종 오디션 프로그램에 참여했고 나름의 성과도 있었다. 노래를 직업으로 삼기 위해 남들보다 잘하려고 무진장 애썼다. 가요제에 참여해 1등을 하지 못하면 심사위원이나 그날의 컨디션을 탓했고, 어제까지 스스로 만족했던 작업물일지라도 인터넷 속 타인의 부정적인 피드백이 올라오면 하루아침에 작업을 뒤집는 경우도 부지기수였다. 나 자신을 객관적으로 바라보지 못하고 내가 가진 능력보다 더욱 큰 인정을 바라니 좋아하는 일을 온전히 예전처럼 즐길 수 없었다.

하지만 당시 함께 음악을 하던 두 친구의 성공과 실패의 과정을 통해 자연스럽게 자신을 객관화하고 '할 수 있는 일'을 '하고 싶은 일'로 받아들일 수 있었다. 나의 능력을 객관화하고 좋아하는 일의 본질에 집중하게 되니 다시 처음처럼 즐기면서 좋아하는 일에 몰입할 수 있었다. 이제는 직업으로 삼지 않아도, 아마추어로서 내가 하고 싶은 일을 즐길 수 있었다.

음악을 통해 사회적으로 인정받고 경쟁하는 프로로서는 부족했을지 몰라도, 단순히 과정을 통해 삶의 만족도를 얻는 아마추어로서 내 실력은 다행히 부족하지 않았다. 하고 싶은 일을 통해 대학교 시절에는 매학기 공연을 하고, 직장인이 되어서는 주변 사람들의 축가를 부르면서 새로운 사람들을 만나고 주변 사람들과의 관계도 돈독히 하거나 행사를 진행하며 시간을 벌어야 할 때 노래를 부르거나 회사의 로고송을 만드는 등의 뜻밖의 영역에서 다양한 장점을 만들 수 있었다.

'하고 싶은 일'을 직업으로 선택하지 않았던 이유

이전에 언급했던 한창 내가 열심히 노래를 부르고 곡을 쓸 무렵 나에게는 인터넷 커뮤니티(SoundCloud, 유튜브, 카페 등)를 통해 우연히 알게 되면서 인연을 맺은 두 친구가 있었다. 그들과 나는 각자의 작업물을 공유하고 피드백하며 하고 싶은 일을 직업으로 갖기 위해 부단히 노력했다. 두 친구 모두 어린 나이에도 불구하고 각자의 재능과 노력을 바탕으로 학생의 신분이지만 믹스테이프를 발매하고 공연을 하는 등 아마추어와 프로의 경계에서 음악 활동을 이어갔다. 10년이 지난 지금 A는 '하고 싶은 일'을 직업으로 만들어내며 어찌 보면 내 주위의 최고로 성공한 'No Man'이 되었다. 하지만 B는 여전히 부모님과 함께 살며 그들의 경제력을 바탕으로 '하고 싶은 일'을 직업으로 만들어 내지 못하고 있다.

비슷한 시간, 비슷한 재능에도 불구하고 두 친구의 차이를 만든 것은 자기객관화와 진정성이라고 생각한다. A와 B는 각자 피아노와 보컬이라는 장점을 가지고 있었고, A는 유복하지 않은 가정환경, B는 외국에서 사업하는 부모님 아래에서 정말 상위 3%의 경제적 풍요를 누리며 생활했다.

A는 본인의 장점에 대한 강한 확신을 가지고 있었다. 피아노 연주라는 장점을 바탕으로 자신의 꿈을 이루기 위한 준비를 시작했다. 우선 유복하지 않은 환경 속에서도 단순히 아르바이트를 통해 돈을 벌기보다는 가수들의 공연에서 세션맨을 담당하거나 녹음작업에 참여하며 경제적 수익과 그들이 일하는 방식을 배워 나갔다. 동시에 업계 사람들이 모이는 자리에 가수가 아닌 연주자로 참여해 본인을 홍보하거나, 자신의 작업물을 관계사에 적극적으로 전달하며 기회를 얻기 위해 적극적인 도전을 이어 나갔다. 덕분에 본인이 가진 강점을 바탕으로 점차 자신만의 영역을 구축했고, 그의 간절함과 재능을 알아본 사람들의 지지와 응원을 받으며 프로로서 성장해나갔다.

반면 B는 중학교 시절부터 개인 작업실을 구해 유명한 보컬 트레이너들에게 레슨을 받으며 영감이 떨어질 때면 이를 핑계로 뉴욕, 샌프란시스코, 리우데자네이루, 파리 등 전 세계 곳곳을 누비며 다양한 뮤지션의 콘서트에 참석했다. 그 시절부터 이미 B의 SNS는 유명한 뮤지션과 함께 찍은 사진, 비싼 차와 옷을 입은 사진 등으로 가득 찼으며 덕분에 많은 사람의 관심을 받기도 했다.

철저하게 '하고 싶은 일'을 남겨두고 '해야 하고', '할 수 있는 일'을 통해 'Yes Man'으로 성장하고 있는 나, '하고 싶은 일'을 직업으로 갖기 위해 자신을 객관화하고 진정성 있게 자신만의 경쟁력을 구축해 '하고 싶고, 해야 하고, 할 수 있는 일'의 일치를 이뤄 꿈도, 성공도 모두 이뤄낸 A, 부모님이 주신 금수저 덕에 아직 '하고 싶은 일'만 하고 있는 B. 분명 누구의 삶이 맞고, 누구의 삶이 틀리다고 쉽게 단정 지을 수 없다. 하지만 나는 그들의 과정을 살펴보며 모든 사람이 '하고 싶은 일'을 꼭 평생 직업으로 가지고 살아갈 필요가 없다고 생각한다. 오히려 하고 싶은 일을 직업으로 삼길 원하는 사람일수록 자신을 객관화하지 못하고 진정성 있는 노력을 하지 않는다면 어느 순간부터 내가 하고 싶은 일이 더 이상 하고 싶지 않은 일이 될 수도 있다고 생각한다. 그래서 나는 감히 말한다.

불행한 프로가 되지 말고 행복한 아마추어가 되라고!
프로는 내가 하고 싶은 일이 아닌 내가 잘할 수 있는 일을 선택할 수 있어야 한다고!

CHAPTER 02

'Yes Man' 조성빈

Episode 2.

나의 'Yes'terday, 어떻게 나는 Yes Man이 되었을까?

지금 내가 가진 많은 것들이
온전한 내 힘으로 가진 것이 아니라면,
한 번은 이 꽉 물고
스스로 기회를 만들어가겠어!

 ## 가진 건 쥐뿔도 없지만

　최근 MZ세대들에게 '차린 건 쥐뿔도 없지만'이라는 유튜브 콘텐츠가 높은 인기를 자랑하고 있다. 나 또한 한 명의 애청자로 해당 채널의 영상을 챙겨보고 있는데, '차린 건 쥐뿔도 없지만'은 무슨 매력을 가지고 있기에 1억 뷰가 넘는 메가 콘텐츠가 될 수 있었을까?

　해당 콘텐츠에서는 다양한 방송과 무대를 통해 화려한 이미지에 둘러싸인 아이돌과 연예인들이 호스트인 이영지의 자취방에 모여 평범한 안주와 술을 먹으며 최근 관심사, 일상, 연애 등 콘텐츠를 소비하는 우리와 비슷한 고민을 털어놓고 해결해 나간다. 때로는 술에 취해 말실수하고 주사를 부리는 등 평범함과 거리가 멀 것 같던 그들이 우리와 비슷한 고민을 하고 살아가는 모습은 더욱 높은 공감대와 몰입감을 제공했고 그것들이 콘텐츠의 주요 성공 요인이지 않을까 싶다.

'Yes Man'의 삶을 살게 되기까지의 이야기를 다룰 Episode2의 첫 소제목을 '가진 건 쥐뿔도 없지만'으로 지은 것 또한 비슷한 맥락이다. 책을 읽는 독자분들이 당시 시점의 내가 가진 상황과 고민에 관한 이야기들을 읽고 바라보면서 비슷한 자신의 상황에 답을 찾는 데 조그마한 도움이 될 수 있길 바란다.

수도권에 사는 것이 하나의 스펙이 되어버린 세상

21년 기준 대한민국에는 약 5,182만 명의 사람들이 살고 있다. 그들의 절반이 조금 넘는 50.4%, 약 2,605만 명의 사람들이 대한민국 전체 면적의 12.6%(12,685km^2)에 해당하는 수도권에 옹기종기 모여 살고 있다.

'가계금융복지조사'에 따르면 21년 대한민국 전체 가구의 총자산은 약 1경 310조 원이며, 이 중 61.2%에 해당하는 6,310조 원이 수도권에 집중되어 있다. 1가구당 평균 자산 또한, 수도권은 6억 3천만 원, 지방은 3억 8천만 원, 가구당 연평균 경상소득[1] 또한 수도권은 6,718만 원, 지방은 5,560만 원이다. 쉽게 말해 단순한 통계지표만 두고 볼 때, 수도권에 사는 사람들은 지방에 살고 있는 사람들보다 1.6배의 재산을 가지고 있으며 연소득 또한 1.2배 정도 높다. 이는 비단 소득과 재산에서 그치지 않을 것이다. 교통, 의료, 문화 등 사회 전반적 분야에서 수도권과 지방의 격차는 벌어지고 있다.

---

[1] 근로소득, 사업소득, 재산소득, 이전소득으로 구성되며, 가구에서 가구원이 벌어들이는 소득으로 비교적 정기적이고 예측이 가능한, 경상적으로 발생하는 소득이다.

이처럼 수도권과 지방의 격차가 벌어질수록 지방에 있는 젊은 세대들은 일을 찾아, 돈을 찾아, 삶의 질을 찾아 수도권으로의 이주를 희망한다. 이는 지역 고등학생의 40%는 지방대가 아닌 수도권 대학을 희망한다는 조사를 통해 쉽게 유추해볼 수 있다. 그러나 애석하게도 소위 SKY 대학을 다니는 학생의 절반이 조금 안 되는 43.5%는 한 달에 1,384만 원 이상의 소득을 벌어내는 부유한 집안에 살고 있으며, 그들의 부모님 또한 대부분 고학력이라는 연구 결과도 찾아볼 수 있다. 부유할수록 좋은 학교에 진학할 가능성이 높아지고, 좋은 학교에 진학하면 내 자녀도 좋은 학교에 갈 확률이 높아진다는 말이다.

점점 더 우리의 출발선은 불공평해지고 있고 그 말은 동시에 온전한 내 노력만으로 극복할 수 없는 삶의 요소, 선천적으로 타고나는 것들이 나머지 요소들을 잠식해버리는 세상이 되고 있다. 쉽게 말하면, 서울의 주요 지역의 아파트에 살면서 외제차를 끌고 다니는 부모님 아래에 태어나지 못한 사람들은 아무리 노력해도, 아니 평생을 노력해도 그런 부모를 만난 사람들보다 성공할 수 없는 사회가 되고 있다.

서울쥐가 되어버린 시골쥐

서울에서 차로 5시간 정도, 공항은 물론 철도도 없는 남해안을 따라가다 보면 나오는 인구 12만 명의 작은 도시, 경상남도 통영시. 아마 이 책을 보고 있는 대부분의 독자분은 지도에서 바로 통영시를 찾지도 못할 것이다. 그나마 축구선수 김민재의 고향으로 또는 개그맨 허경환의 고향으로 알려진 곳. 나는 대학을 진학하기 전까지 20년이 조금 안 되는 시간을 그곳에서 살아왔다. 어린 시절 친구의 집에 놀러 가면 친구 어머니가 해주시는 음식이나 전복, 문어 등을 받아 집으로 돌아갔고, 부모님께서 일이 늦으실 때면 윗집 이모가 해주는 저녁밥을 먹고 친구들과 함께 집 앞 바닷가를 뛰어놀았다. 서울 애들에게 기죽지 말라며 어머니께서 백화점에서 사주신 넥타이와 코트를 입고 처음으로 찾은 서울의 모습은 결코 잊을 수 없다. 영화 속에서만 보던 한강은 바다만큼 넓었고, 63빌딩, 남대문, 남산타워와 같은 랜드마크가 아니더라도 모든 건물 하나하나가 유독 높고 으리으리하게 느껴졌다.

동경했던 도시에서의 삶의 시작은 꽤나 낭만적이었다. 내가 모든 것을 스스로 책임지고 선택하는 성인의 권한과 도시의 풍요로운 놀거리가 만나면서 한동안은 정말 한없이 놀았다. 지금 생각해보면 스스로 백 원 하나 벌어볼 생각도 하지 않으면서 부모님께 당연하게 용돈을 받아 생활비로 사용했다. 정확히 매달 30만 원씩 부모님께 용돈을 받았는데, 그때의 난 부모님에 대한 감사함보다는 '어떻게 성인 남자가 한 달을 30만 원으로 사냐', '친구들은 최소 40만 원씩 용돈을 받는다', '엄마는 요즘 물가를 모른다'는 둥 건방진 소리를 해대며 전공서적 구매비용, 학생회비, 엠티 참석비, 동아리 회비 등을 핑계로 하루는 아빠에게, 하루는 엄마에게 추가로 용돈을 받아 생활했다. 당시 아버지는 30년 차 직장인, 어머니도 직장을 가진 커리어 우먼이었으니 그 정도의 돈은 '대학교'라는 목표를 이루기 위해 쉬임없이 달려왔던 나에게 주는 일종의 당연한 혜택이라고 생각했다.

대학교를 들어가면서 뚜렷한 목표도, 성인이 되어서 되고 싶은 것도,

하고 싶은 것도 없으니 공부나 과제와 같이 해야 하는 것들을 열심히 할 필요도 없었다. 돌이켜보면 20살의 나는 자유에 대한 책임보다는 스스로 가진 선택의 자유와 해방감에 취해 허송세월을 보냈다. 매일 점심과 저녁을 가리지 않고 친구들과 얼큰하게 술을 마시고 수업에 들어가기도 했고, 수업이 끝나면 PC방, 당구장, 노래방을 순회했다. 책임을 지기에는 아직 어린 '대학생', 통제받기에는 다 큰 '성인'이라는 두 가지 변명으로 나에게 필요한 것들을 취사선택하며 나의 행동을 합리화시켰다. 사람은 늘 지나야 후회한다는 말이 있는 것처럼, '그 사건'이 벌어지기 전까지도 나는 부모님께 받는 용돈이 너무 당연했고, 일의 가치, 돈의 가치를 모른 채 무책임하게 살아가는 것을 부끄러워하지 못했다.

어른이 된다는 것

나는 히어로 영화를 좋아한다. 히어로 영화 속에서 히어로들은 다양한 서사와 배경을 가지고 있지만, 대부분의 어떤 '특별한 사건'을 계기로 평범한 사람에서 특별한 히어로로 각성한다. 스파이더맨의 경우 삼촌의 죽음이, 배트맨의 경우 부모님의 죽음이 그 사건이 될 것이다. 하지만 모두가 '특별한 사건'을 통해 바르게 성장하는 것만은 아니다. 누군가는 관점의 차이, 입장의 차이로 피해의식과 자격지심이 가득한 빌런이 되기도 한다.

우리의 삶은 어떨까? 우리는 만 19세가 되면 법률적으로는 병역, 국적 선택, 혼인, 선거, 형사처벌 등의 권리와 책임을 부여받게 된다. 하지만 만 19세가 된다고 갑자기 나의 내면이 어른으로 성장하는 것은 아니다. 세상을 살아가다 보면 속된 말로 '나잇값을 못하는 사람'들이 분명히 있고, 동시에 '나이는 어리지만 어른스러운 사람'도 있다. 나 또한 19살 시절의 나와 29살의 내가 무엇이 다르냐고 물어본다면 쉽게 대답하지 못할 것 같다. 물론 직업, 경제능력, 인간관계 등의 사회적 요소에 대한 차이는 있지만 삶을 살아가는 데 있어 중요하게 생각하는 가치, 좋아하는 것, 삶의 기준과 원칙 등은 크게 달라지지는 않았다.

그렇다면 우리는 어떻게 보다 나은 어른으로 한 발자국 성장할 수 있을까? 나의 경험에서 비춰보면 우리의 삶에도 앞선 히어로 영화처럼 다양하고 '특별한 사건'이 찾아온다. 이를 잘 극복할 경우, 한 단계 나은 내적 성장을 이룰 수 있고 미래에 비슷한 사건이 닥쳤을 때 쉽고 빠르게 극복할 수 있는 능력을 습득할 수 있다. 하지만 반대로 이를 극복하지 못할 경우, 과거에 매몰되거나 문제를 바로 보지 못한 체 주변 사람들을 원망하는 오류에 빠질 수 있다.

학교, 군대, 회사 등 여러 사회적 집단과 계층을 거치며 어른이 되는 것에 대한 근본적인 의문이 한 가지 있었다. 어느 조직이건, 어느 세대건 항상 기성세대의 '어른'들은 신세대 '아이'들을 '요즘 애들'이라고 부르며 못마땅스러워했다. 대학교 시절 친구들은 신입생들을 보며 '요즘 신입생들은 이게 문제다'라며 그들의 문제점을 지적했고, 군대에서는 후임들은 '요즘 신병들은 군기가 없다'라고 했다. 심지어 회사에서조차 사람들은 '요즘 MZ사원들을 보면 어떻게 해야 할지 모르겠다'라고 이야기한다. '요즘 애들은 이래서 안 되고', '우리 때는 안 그랬는데'라는 말은 그 형태만 조금씩 바뀔뿐 항상 새로운 세대의 등장과 함께 따라다니고 있다.

하지만 여기서 간과하지 말아야 할 것은 요즘 애들의 문제점을 지적한 사람들 또한 한때는 누군가에게 '요즘 신입생', '요즘 신병', '요즘 신입사원'이었다는 점이다. 그 윗세대 또한 윗윗세대에게, 그 윗윗세대는 윗윗윗세대에게 요즘 애들이었다. 여기에 사람들은 무슨 심리를 가지고 있으며 그들이 생각하는 '어른스러운 것'과 '아이스러운 것'의 차이는 무엇일까? 나는 다양한 조직과 상황을 경험하면서 크게 다음과 같이 '어른'과 '아이', 두 집단의 성향을 다음과 같이 정의해보았다.

어른스러움
권리보다 책임을 중요시 생각함
타인의 실수에 관대하고 자신의 실수에 엄격함
자신의 감정이 태도로 이어지지 않음
자신의 노력으로 만들어낸 가치에 집중함

아이스러움
책임보다 권리를 중요시 생각함
자신의 실수에 관대하고 타인의 실수에 엄격함
자신의 감정이 태도로 이어짐
타인보다 많이 가지고 있는 가치에 집중함

위의 기준에서 만약 자신을 객관화해서 본다면 과연 당신은 어른스러운 사람인가? 아니면 아이 같은 사람인가? 어른스러운 사람이 되기 위해서 어떤 노력을 하고 있는가? 사람들은 각자 다른 가치관과 성향을 갖고 살아가기 때문에 어느 것이 맞고, 어느 것이 그르다고는 할 수 없다.

다만 나는 이번 에피소드에서 내가 'Yes Man'이 되기 전까지 '요즘 애'에서 어른(Man)으로 성장하는 이야기를 담았다. 내가 겪은 평범한 시간과 이야기들이 비슷한 고민과 과정을 겪고 있는 누군가에게 하나의 참고 사례가 되길 바란다.

온전한 내 힘으로 가진 것이 아니라면 그것을 누릴 자격이 없단 것

빈곤의 시대는 종말했다. 불과 50~70년 전만 해도 사람들은 보릿고개가 오면 '며칠을 더 굶어야 할지', '얼어 죽지는 않을지'를 고민했다. 지금 우리는 어떠한가? 겨울이 다가오면 보일러가 돌아가는 쇼파에 누워 배달 앱을 보며 '오늘은 무엇을 먹을지'를 고민한다. 동시에 절대적 빈곤 사회를 경험해보지 못한 90년대 초중반 이후 세대가 등장하고 있다. 그들은 'YOLO(You Only Live Once)'라는 캐치프레이즈를 앞세워 '승마', '골프' 등 과거 상류층의 취미를 즐기며 명품시계, 명품가방, 외제 자동차 등 사치품을 구매하고 한껏 포장된 자신의 이미지를 SNS를 통해 공유한다. 절대빈곤에서 벗어나 물질적 풍요 속에 자라난 세대가 만들어낸 소비문화는 상대적으로 덜 가진 사람으로 하여금 상대적 빈곤감을 만들고 있다.

나 또한 서울쥐가 된 시골쥐로서 학교에서, 사회에서 수많은 박탈감을 느껴왔다. 대학생 시절 하루에 3개씩 아르바이트를 하는 나에게 또래 손님이 요구했던 '시급 4천 원짜리 사람의 태도', 반지하 자취방에 사는 나에게 친구가 악의없이 자랑하는 '부모님이 도와주셔서 구매한 아파트'가 대표적인 박탈감이었다. 학생에서 직장인이 되는 과정에서는 어린 시절 다녀온 해외여행은 글로벌 경험이 되고, 흔히 말하는 빽을 가진 사람들의 전화 한두 통에 그들의 자녀는 손쉽게 남들을 앞질러 인턴이 되었다. 그리고 글로벌 경험과 인턴 경험을 가진 사람들은 취업시장에서 경쟁

우위에 올라섰다. 선택과 노력으로 대체할 수 없는 선천적인 환경에 대한 박탈감들은 고스란히 자격지심이 되었다. 이미 부모님의 지원으로 대학교에 다니고 있음에도, 세상에는 우리가 생각하지 못한 어려움을 안고도 묵묵히 최선을 다해 살아가는 사람들이 있음에도, 나보다 더 가지고 타고난 배경을 부러워하며 '나는 왜 그들처럼 누리지 못할까' 하는 자격지심은 피해의식과 불공정한 사회에 대한 혐오로 이어졌다.

그날도 여느 날처럼 식당의 마감 청소와 시재금액 점검을 마치고 기숙사로 돌아가는 길이었다. 대학교 버스정류장을 지날 즈음 어머니께서 전화를 주셨다. 평소 밤 10시면 주무실 시간이었기에 약간의 의아함을 가지고 받은 전화의 주된 내용은 전혀 생각지 못한 아버지의 퇴직이었다. 가슴이 철렁 내려앉았다. 찰나의 순간에 무수히 많은 생각이 교차했다. 사실 아버지께서는 일평생을 가족을 위해 헌신하신 분이다. 20살부터 한 직장을 다니신 아버지는 비가오나 눈이오나 필요하다면 출근을 하실 정도로 일에 대한 자부심과 책임감을 가진 분이었다. 직장인으로서 주말에는 쉴 법도 한데 주말마다 왕복 4시간이 넘는 거리도 묵묵히 운전해 여행을 떠났고, 여행을 못 갈 때면 우리와 함께 시간을 보내 주셨다. 한 번도 자녀들에게 힘든 내색을 하지 않으셨고, 수능을 마치고 대학교를 선택할 때에도, 대학생이 되어서도 명절 때마다 "등록금이나 학비 걱정은 하지 말고 네가 갈 수 있는 가장 좋은 학교로 가거라. 아빠가 졸업할 때까지는 끝까지 회사에 다니면서 지원해줄 테니까."라며 자식이 곧 당신의 존재 이유라고 말씀하신 분이 내 아버지였다.

그랬던 아버지가 어느날 갑자기 정든 회사생활을 마무리하셨다. 아버지의 퇴직을 들은 첫 순간 내가 들었던 감정은 '조금만 더 다녀주시지'였다. 그때의 나는 나의 자격지심과 어린 마음에 가장 사랑하고 존경하는 가족조차 원망할 수 있는 한심한 사람이었다. 당시 나는 부모님의 돈을 축내는 존재 그 이상, 이하도 아니면서 입고 있는 것, 가지고 있는 것, 하고 다니는 모든 것들을 당연히 가질 수 있다고 생각했다. 나에게는 그럴 자격이 충분히 있다는 착각에 빠져 당신을 포함한 4명의 가족을 위해 30년을 바친 아버지의 삶까지도 지극히 나의 유불리에 따라 판단하려 했다. 매번 사랑한다고 말만 하면서 평생을 바쳤던 회사에서 나가는 아버지의 마음을 헤아리지도, 그 모습을 보며 불안했을 어머니의 걱정을 덜어 드릴 생각조차 하지 않고 그저 내 삶이 힘들어질 것만 고민했던 최악의 아들이었다.

그 순간 '내가 도대체 무슨 생각을 하고 있는 거지'라는 자각과 동시에 그동안의 모든 부정적인 감정들이, 단순히 세상에 대한 불만과 불평을 넘어 조건 없이 나에게 베풀어준 가족의 사랑을 부정하는 일이었다는 깨달음이 밀려들어 왔다. 너무나 부끄러웠고 죄송했다. 나와 한 살 터울 동생에게 '절대 너희가 졸업하기 전까지 퇴직은 없다'며 우리의 든든한 후원인이셨던 아버지께서 그 약속을 뒤로하고 회사를 나오기까지는 정말 내가 상상할 수 없는 힘듦과 고뇌가 있었을 것이다.

그래서 난 썩은 생각들을 바꾸기로 결심했다.
아버지가 혼자 짊어지고 가시던 책임감을 나눠 갖기로,
온전히 내 삶을 정면으로 바라보고 스스로 책임지기로 했다.

시급 4천원의 배달부, '대기업 막내 사원'이 되다!

아마 지금 여러분이 책을 읽고 있는 이 시간에도 많은 청춘들은 대학교 등록금을 벌기 위해, 생활비를 마련하기 위해, 하고 싶은 일을 하기 위한 여유자금을 만들기 위해, 혹은 단순히 사회경험을 쌓기 위해 아르바이트를 하고 있다. 지금이야 최저시급, 주휴수당, 법정 휴게시간이 당연하게 지켜지고 있지만 불과 6~7년 전만 해도 이러한 것들을 지키지 않는 가게들이 대부분이었다.

대학교에서 1년의 신입생 생활을 제외하면 사회생활이 전혀 없는 나는 속히 말하면 눈탱이 치기 딱 좋은 대상이었고, 5천 원이 안되는 시급을 받으며 인생 첫 아르바이트를 시작했다. 고깃집에서 손님들에게 음식을 서빙하고 그들이 떠나면 계산을 하고 설거지를 하는 단순한 일이었다. 하루에 5시간, 일주일에 3일을 일했으니 4,800원×5시간×3일×4주=288,000원, 30만 원이 조금 안되는 돈을 매월 월급으로 받았다. 그리고 정확히 2년이 지난 대학교 4학년 나는 매월 500만 원을 버는 대학생이 되었고 4학년 여름방학, 주변사람들의 많은 축하 속에 대기업 직장인이 되었다.

나조차도 가끔 출퇴근 버스에서 지난 시간을 되돌아보면 단기간 드라마틱하게 변한 나의 상황이 쉽게 믿어지지 않는다. 하지만 동시에 나는 내가 걸어온 길을 돌아보면서 'Yes Man'으로 살아가는 삶의 가치가 정답임을 확신한다. 주변에서 '꼭 그렇게까지 해야 해?', '실속 좀 차려', '너도 좀 약게 살아'라는 애정 어린 조언에도 'Yes Man'이었기에, 나에게 주어진 일, 내가 해야 하는 일들에 대해 언제나 'Yes'를 외쳤고 변화할 수 있었다. 그렇기 때문에 이 책을 보는 여러분도 언제나 'Yes'를 외치는 'Yes Man' 또는 'Yes Woman'이 되기를 진심으로 응원한다.

처음부터 큰 그릇은 '대기만성'이 아니다.

대학교 시절 나는 '인간 궁상' 그 자체였다. 친구들이 PC방을 가자 해도, 당구장을 가자 해도, 심지어 밥을 먹거나 커피를 먹자고 해도 '사주냐'라는 말을 입버릇처럼 달고 살았다. 식비를 아끼기 위해 1,500원짜리 삼각김밥을 하루에 세 끼로 나눠 먹거나, 기숙사비를 아끼기 위해 요리, 설거지, 분리수거, 음식물 쓰레기, 청소와 빨래는 물론 속옷까지 개어서 정리하는 완벽한 우렁각시의 조건으로 선배의 자취방에 얹혀살았다. 그마저도 겨울날에는 보일러비를 아끼겠다고 이불 속에 헤어드라이어를 틀고 이부자리를 데워서 잠을 청했다. 그때가 식당에서 소주 한 병을 3,000~4,000원에 팔던 시기였고, 당시 시급이 4,800원이었다. 쉽게 말해 한 시간 동안 열심히 일해서 고작 소주 한 병을 마실 수 있었으니 어떻게든 돈을 아끼기 위해서 궁상맞게 사는 것이 당연하지 않을 수 없었다.

자존심도 많이 상했다. 낮에는 같은 공간에서 함께 공부하던 친구들을 밤에는 손님으로 만나야 했다. 각종 총회, 뒤풀이 시즌이 되면 술에 취한 친구와 선배들이 장난삼아 던지는 "거기 알바생~ 소주 한 잔 받으세요"와 같은 말들은 '학생'이라는 같은 지위에서 오는 동질감보다 서로 다른 상황에서 오는 이질감을 더욱 크게 만들었다. 그렇게 매일매일 취한 친구들과 손님들을 보내고 집으로 돌아가면, 기름으로 떡진 머리와 몸을 씻으며 몸에 밴 고기냄새와 겸손하지 못했던 자존심, 고집들을 함께 흘려보냈다.

그럼에도 그 시간을 온전히 인정하고 받아들일 수 있었던 이유는 '대기만성'이라는 큰 믿음이 있었기 때문이다. 가끔 너무 힘들고 지치는 날이면 사회적으로 성공한 기업과 그 기업의 CEO들의 첫 시작점이 어땠는지를 찾아보았다. 예를 들어 내가 다니고 있는 회사는 국내에만 약 8천 명의 직원들이 있으며 매년 5~6조 이상의 매출을 만들어내는 거대한 기업이지만 그 시작은 작은 정미소에 불과하지 않았다. 세계적인 기업인 구글과 애플 또한 각 창업주가 자신들의 차고에서 그 사업을 시작했다는 사실을 보면서 나의 힘든 상황에 절망하기보다 이 과정을 통해 내가 보다 나은 사람이 되고 있다는 확신을 했었던 것 같다.

혹자는 '대기만성'이라는 단어를 들었을 때 '굳이 처음부터 작은 그릇으로 시작할 필요가 있을까? 처음부터 큰 그릇이 된다면 그다음은 그것보다 더 큰 그릇이 되는 게 아닌가?'라는 생각이 들 수도 있다. 그 말도 맞는 말일 수 있다. 하지만 여기서 내가 말하는 '대기만성'은 '타이밍'과 '자기능력'을 바탕으로 어제보다 한 단계 발전한 나를 만들어가는 과정을 의미한다.

시간과 능력은 모두에게 절대 공평하지 않다.

물리학자들은 세상에서 유일한 절대 가치가 바로 '시간'이라고 이야기한다. 대상에 따라 느리지도, 빠르지도 않고 어떠한 외부요인에도 변하지 않고 균등하게 흘러가기 때문이다. 이는 부자에게도, 가난한 사람에게도, 직장인에게도, 정치인에게도 다른 것이 아니라 같은 속도로 흘러간다. 따라서 많은 사람들은 시간은 모두에게 공평하다고 한다.

하지만 결코 시간은 모두에게 공평하지 않다. 조금 더 정확히 말해 시간의 절대량은 공평하지만, 상대적으로 이는 불공평할 수밖에 없다. 생활비를 마련하기 위해 하루 6시간씩 아르바이트를 하는 동안 누군가는 집에서 적절한 휴식을 취하고 그날의 수업 내용을 복습했다. 방학 기간 단기 아르바이트로 등록금을 마련하는 동안 누군가는 해외 어학연수를 다녀왔다. 이처럼 환경의 불평등은 절대 가치인 시간에도 적용된다.

따라서 대기만성이 되기 위해서는 '타이밍'이 몹시 중요한 가치가 된다. '타이밍'은 두 가지 의미로 해석할 수 있다. 첫 번째 의미로 선택은 시의적절하게 해야 한다. 주식시장처럼 저점에 들어가고, 고점에 적절하게 빠지면서 내가 가지고 있는 역량과 상황을 모두 고려하여 최고의 아웃풋을 만들어야 한다. 두 번째 의미는 Timing=Time(시간)+~ing(지속성)이라는 것이다. 책에서 서술하고 있지만 최저시급의 상향조정, MZ세대의 출현, 출산율의 감소 등으로 과거에 비해 노력의 가치가 너무나도 평가절하되고 있다. 우리 세대의 아킬레스건이 바로 이 부분이라고 생각한다. 모두 성공한 사업가, 대기업의 임원, 자기가 하고 싶은 일로 성공한 셀럽, 연예인이 되기를 바라면서 그들이 과거 현재 우리와 같은 사회 초년생 때 쏟아 부은 노력의 총량에는 관심이 없다. 따라서 대기만성이 되기 위해서는 때론 내가 하고 싶지 않음에도 지속해서 시간을 투자할 줄 알아야 한다.

대기만성의 두 번째 전제는 '자기능력' 확보이다. 여기서 '자기능력'은 남들과 차별화되는 나만의 영역을 만들어야 함과 동시에 이를 본인 스스로 인지하고 있어야 한다. 아무리 좋은 능력이라도 가진 사람이 쓸 줄 모르면 안되니 말이다. 나의 능력과 영역을 구축하는 법은 그리 어렵지 않다. 내 가치를 정의하고 책임지는 것의 주체가 결국 나 자신이기 때문이다.

일례로 프렌차이즈의 배달부로 근무할 때 피크시간에 한 번에 4~5명의 고객에게 배달을 나갈 때가 종종 있었다. 뜨거운 음식과 차가운 음료가 하나의 봉투에 담기면서 두 가지 제품의 온도차로 음식은 습기로 물러졌고, 음료는 미지근해졌다. 이 문제를 둘러싸고 당시 대부분의 배달부에게 일의 본질은 '물건을 손님에게 전달'하는 것까지였다. 따라서 고객들이 클레임을 제기해도 대부분 내가 해결해야 하는 문제로 인식하지 않았다. 나 또한 업무 초반 같은 문제점을 겪기 시작했다. 바로 앞에서 화를 내거나 매장으로 돌아가는 길에 전화로 다시 배달해달라는 클레임을 받으며 직무의 가치를 스스로 올려야겠다는 생각이 들었다.

업무의 완결성과 가치를 확대하기 위해 먼저 '배달'이란 일의 본질을 한 단계 높여 생각하기로 했다. 단순히 제품을 고객에게 전달하는 것을 넘어 '제품이 가진 가치를 온전히 고객에게 전달하는 것' 하기 위해 고민했다. 의외로 해결책은 간단했다. 배달통을 두 개로 나누고, 뜨거운 물과 차가운 얼음을 각각 지퍼백에 나누어 담아 배달통 바닥에 깔았다. 너무나 당연하게도 아주 간단한 이 솔루션을 통해 동일한 고객 클레임은 발생하지 않았다. 솔루션은 빠르게 수평전개 되어 회사의 모든 고객은 직원들이 최선을 다해 만든 제품의 가치를 온전히 제공 받을 수 있었다. 이처럼 내 일의 가치는 큰 노력이나 기발함이 아니더라도 내가 남들보다 약간의 책임감과 관심을 얼마든지 스스로 만들어 수 있다. 그렇게 '자기능력'을 개발하는 사람만이 같은 일을 하더라도 한 단계 높은 수준으로 일과 능력을 끌어올릴 수 있다.

기회는 우연히 찾아오지만, 그것을 잡는 것은 온전히 실력이다.

커리어의 '대기만성'을 꿈꾸면서 가장 크게 달라진 점은 일(Work)을 대하는 내 관점이 변했다는 점이다. 그전까지는 일(Work)을 내 노동력을 통해 금전적 이익을 얻는 노동(Labor)으로 생각했다면, 이제는 단순 노동을 넘어 나만의 전문성과 철학을 바탕으로 본질의 가치를 향상시키고 나의 인간적 성장을 함께 추구하는 직업(Professional)으로 여기기 시작했다. 당시 나는 배달부로 일하면서 동시에 주방 직원들이 바빠 음식이 밀릴 때면 먼저 나서 주방일을 돕기 시작했다. 그렇게 음식 조리를 시작으로 밀 재료를 손질하고 음료바를 준비하는 등 전반적인 매장 준비부터 영업 종료 후 매출과 시재를 점검하는 법까지 배워나갔다. 그렇게 불과 6개월이 지나고 나는 배달부에서 해당 점포의 매니저까지 빠르게 성장할 수 있었다.

매니저가 되면서 최초 급여의 약 1.5배를 받기 시작했고, 본사의 직원분들과도 네트워크를 확장하여 신입 아르바이트생들을 교육하는 일까지 전담하게 되었다. 동시에 대학교에서 배운 지식 등을 바탕으로 ① 실시간으로 고객들과 소통하고 잠재 가맹주들에게 사업을 홍보할 수 있는 온라인 채널 운영안, ② 저렴한 가격대로 만들어진 낮은 진입 장벽을 바탕으로 메인 소비자층에게 더욱 친숙한 이미지를 제공할 수 있는 콘텐츠 마케팅 기획안, ③ 정기적으로 학기 초 경품 행사를 실시간 Live 송출을 통해 신규 고객을 대량 유입시켜 고정 고객을 빠르게 확보하는 전략 등 마케팅 전략을 셋팅하였고 이를 매장에서 확인할 수 있는 POS, 객수, VOC 등을 통해 발전시켜 나갔다.

"안녕하세요 대표님. 저는 여기 아르바이트생인데요.
이거 한 번 해보시면 분명히 도움이 되실 거예요"

"재미있네. 야. 너 내일부터 사무실로 와서 계약해.
학교 다니면서 할 수 있게 해줄게. 어디 너 하고싶은 대로 마음껏 해봐."

성수기 시즌 우리 매장을 방문한 본사 대표님에게 회사에 짱박아둔 마케팅 기획서를 전해드리면서 했던 말이다. 사실 처음 만들 때만 해도 별 생각 없이 학교 과제나 팀프로젝트 때 활용하기 위해 만든 자료가 그

- 마케터
  주민센터선생님/심리분석사*강연
  학부생 조교
  PPT 디자인 알바
- 점포 매니저
  삼성드림클래스/또래상담사
  학생회장
  학술제 디자인팀
- 배달부
  다문화/탈북자 가정 멘토링
  과대표
  콘텐츠 학회

렇게 세상에 빛을 볼 줄은 몰랐다. 대표님은 너무나도 흔쾌히, 풋내기 아마추어 학생의 기획안을 바잉하셨고, 그렇게 나는 배달부를 시작해서 6개월 뒤 점포 매니저로, 다시 8개월 뒤 프렌차이즈 마케터로 성장할 수 있었다.

흔히들 낚시는 땡기는 맛, 고스톱은 쪼는 맛, 음식은 손맛이라고 한다. 나는 이때 인생 처음으로 성장하는 단계의 맛을 보았다. 내가 배달을 시작했기에 주방일을 배워 매니저가 될 수 있었고, 매니저가 되었기 때문에 마케터가 될 수 있었다. 흔히 많은 사람들이 목표를 설정하고 한 번의 Big Jump로 목표를 이루기를 희망한다. 애석하게도 우리에겐 그만큼의 Big

Jump를 성공시킬 수 있는 역량도 이를 도와줄 수 있는 합법적인 배경도 없다. 그렇다면 방법은 내가 그랬던 것처럼 계단을 타보는 것이다. 그것이 커리어가 되었든, 꿈이 되었든. 당신이 가진 목표가 있다면 그 무엇이든 말이다!

이것은 나의 성공 방정식이자, 올라온 계단들이다. 한순간의 Big Jump 없이 게임의 튜토리얼을 진행하듯 한 단계, 한 단계 Small Step을 통해 대기만성으로 나아가고 있다.

CHAPTER
02

'Yes Man' 조성빈

Episode 3.

결국 Yes Man은 성공할 수밖에 없어!

나는 'Yes'를 외친다.
이에 주변 동료들과 조직이
나에게 'Yes'로 화답한다!
Welcome to YES MAN Universe!

앞선 Episode 1~2에서는 세상에 불평과 불만이 가득한 아이가 어떻게 어른으로 성장했는지, 왜 'Yes Man'의 길을 선택하기로 했는지를 내 삶의 굵직한 사건들을 시간에 흐름에 따라 여러분께 소개했다.

Episode 3는 내가 여러 회사에서 길고 짧은 커리어를 쌓아오면서 결국 Yes Man이 성공할 수밖에 없는 이유들을 말해보고자 한다.

인생에 정답은 없지만, 이 책을 보는 독자분들이 이번 챕터를 보면서 반복되는 삶을 보다 주체적으로 살고 'No'를 외치기보다 매 순간 'Yes'를 외치며 성공에 한 발자국씩 나아가길 바라본다.

" **사람은 스스로 믿는 대로 된다**

　러시아를 대표하는 극작가인 안톤 체호프가 남긴 말이다. 사람은 스스로 믿는 대로 된다. 일반적인 사람들은 도전하기 전, 새로운 변화에 앞서 그것이 가져다줄 긍정적인 효과보다 기존의 것들이 무너지면서 남겨질 공백에 대한 부작용을 먼저 걱정한다. 그럴 만도 한 게 기존의 것들이 가져다주던 관성을 포기하고 아직 검증되지 않은 새로운 도전을 감행한다는 것은 Risk Management 관점에서도 철저한 분석과 사전 시뮬레이션이 뒷받침되지 않으면 여간 부담스러운 결정이지 않을 수 없다. 하지만 지구가 우주의 중심이던 천동설에서 태양을 중심으로 지구가 돌아가는 지동설을 믿음으로써, 창조론에서 진화론으로 패러다임이 변화되었고 인류는 우주과학과 유전공학에 비약적인 발전을 이루었다.

　이처럼 Yes Man으로 성공하기 위해서는 우리 스스로 자신이 믿는 그 무엇이든 이루어 낼 수 있음을 이해하고 받아들여야 한다. 물론 '내일 로 또 1등에 당첨될 것이다'와 같이 내가 통제할 수 없는 상황에 대한 믿음을 가지라는 것이 아니다. '이번 주에 보는 면접에서 무조건 합격할 것이다', '이번 승진심사에 반드시 승진할 것이다'와 같이 개인의 노력으로 영향력을 충분히 발휘할 수 있는 상황에 대한 충분한 믿음을 가지라는 것이다. 나 또한 대학생활을 하면서, 회사의 구성원으로 살아가면서 품었던 많은 믿음이 있었다. 그리고 이를 현실로 만들어가면서 이뤄야 하는 목표와 지키고 싶은 신념이 생긴 사람이 어떻게 사고와 행동을 변화시켰는지 직접 경험했기 때문에 당당히 여러분께 말하고 싶다.

사람은 스스로 믿는 대로 됩니다.
그러니 믿으세요. 그리고 시작해주세요 Yes Life!

면접을 위해 준비했었던 미래 계획

면접을 준비해본 사람들은 공감하겠지만, 면접을 준비하는 과정은 절대 만만하지 않다. 30초, 1분, 한글과 영어 버전의 간단한 자기소개는 물론 지원동기, 자신의 장단점과 같은 스테디셀러와 같은 질문들에 대한 답변과 지원하는 회사의 인재상, 사업적 이슈, 미래 성장 가능성과 같은 기업문화와 관련 산업에 관련한 모든 정보를 암기하고 이를 활용할 수 있어야 한다. 하지만 그중에서 가장 난감한 질문은 "우리 회사에 입사에서 어떻게 성장하고 싶은지 비전이 있을까요?"라는 질문이 아닐까 싶다. 회사에서 요구하는 인재상, 지원 직무에 대한 이해도, 자신이 가지고 있는 차별화된 장점을 종합적으로 정의할 수 있어야만 이 질문에 대해 완벽한 대답을 할 수 있다. 그동안 면접에서 단 한 번도 실패를 경험해보지 못한

백전백승의 나에게도 한 회사에서 이 최종 면접 순간은 여러 가지 이유에서 결코 잊지 못한 경험으로 남았다. 당시 면접은 3대3이었고, 나는 우리 조의 마지막 지원자였다.

Q
"지원자분들 우리 회사에 들어와 향후에 어떤 인재로 성장하고 싶은지 말해볼까요?"

첫 지원자가 대답했다.

A
"저는 어린이집 원장님이 되는 것이 꿈입니다. 식품회사에서 은퇴한 뒤 어린이집을 운영하게 되면 학부모들이 급식에 대한 신뢰가 있기 때문입니다."

(모든 면접관들이 웃음을 터뜨렸다.)

B
"저는 꿈이 없습니다. 하지만 이 회사의 구성원으로 성실히 근무하며 꿈을 찾고 싶습니다."

아무리 회사 경영철학의 행동원칙에 정직이 있다고 해도 너무나 정직한 그들의 답변에 면접관들은 각기 각색의 반응을 보였다. 그리고 곧이어 내 차례가 왔고 인턴을 수행하며 느꼈던 나의 감정을 바탕으로 준비한 나의 계획을 차례대로 이야기했다.

> 나

"저는 10년에 걸쳐 총 5단계의 목표를 거쳐 회사에 필요한 인재로 성장하고 싶습니다.

1년 차에는 부서의 신입사원으로 빠르게 업무에 적응하겠습니다.

동시에 업무 프로세스를 정리해 같은 문제를 두 번 묻지 않는 신입사원이 되겠습니다.

2년 차에는 업무를 완전히 숙지한 뒤 2달에 한 번씩 우수 사례를 만들어 내겠습니다.

3년 차에는 2년차 때부터 작성한 우수 사례와 다른 구성원의 우수 사례를 바탕으로 모음집을 만들어 부서에 새로 오는 신입사원이 빠르게 적응할 수 있게 도움을 주는 선배가 되겠습니다.

5년 차에는 우리 부서의 신입사원뿐 아니라 사내 강사로 활동하며 조직에 들어오는 모든 사원에게 업무 노하우를 전수하겠습니다.

10년 차에는 기회가 된다면 인사업무를 수행하면서 단순히 직무에 대한 노하우 뿐 아니라 회사 생활 전반에서 구성원들에게 도움을 주는 인재가 되겠습니다."

구체적이고 명확한 방향성을 가진 계획들 덕분에 감사하게도 나는 면접에서 좋은 결과를 받을 수 있었다. 처음에는 단순히 면접을 위해 세웠던 계획이었지만 말이 씨가 된다는 말처럼 내가 뱉은 계획들을 하나씩 이뤄가면서 신입사원으로서 누구보다 빠르게 조직에 적응할 수 있었다. 사실 그때 뱉은 약속을 꼭 지킬 필요는 없었다. 면접관님들에게도 그저 지나가는 수십 명의 지원자 중 한 명일 뿐이었고, "왜 그때 입사하면 하겠다고 하고는 지키지 않아요?"라고 물어볼 사람도 아무도 없었다. 면접을 준비하는 과정이긴 했으나 나에게 앞으로 다가올 회사생활에서 구체적으로 무엇이 되고 싶고, 그것을 위해 어떤 준비를 해야 하는지를 고민했던 시간은 나에게 주어지는 업무들을 수동적으로 대하기보다 주도적으로 Yes를 외칠 수 있는 원동력이 되었다.

Yes는 나에게 복리의 힘을 주었다.

1년 차에는 회사에서 발생하는 상황에 따라 주로 사용하는 엑셀 함수를 정리하고, 낯설었던 업무 용어와 결재 프로세스 등을 별도 파일에 정리했다. 의미 있는 결과를 만들기 위해서는 의미 있는 과정 관리를, 그전에는 의미 있는 계획을 세워야 했다. 덕분에 업무 지시에 대해서 "이걸 왜 해야지?", "상황은 알고 시키는 건가?"라는 No의 마음보다는 장기간 직무를 수행해 오면서 경험과 노하우를 가지고 있는 구성원과 조직에 대한 믿음을 바탕으로 "어떻게 하면 내 상황에서 업무 지시를 더욱 효율적으로 실행할 수 있지?"라는 Yes의 고민을 통해 업무를 수행했다. 단순히 까라는 대로 까는 것이 아니라 "이것을 왜 지금 타이밍에 까라고 하는 것인지", "어떻게 해야 같은 노력과 비용을 투자함에도 더 예쁘게, 더 잘 깔 수 있을지"에 대해 고민하다 보니 나는 금방 부서에서 자기 생각을 가지고 일하는 신입사원으로 자리 잡을 수 있었다.

이를 바탕으로 부서 배치 4개월이 지난 시점부터는 팀장님과 주변 선배들의 지도를 받으며 약 16개월 동안 14개의 '조사원 성장기'라는 이름의 우수사례를 만들어 낼 수 있었다. 당시 만들었던 Best Practice 중 하나는, 통계청 마이크로 데이터와 점포 위치 데이터에―개별 영업사원이

담당하는 지역에 대한 인구 데이터(연령별 인구분포, 성별, 가구 형태), 소득 데이터(평균 수입, 평균 지출액, 수입 구간별 인구 분포), 기타 데이터(식품 구매경로, 비만율 등)를 결합한 대시보드를 만든 적이 있었다.

처음 '나의 업무 편의'를 위해 시작되었던 일이, 우리 팀의 편의로 이어짐은 물론, 다른 부서에서도 나의 아이디어에 관심을 가지기 시작했다. 대시보드를 전체 구성원들에게 공유한 뒤, 다른 유관 부서 담당자들의 연락이 빗발쳤다.

> "안녕하세요 조성빈님. ㅇㅇ팀에 ㅇㅇㅇ입니다.
> 이거 대시보드는 진짜 본인이 만든 거예요? 어떻게 만든 거예요?"

> "안녕하세요 조성빈님. △△팀에 △△△입니다.
> 혹시 저희 지역에 대한 대시보드도 만들어 주실 수 있으실까요?"

이런 전화를 정말 많이 받았다. 나는 그들에게 기꺼이 필요한 정보와 방법을 공유했다. 나아가 그들과의 적극적인 커뮤니케이션을 통해 자료를 한 단계 더 발전시킬 수 있었다.

당시에도 많은 분들이 그랬지만, 이 글을 보는 독자 여러분도 원래부터 내가 전산과 관련된 자격증이 있거나, 함수를 활용할 줄 알았을 것이라고 생각할 수 있다. 진실을 고백하자면 사실 나는 입사를 하기 전까지 엑셀을 만져본 적이 없었다. 당시 취업을 위해 필수라고 여겨지는 컴퓨터 활용능력 자격증조차 없던 내가 엑셀 실력이 늘 수 있었던 이유는 단순했다. 일을 잘하고 싶어서, 업무의 담당자로서 나에게 주어지는 일에 No를 외치고 싶지 않았기 때문이다.

앞서 말했듯이 스스로 믿는 나의 모습이 되기 위해 입사 후 회사의 모든 업무 프로세스와 관련된 엑셀의 기능을 모조리 기록했다. 또한 "조성빈님 혹시 이 데이터 좀 돌려줄 수 있어?", "조성빈님 이거 장표가 어디서 잘못 물린 걸까?"와 같은 주변 동료와 선배의 부탁이 있을 때면 "제가 지금 외부 일정이 있어서요", "죄송한데 저도 잘 몰라서요"처럼 No를 외치지 않았다. 모르는 기능은 인터넷으로 찾아보았고, 때로는 회사에 남아 잘못된 파일을 하나하나 열어보며 어디서, 무엇이 꼬였는지를 분석했다.

덕분에 내 나는 문서활용 능력에서 자격증과 같은 보여주기식 실력이 아닌 실전형, 전투형 실력을 갖출 수 있었고, 이런 내용들이 당시 전략팀의 귀에 들어가면서 조직의 구성원들을 대상으로 내 문서활용의 노하우를 알려주는 사내 강사가 될 수 있었다. 당연히 나는 주어진 기회에 Yes를 외쳤고 그렇게 회사에 들어와 처음으로 엑셀을 만져본 나는 정확히 입사한 뒤 1년 3개월 만에 대한민국의 최고 생활문화 기업에서 구성원들을 대상으로 엑셀을 알려주는 사내 강사가 될 수 있었다.

사내 강사로서의 삶은 굉장히 녹록지 않았다. 회사의 사내 온라인 교육과정에 정기 콘텐츠를 담당하게 되면서 6개월간 매달 2개의 교육 콘텐츠를 만들어야 했다. 영상 촬영부터 편집, 심지어 영상 썸네일까지 만들어야 하면서 정말 바쁜 6개월을 보냈었다. 생각해보자. 입사 1년 3개월이 지난 신입사원이 1인분의 업무만 하는 것도 어려운 상황에서 전문적 지식도 없는 교육 콘텐츠 기획, 영상제작까지 도맡아 하려고 하니 사실 주말은 온전히 포기할 수밖에 없었다.

돈을 받는 것도 아니었고, 강의를 한다고 해서 내 연말 평가가 좋아지는 것도 아니었다. 초록색 크로마키 천을 오피스텔 벽면에 붙인 채 10분짜리 콘텐츠를 위해 매 주말을 고스란히 투자했지만, 조직이 나에게 준 기회에서 성장할 수 있다는 성장감과 만족감은 나를 더욱 몰입할 수 있게 만들어 주었다. 무엇보다 앞서 내가 세운 계획들을 현실로 만들어 가는 과정을 체험하면서 대학교 졸업 이후 처음으로 다시 한 번 YES의 힘을 느꼈기 때문이다.

사내 강사 활동을 종료하면서 나는 많은 분들의 지원과 응원을 받으며 본사의 본부팀으로 자리를 옮기게 되었다. 회사에 주어진 본부팀의 업무 또한 나에게는 너무나 즐겁고 감사한 기회가 되었다. 그동안 현장에서 본부의 지침을 받아 이를 실행하고 지역 단위의 작은 전략들을 수립했다면 이제 상대 거래사의 담당 MD와 직접 소통하며 자사의 제품에 대한 가격과 물량을 세팅하고, 사내의 다양한 유관 부서와 커뮤니케이션으로 내 일이 미칠 수 있는 영향력의 범위를 한 단계

Jump-Up 시켰다.

그렇게 본부 담당으로 일한 지 한 달 반이 지났을 무렵 갑자기 팀장님이 나를 부르셨다. 당시 코로나로 뚜렷한 환영회도, 간단한 석식도 진행하지 못한 상황에서 그저 부서에 잘 적응은 하고 있는지, 애로사항은 없는지를 물어보시리라 생각했지만, 팀장님께서는 전혀 생각하지 못한 말씀을 내게 하셨다.

"너 도대체 무슨 일을 하고 다닌거냐?"

"네? 팀장님 그게 무슨 말씀이세요? 제가 혹시 무슨 사고라도 쳤나요?"

"너 정확히 이야기해, 만약 다른 데서 오라고 하면 갈거야 남을거야?"

"무슨 말씀이세요 팀장님··· 제가 잘못했습니다."

"다음 주에 인사팀으로 발령날거니까 인수인계 준비 잘 해."

그날 회의실에서 나눈 팀장님과의 대화를 아직도 잊을 수가 없다. 그저 미리 계획을 세우고 주어진 역할에 Yes를 외치며 하루하루를 살아가고 있었다. 하지만 그 작은 순간들이 모여 2년 뒤에 만들고 싶은 우수 사례를 4개월 뒤 만들기 시작했고, 5년이 지나 되고 싶었던 사내강사는 1년 만에 될 수 있었으며, 10년 뒤 기회가 있으면 해보고 싶었던 인사업무를 불과 협업배치 2년 만에 하게 된 것이다. 역시나 내 대답은 당연히 Yes

였다. 덕분에 난 지금까지 지금의 직장에서 약 8천여 명의 임직원의 인사 전반을 담당하는 HRBP(Human Resource Business Partner)로 업무를 수행하면서 하루하루를 살아가고 있다.

Yes를 외치자 조직도 내게 Yes라 말했다.

조직에서 속한 사람들은 '더 많은 돈을 벌기 위해', '승진을 위해', '팀장이 되기 위해', '임원이 되기 위해', '정년을 보장받기 위해'와 같이 각기 다른 목적을 이루기 위해 살아간다. 이에 조직은 그에 걸맞은 능력과 역할을 수행하는 사람들에게 '연말 평가'로, '월급과 성과급'으로, '발탁 승진'으로, '영리더(Young Leader)와 80년생 임원'으로, 또 나와 같이 직무 변경을 포함한 다양한 직원경험을 제공하며 사람들에게 화답한다.

각기 다른 목적을 가진 사람이 모여 '조직'을 구성하고, 그들은 2인 3각 놀이를 하듯 치열하게 자신의 역할을 수행해 나가며 하나의 목표와 방향을 위해 움직인다. 각자 다른 목표가 있더라도 결국 그 목표는 '조직' 위에서 이룰 수 있다는 것을 알고 있기에, 사람들은 조직의 안정적인 테두리와 범위 속에서 꿈을 꾸고 이를 성취해 나간다. 지난 4년간 꾸준히 Yes를 외친 결과로 나는 '조직생활'에서 가장 중요한 '사람'을 얻을 수 있었다. 언제나 그들은 내게 때로는 칭찬을 주기도, 따끔한 조언을 주기도 했고, 때로는 내가 한 발자국 더 성장할 수 있는 기회를 제공해주며 너무나 감사하고 소중한 자산이자, 나의 든든한 스폰서가 되어 주었다. Yes의 가치를 추구하면서 함께 길을 걸어가 주는 사람들을 바라보며, Yes를 선택한 나의 결정에 더 큰 확신을 얻고 또다시 Yes를 외칠 수 있는 에너지를 만들 수 있었다.

나는 Yes를 외친다. 이에 동료, 선후배 그리고 내가 속한 '조직'이 Yes로 화답한다.

그들과 함께 Yes를 외치며 약속한 10년에서 8년이나 빠르게 나는 성장하고 있다.

그리고 다시 Yes!를 외치며 이 순간에도 '조직'과 '사람들'과 함께 성장하고 있다.

실패해도 괜찮아.
어차피 Yes Man은 안 망해

지금까지 내용은 내 삶의 가장 빛나고 화려한, 있어빌리티(있어보인다 + ability)의 순간들을 독자분들께 보여 드렸다. 열심히 내가 걸어온 꽃길에 대해 이야기만 했다. 대학생 신분으로 평범한 직장인보다 훨씬 더 많은 돈도 벌어 보았고, 내가 하고 싶은 분야에서 아마추어를 넘어 프로가 될 수도 있었다. 조직에서는 너무나도 과분한 기회를 받아 예정보다 빠르게 목표를 위해 뛰어가는 중이다. 하지만 그 꽃길을 만드는 과정은 결코 순탄치 않았다. 때로는 삽질을 하기도 했고, 자갈밭을 갈다가 그 삽이 부서지기도 했다. 모든 것을 놓아버리고 싶은 순간도 있었고, 비겁하게 상황을 외면한 채 내가 내린 선택들을 후회하며 과거에 갇혀 살아온 날들도 많았다.

하지만 이제는 그 어떠한 고난과 위기가 다가와도 괜찮다.
'Yes를 외친다면 절대 망하지 않는다'는 믿음이 있기 때문이다.

이번에는 집도, 가족도, 아무런 연고도 없는 혈혈단신의 삶을 살아가면서 실패의 고통과 무기력함을 온전히 혼자 견뎌온 없어빌리티의 순간들을 이야기해 보고자 한다. 이를 통해 왜 내가 Yes Man은 절대 망하지 않는다고 말할 수 있는지 지켜봐 주길 바란다.

미안합니다. 죄송합니다. 확인해보겠습니다.

지금 회사에 다니기 전까지 모든 내 커리어는 마케팅에 초점이 맞춰져 있었다. 대학생활에는 정보사회학과(사회학+데이터사이언스)와 문화콘텐츠학과를 다중전공하면서 데이터를 기반으로 구조적 문제점을 도출하고 이를 콘텐츠로 풀어내는 역량을 키웠으며, 마케팅 중심의 대외활동에 많은 시간과 노력을 투자했다. 꼭 대외활동이 아니더라도 학교 앞 자영업자분들을 무작정 찾아가 마케팅 컨설팅을 해드리며 솔루션에 대해 함께 고민했다. 어떤 가게에는 SNS 채널을 개설하고 이를 기반으로 브랜드 커뮤니케이션을 통해 신규 고객을 유입시켰고, 또 어떤 가게에는 시장의 변화에 맞춰 단순판매를 넘어 쿠킹 클래스와 같은 프로그램을 기획해 사업을 확장시키는 데 도움을 드렸다. 앞선 경험들을 바탕으로 프렌차이즈와 대기업에서 프리랜서 온라인 마케터로 근무하게 되면서 예상보다 높은 실적과 파트너사로부터의 만족도도 얻게 되었다.

하지만 나의 전략은 시장과 사업에 대한 면밀하고 체계적인 분석에서 나오기보다 나의 순간적인 감과 번뜩이는 아이디어에서 대부분 시작되었고, 이렇게 수립한 전략들이 소비자의 선택을 받기 시작하면서 '언젠가 내 감과 아이디어가 시대에 도태되는 순간에 나는 온전한 내 실력으로 이 시장에서 살아남을 수 있을까'라는 두려움이 생겨났다. 이런 막연한 두려움은 취업을 준비하는 나에게 나의 능력과 노력으로 얼마든지 성과를 만들어 낼 수 있는 영업에 대한 관심으로 이어졌다.

영업사원으로 첫 시작은 단연코 좋지 않았다. 영업사원의 지원을 통해 매장 판매를 활성화하는 거래처 담당들에게 26살, 신입사원은 너무나도 좋은 먹잇감이었다. 물론 비즈니스 파트너로서 나에게 많은 것들을 알려준 고마운 거래처 담당님들도 있었지만 매장의 판촉여사원이 마음에 들지 않는다거나, 전임 담당자가 해주기로 약속했는데 니가 뭔데 그걸 안 하느냐는 등 무리한 조건을 요구하고 이에 응하지 않으면 모든 매대에서 우리 회사의 제품을 치워버리겠다고 협박하는 담당도 있었다. 본인들이 필요할 때면 그게 주말이든, 새벽 4시든 전화로 '당장 매장으로 튀어와'라고 하며 정작 내가 찾아갈 때는 바쁘니 다음날 다시 오라거나, 귀찮으니 찾아오지 말라며 문전박대를 당하는 경우도 태반이었다.

그럴 때마다 정말 억장이 무너지는 기분이었다. 도대체 내가 저 사람한테 무슨 잘못을 했길래. 매일 죄송하다는 말을 입에 달고 살아야 하는지. 애초에 이 길을 선택한 것이 잘못된 건지, 아니면 내가 너무 많은 기대감을 가지고 있었던 것인지. 나의 가장 젊은 오늘을 투자한 이 일의 가치가 이것밖에 안되는 것인지. 매장에서 사무실로 돌아가는 차에서 별의별 생각이 들었고, 자존감이 바닥까지 떨어진 날에는 주차장에서 예전 사람들의 환호를 받으며 무대에서 공연하는 내 모습을 보며 엉엉 울기도 했다.

어느 날은 도저히 너무 참을 수 없을 정도로 분하고 억울한 마음에 무작정 한 과장님께 소주를 사달라고 했다.

"왜 제가 쌩판 모르는 사람한테 그런 소리를 들어야 하는지 모르겠습니다. 아직 한참 어린 저도 그런 소리를 들으면 자괴감이 몰려오는데 어떻게 대처해야 할까요?"

"니는 아직도 일의 본질을 모르고 있다.

회사가 니보고 개인 사업을 하라고 했냐? 우리 일은 절대 개인과 개인이 하는 게 아니다. 철저하게 회사 대 회사로 하는 비즈니스다.

니가 미안하다고 하는 순간 니 개인이 그 개인에게 잘못한 게 아니라 우리 회사가 그 회사에 잘못을 저지른 게 되는 거다.

어떻게 해야 회사에 이득이 되는지를 고민하고 쪽팔리지 않게 일해라. 니처럼 일하는 건 담당한테 미안할게 아니라 회사에 미안한 일을 하는 거다."

진짜는 진짜를 알아보는 법

하나의 조직은 정말 다양한 유형의 구성원들로 구성되어 있으며, 그들은 각기 다른 가치관과 방식을 통해 조직에 융화되어 살아간다. 따라서 같은 부서에서 동일한 직무를 수행하더라도 개인의 성향에 따라 업무의 우선순위가 달라지고 이는 전혀 다른 업무적 퍼포먼스로 나타난다. 그렇기 때문에 동일한 비용으로 가장 높은 효율을 추구하는 조직은 모든 구성원에게 비슷한 수준의 업무를 부여할 수 없다. 그저 조직장의 판단 아래 수행해야 하는 과제의 우선순위를 정하고, 개별 구성원들이 가장 효율적으로 수행할 수 있는 업무를 부여해 그 결과에 대한 평가를 진행하며 공정한 조직을 만들어 갈 뿐이다.

따라서 조직의 입장에서는 같은 직무역량을 가지고 있다면 강한 주인의식을 바탕으로 주도적으로 업무를 수행하는 Yes Man에게 조금 더 위험하면서 중요도가 높은 업무를 맡길 수밖에 없다. 당신이 Yes Man의 삶을 이어가다 보면 때로는 나보다 마음 편히 회사생활을 하면서 같은 월급을 받고 있는 No Man들을 보면서 조직의 판단에 불만이 생기는 순간도 있고, 거기에 업무에 대한 부담감과 성과에 대한 압박감까지 더해진다면 Yes Man으로 살아가는 당신의 선택을 후회할 수도 있다. 조직에 불만 없이 늘 Yes만 외쳤을 것만 같은 나도 한 번은 말도 안 되는 돌발상황과 내 능력의 범위를 넘어서는 부담감과 압박감에 모든 것을 포기하고 싶은 순간이 있었다.

주요 대학교와의 장학금 협약식, 신제품 출시 온라인 생중계 이벤트 등 부서의 한 해 농사를 좌지우지하는 중요한 일들을 겨우겨우 쳐내고 있는 상황에서 정확히 20일 사이에 세 명의 퇴직자가 발생했다. 업무의 정확한 인수인계와 이슈 파악이 정확히 이루어 지지 않은 상황에서 팀장님을 포함해 6명으로 구성된 부서의 절반이 한순간에 사라졌다. 부서에 남은 사람이라고는 나와 실무를 떠난 지 오랜 시간이 지난 전형적인 관리자형 팀장님, 그리고 이제 막 입사한 지 2주가 지난 신입사원이 전부였다. 신입사원은 발만 동동 구르고 있고, 팀장님은 매일 이사님께 너가 못해서 애들이 나간 것 아니냐며 혼만 나고 있는 상황이었다.

"성빈아, 비상 상황이다. 당연히 바쁜건 알지만 우선 당장 이슈를 발생시

키지 않는다는 마음으로 중요하지 않은 것들은 잠시 제쳐두고 중요한 것들부터 처리해."

본능적으로 알 수 있었다. 저 말은 명백한 거짓말이었다. 장학금 협약식은 지역 언론사에서 취재 날짜까지 확정되어 있어 취소되는 순간 모든 일정을 다시 세팅해야 했고, 신제품은 원물과 포장재 공급까지 확정되어 미루는 순간 그래도 회사에 손실로 돌아올 것이 뻔했기 때문이다. 더이상 남 탓만 하며 상황을 방관할 수 없었기에 우선 덕분에 챌린지로 마음을 다잡았다. '우리 부서에서 동시에 세 명이 퇴사한 덕분에 나는 대외홍보, 신제품PM, 온라인 프로모션까지 세 가지 직무역량을 동시에 쌓을 수 있게 될 거야(일은 3인분이면서 왜 월급은 1인분이야!)', '이사님과 팀장님이 나의 능력을 믿어주신 덕분에 나는 짧은 시간 효율적인 업무 수행과 체계적으로 계획을 수립하고 실행하는 능력을 키울 수 있게 될 거야(야근 수당 대신 저녁으로 퉁 칠 거면서 당분간 집은 다 갔네!)' 중간중간 내면의 본심이 머릿속 한켠을 치고 들어왔지만 스스로를 가스라이팅 한 뒤 사무실에 돌아와 침착함을 유지한 채 노트북을 켰다. 신제품 판매 시뮬레이션을 돌리기 위해 컴퓨터를 켠 순간 전화가 울리기 시작했다.

"안녕하세요. 저희 ○○○ 언론사인데요.
혹시 장학금 협약식을 위한 보도자료를 좀 받아볼 수 있을까요?"

"안녕하세요. 저 그날 생중계 행사 하기로 한 ○○점 점장인데요.
행사장 시안은 언제쯤 받아 볼 수 있을까요? 미리 공간 정리를 하려고요."

하나의 업무를 겨우겨우 마무리하면 다른 전화가 쏟아지고, 다시 업무를 마무리하면 또 다른 이슈가 발생했다. 그때 나를 구원해준 것은 전혀 생각하지 못한 또 다른 Yes Man들이었다.

"선배님, 제가 대학교 때 일러스트를 조금 배웠었어요.
바쁘신 것 같아서 혼자 행사장 디자인 시안을 만들어 보았고요.
하는 김에 행사 타임라인도 세워보았습니다."

"안녕하세요. 성빈 담당자님. 저 ○○대학교 교무처 □□ 주임이에요.
△△△ 담당자님이 퇴사하셨다는 소리는 들었어요.
바쁘실 것 같아서 저희 쪽에서 간단하게 보도 자료 준비했으니까
검토해서 사용하시면 될 거예요."

"성빈아. ○○형이야. 이직해서 여기서 과장 달았어.
그래도 내 고향 같은 곳인데 마냥 버리고 가기 미안해서
신제품 DP 짜서 보낼 테니까 보고 잘 활용해."

사실 그들의 일도 아닌 상황에서 나를 도와줄 이유는 아무것도 없었다. 굳이 하나가 있다면 같은 회사의 구성원으로서, 협업하는 파트너로서, 한때 함께 동고동락을 지낸 동료로서 함께 목표한 일이 잘되길 바라는 것뿐이다. 결국, 그들의 든든한 스폰서십 덕분에 많은 시행착오와 어려움에도 단 하나의 사고도 없이 무사히 일을 마칠 수 있었다. 자신의 일이 아님에도 공통의 목표를 위해 Yes Man이 되어준 사람들. 이 일을 겪으며 일은 결코 혼자서 하는 일이 아니라는 점과 세상 곳곳에는 우리의

일을 위해서 기꺼이 Yes Man이 되어주는 사람이 있음을 배웠다. 동시에 나 또한 Yes Man의 삶을 이어가면서 단순히 내 일만, 내 책임만 다하는 것을 넘어 누군가에게 Yes Man이 되어 손을 내밀어 줄 때 내 손을 잡은 사람도 또 다른 누군가의 Yes Man이 되어 준다는 확신을 하게 되었다.

Welcome to YES MAN Universe!

Yes Man의 삶을 선택하면 하고 싶은 일이 있어도 해야 하는 일에 집중해야 한다. 나를 선택해준 조직을 위해, 나를 믿어주는 사람들을 위해 때로는 하기 싫은 일도 마다치 않고 해야 한다. 그 순간 동시에 많은 실패와 좌절의 순간을 마주하면서 Yes를 선택한 순간을 후회할지도 모른다. 그럴 때면 Yes 선택한 이유를 자기 자신에게 물어보아라. 성공하고 싶어서? 돈을 벌고 싶어서? 조직의 인정을 받고 싶어서? 사람마다 이유는 가지각색이겠지만 분명 No를 선택할 수 있는 순간에도 그러지 않았던 젊은 날의 나의 패기 어린 초심을 다시 떠올려야 한다.

뜨거운 마음과 초심을 바탕으로 내가 하는 일을 가치 있게 만들어라. 주변에서 바라보는 눈높이에 당신의 일의 가치를 판단하지 말고, 당신이 한 일은 누가 봐도 당신이 한 일로 알 수 있는 나만의 시그니처를 만들어라. 그러기 위해서는 누구보다 진심으로 일해라. 진심은 주변의 흔들림 속에 더욱 내 일에 대한 확신을 만들어 줄 것이고, 그 확신은 어려움 속에서도 다시 한 번 도전할 수 있는 용기가 되어줄 것이다. 스스로 내 일의 가치를 인정하고 대체 불가능한 존재로 나아가야 한다.

마지막으로 Yes Man에게 성공의 반대는 더이상 실패가 아니다. 나아가야 할 곳을 정확히 알고 있는 당신에게 성공하지 않는 것은 실패가 아니라 그저 성공으로 나아가는 과정일 뿐이다. 실패는 그저 같은 실패를 반복하지 않도록 나를 이끌어주는 소중한 자산이 될 것이다. 그리고 당신의 곁에는 그 순간을 함께해줄 수많은 Yes Man들이 있음을 기억해라. Yes Man으로 걸어가는 모든 과정은 당신이 여러 단계의 Small Step이 되어 한 번의 Big Jump보다 훨씬 튼튼하고 안정적인 성공의 발자취가 되어줄 것이다.

환영한다. Yes Man Universe!

어서오라! 열정을 가진 사람에게 무한한 성장의 기회를 선사하고,
넘어진 나를 일으켜 함께 걸어줄 동료가 있는 '조직의 세계'로!

자! 이제 당신의 선택은 무엇인가, No? or Yes?
아직 확신을 얻지 못했는가, 지금부터 집중하라.

당신의 선택에 확신을 줄 두 번째 이야기.
Part 2. 당신의 Yes or No를 도와줄 Cas Study & Solution!
시작합니다.

02

당신의
Yes or No를
도와줄

Case Study & Solution!

CHAPTER 01

MZ 고민해결사 Two Man!

EP 1. 좋아하는 일과 해야하는 일, 무엇을 해야 하나요?

EP 2. 꼭 열심히 살아야 할까요? 조용한 퇴직이 꼭 잘못된 것일까?

EP 3. 모두에게 좋은 사람이고 싶은데, 나를 싫어하는 사람을 어떻게 해야 할까요?

EP 4. 삶에 원동력이 없고, 매 순간이 후회가 돼요. 무엇이 원동력이 될 수 있을까요?

EP 5. 경제적으로, 환경적으로 가정환경이 좋지 않습니다. 탓하는 것이 잘못된 걸까요?

EP 6. 도전이 두려워요. 저는 늦은 것만 같아요. 어떻게 해야 할까요?

EP 7. 네카라쿠배, 서연고서성한중경외시, 이 기준들에 들지 못하면 내가 못난 사람인 것만 같아요.

Episode ❶

좋아하는 일과 해야하는 일, 무엇을 해야 하나요?

> 안녕하세요. 이제 대학을 졸업하고 취준생의 삶을 살고 있는 28살 김ㅇㅇ입니다. 대학교를 입학하고 남들처럼 취업을 위해 학점, 영어, 자격증, 대외활동에 많은 시간을 들였습니다. 주변의 많은 친구들이 준비하고 있었고, 부모님과 어른들도 당연하다고 말했기에 저 또한 취업 준비를 위해 많은 시간을 쏟아부었습니다.
> 하지만 막상 취업 시장에 나와 공기업, 대기업, 스타트업까지 도전과 실패를 반복하다 보니 이 길이 내 길이 맞을까. 왜 좋아하는 일도 아닌 남들이 해야 한다고 해서 하는 일을 평생 하면서 살아야 하는지 고민이 많아지고 있습니다. 당연히 안정적인 일자리를 구해 살아가는 것도 방법이지만 내가 좋아하고 하고 싶은 일을 하는 것이 더 가치 있는 삶이 아닐까요?

 **당신에게 직업의 의미는 무엇인가요?**

사실 이 질문에 대해 'Yes'와 'No'를 논하기 전에 삶에 있어 직업이 무슨 의미인지를 정의할 필요가 있습니다. 이를 위해 저는 다음과 같이 업무, 노동, 일, 직업, 직장의 정의를 내려보았습니다.

> **업무(Task):** 의무나 직분에 따라서 **수행해야 하는 과제**
> **노동(Labor):** **생계유지를 위해** 수행하는 업무
> **일(Work):** 생계유지를 포함한 **목적의 성취를 위해** 비용을 지불받고 수행하는 업무
> **직업(Job):** 일정 급료를 받고 자신의 능력과 적성에 따라 수행하는 **지속적인 경제활동**
> **직장(Workplace):** 사회 구성원들이 직업을 가지고 **소속되어 일하는 곳**

업무를 대하는 우리의 관점과 자세에 따라서 생계를 위해 노동하는 노동자로 살 것인지, 업무를 통해 목적을 이루는 직업인이 될 것인지가 결정된다고 생각합니다. 조금 더 쉽게 사례를 통해 설명해보겠습니다.

저는 'A'라는 직장을 다니고 있고, 'HR담당자'라는 직업을 가지고 있습니다. 'HR담당자'로 근무하는 저는 구성원에게 보다 나은 근무환경을 제공함으로써 업무 몰입도를 향상시키고, 안정적인 조직운영을 통해 회사와 구성원의 성장에 기여하겠다는 명확한 직업의식이 있습니다. 목표가 있기 때문에 단순히 돈을 버는 것을 넘어서 스스로의 만족과 기대감을 충족시키기 위해 보다 주도적이고 적극적으로 일에 몰입하며 직장을 다니고 있습니다. 덕분에 업무를 하면서 스스로 가지고 있는 가치관을 실현하고 이를 통해 인간적인 만족감과 성장감을 느끼고 있습니다.

반면에 같은 직장에서 '마케터'라는 직업을 가지고 있는 'B'가 있습니다. 그는 출근하고 퇴근하는 시간 동안 상품기획, P&L 관리, 포트폴리오 전략 수립 등 다양한 업무를 수행하고 있지만, 그 수많은 업무들은 딱 월급을 받기 위해 수행하는 노동까지의 의미를 가지고 있습니다. 딱 월급을 받기 위해 업무를 하는 것이 업무에 대한 책임감이 없거나 최선을 다하지 않는다는 말은 아닙니다. 다만, 정확히 계약된 시간에 자신이 수행

해야 하는 업무를 수행하기 때문에 업무시간 이외에는 자신만의 시간을 가지며 온전히 자신의 삶에 집중할 수 있습니다.

위의 두 가지 삶 중 무엇이 맞고 잘못되었는지 정의할 수는 없지만 대부분의 사람들은 삶의 절반에 가까운 시간을 직장에서 업무를 수행하며 살아가는 만큼 저는 자신의 일에 직업의식을 바탕으로 삶의 보람과 가치를 느끼는 것이 중요하다고 생각합니다.

 **그렇다면 나는 어떤 일을 직업으로 삼아야 할까?**

위의 질문에 대한 내 대답은 너무 뻔하지만, 대부분의 사람은 '하고 싶은 일보다는 할 수 있는 일을 직업으로 삼아야 한다'입니다. 거기에는 어쩔 수 없이 짚고 넘어가야 하는 질문 한 가지가 있습니다.

좋아하는 일을 하고 산다는 것이 꼭 좋아하는 일로 돈을 벌어야 한다는 것일까요?

좋아하는 일을 경제활동으로 삼는다는 것은 자칫 좋아하는 일도, 직업을 갖기 위해 투자한 기회비용도 모두 잃어버리는 결과로 이어질 수 있습니다. 개인적인 경험이지만, 과거부터 또래상담사로 활동하면서 좋아하는 일을 직업으로 선택하기 위해 고민하는 많은 청년들을 만났습니다. 그들의 대부분은 가수, 배우, 개그맨, 프로게이머 등의 직업을 가지길 원했습니다. 이런 직업들의 특징은 무엇이 있을까요?

첫 번째, 사람들이 하고 싶어하는 직업의 대부분은 미디어를 통해 화려하고 성공한 결과만 노출될 뿐 이를 준비하기 위한 과정에 대한 정보가 지극히 부족합니다. 따라서 직업을 가지기 위한 과정에 대한 부담이 적고, 체계적 목표나 과정을 준비하지 않는다면 목표는 있지만 이를 이루기 위한 구체적인 액션 플랜이 부재한 상황이 닥칠 수 있습니다.

두 번째, 사람들이 하고 싶어하는 직업은 많은 수요가 있지만 결국 경쟁에서 살아남아 사회적 성공과 부를 차지하는 인원은 극히 소수라는 점입니다. 가수를 예로 들면 매년 아이돌 지망생 100만 명 중 겨우 30~50개 팀, 300명 정도가 데뷔하고 다시 그중에서 1~2팀 정도만 살아남아 활동을 이어갈 수 있습니다.

이렇게 부족한 정보와 생존을 위한 치열한 경쟁의 위험부담에도 불구하고 정말 좋아하는 일을 직업으로 삼겠다는 확신이 든다면 무엇보다도 자신의 상황과 능력에 대한 객관적인 분석이 필요합니다. 일반화의 오류일 수 있지만 좋아하는 일을 직업으로 삼고자 하는 사람들 중 몇몇은 유독 공부에 대해서는 '공부는 타고나야 한다'라고 이야기하면서 반대로 내가 하고 싶은 일에 대해서는 '즐기는 사람은 누구도 이길 수 없다'라는 이중적인 태도를 취합니다. 지성, 창조성, 예술성, 운동신경 등 선천적인 재능의 영역을 반드시 인정해야 하며 이에 대한 자신의 객관적 역량을 파악해야 합니다. 특히 절대 소수만이 성공하는 직업일수록 재능의 중요성은

클 수밖에 없습니다.

결국 내 인생에서 돈과 성공이 하나도 중요하지 않은 것이 아니라면 하고 싶은 일은 하고 싶은 일로 남겨두고 내가 잘할 수 있는 일에 적극적으로 'Yes'를 외치는 것이 현명한 선택이라고 생각합니다.

인생은 길고, 직장은 짧다.

당장에는 와 닿지도 않을 '4차산업혁명 시대에 사라질 직업의 개수'는 언급할 필요도 없이, 우리는 '기대수명 120세 시대'라는 축복과 불행을 동시에 품은 시대를 살아가야 합니다. 장수해야만 하는 현실에서, 직장을 직업으로 삼아버리는 결정은, 당장에는 리스크가 적지만, 궁극적으로는 가장 리스크가 큰 선택일 수 있습니다.

2021년 취업 플랫폼 잡코리아가 알바몬과 함께 직장인 534명을 대상으로 <직장인 체감하는 정년퇴직 시기>에 대한 설문조사 결과, 전체 응답자 평균 정년퇴직 연령은 '51.7세'로 조사되었습니다. 특히 대기업에 근무하는 직장인들은 '평균 49.5세'로 나타났습니다. 즉, 대한민국의 직장인들은 평균 20대 중후반에 회사에 입사하고, 30대에 가장 활발하게 (대기업이든 중소기업이든) 이직, 승진 등 다양한 커리어패스를 거친 뒤, 평균 50대 초중반에는 퇴직을 하게 합니다.

직장을 나의 직업으로 선택했다면, 우리는 이 기간의 직장생활을 통해 '평생의 경제적 기반'을 갖추어놓아야 합니다. 그러나 Yes Man처럼 직장이라는 조직 안에서 '핵심 인재'로 분류되지 않는 이상 (임원으로 승진하여 고연봉을 받는 근로자가 되지 못하는 이상) 평균 20년 내외의 직장 생활을 통해 평생의 경제적 기반을 이루어내기는커녕, 정년까지 일할 수 있다는 보장 역시 받을 수가 없습니다. 결국에는 회사를 나와서, 먹고사는 문제를 스스로 해결해야 하는 상황에 놓이게 됩니다.

자영업을 하거나, 나를 받아주는 회사를 만나거나, 아니면 다른 분야에서의 '경제 활동'을 시작해야 합니다. 즉, 제가 하고싶은 말은, 당장에는 안정적일 수 있는 Yes Man의 선택이, 장기적인 관점에서는 가장 위험한 선택일 수 있다는 이야기입니다.

물론 No Man 역시 평생 일한다는 보장은 없습니다. 다만, 내 분야에서 오랫동안 경제적 가치를 창출해내는 방법을 만들어낼 수는 있습니다. Yes Man은, 시간이 지나도 회사나 조직이라는 틀 안에서만 경제적 가치를 인정받을 수 있습니다.

물론 그 안에서 자신만의 전문 분야와 수익 모델을 만들고 퇴사하는 1% 내외의 사람도 있지만, 99% 직장인들의 생산성은 '그 조직 안에서만' 쓰이는 경우가 대부분입니다. 즉, 조직이 나를 버리는 순간, 회사라는 틀 안에서 벗어나 버리는 순간 그 '가치'를 상실해버리고 만다는 뜻입니다.

No Man은, 당장에는 나를 보호해주는 조직이나 울타리가 없습니다.
하지만, 시간이 지날수록 조직이나 회사에 대한 의존도가 내려갑니다. 제가 가진 생산성을 기반으로 돈을 만들어내는 법을 알고 있기에, 오랜 기간 축적해왔기 때문에 '지속적인 경제적 성과'를 달성해낼 자신이 있습니다. 무엇보다 이 사회에서 '진짜 나의 가치'를 인정받게 됩니다. 회사를 등에 업어야만 빛이 나는 '직위와 권한'이 아닌, 시간이 지날수록 독립적인 나만의 경쟁력을 만들어낼 수 있게 됩니다. 그래서 때로는 불안정할지라도, 쉽게 흔들리거나 무너지지 않습니다.

무엇보다 내가 선택한 직업이 내가 '좋아하는 일'이라면, 덕분에 그 분야에 오랜 기간 '최선'을 다할 수 있다면, 그렇게 목표했던 성과를 이뤄낼 수만 있다면, Yes Man의 20년에 걸쳐 만들어낼 경제적 가치를 2년 만에 이루어낼 수도 있습니다. Yes Man이 회사의 매출을 수십억 원 상승시켜도, 결국 나에게 돌아오는 것은 수백만 원 단위의 성과급에 그치지만, No Man이 나의 매출을 수십억원 상승시키면, 고스란히 그 금액을 손에 쥐게 됩니다.

평생의 직장생활이 내 삶의 경제적 자유를 달성해주지도 못하고, 심지어 평생 일할 수조차 없다면, 회사에 입사하는 것은 '인생의 임시방편' 내지는 '응급처치'에 불과합니다.

길게, 크게, 넓게 바라보면서, 스스로 돈을 만들어낼 수 있는 사람이 되어야만 합니다. 그 어떤 대의를 위해서도 아닌, 나와 사랑하는 가족의 생존을 위해서, 우리는 당당히 'No'를 외쳐야 합니다.

 **반쪽짜리 성공이 아닌,
100%의 성공을 위해.**

우리가 '대기업에서 일하는 것'을 어느 정도 성공한 삶이라고 인식하고 있는 이유는 무엇일까요?

실제로 대기업으로 분류되는 회사에 입사하면 좋은 점들이 꽤 많습니다. 높은 연봉과 좋은 복지, 안정적인 삶과 사회적인 인정까지, 입사만 한다면 인생의 큰 굴곡이 없어 보입니다. 그래서 저도 잠시 고민했습니다. 하지만 그것은 '경제적, 사회적 안정'에 지나지 않습니다.

매슬로우의 5단계 욕구위계론의 관점을 기준으로 '생리적 욕구, 안전의 욕구, 사회적 욕구'까지만 인정받은 '미완성' 상태에 그치는 상태입니다.

4단계인 존경의 욕구, 5단계 자아실현의 욕구는 꿈꾸지도 못한 채 '안정'이라는 가치까지만 충족한 채로 인생이 가장 빛나는 순간을 흘려보내게 됩니다. 실제 직장인 커뮤니티 블라인드 조사 결과, 한국 직장인이 직장에서 느끼는 행복도는 100점 만점에 47점에 불과하다고 합니다. 안정만을 보장받은 채 그 이상의 만족으로는 상승할 수 없는 '감옥'에 갇혀있는 상태이기 때문이라고 생각합니다.

물론 직장 안에서도 존경의 욕구를 넘어 자아실현의 욕구까지 충족하는 경우도 있습니다. 다만 이런 경우는 어디까지나 '소수'에 불과합니다. '경제적, 사회적 안정'이라는 기본적인 욕구만을 위해서 우리 삶의 가능성을 한정 지어 버리기에는, 여러분 개개인이 가지고 있는 '원석'이 너무나도 아쉽습니다. Yes Man의 선택이 잘못된 삶이라는 뜻이 아닙니다. 충분히 가치 있고, 보람찬 길일 수 있습니다. 하지만 아쉽습니다.

부모님의 기대, 주변 사람들의 시선, 외부에서의 영향력을 모두 배제한 채, 내가 정말 원하는 성공이 무엇인지를 생각해봐야 합니다. 꼭 경제적인 수준을 나타내는 지표(거주지, 보유 자동차 등)가 아니더라도, 백지상태에서, 내가 꿈꾸는, 스스로 '성공했다.'고 이야기할 수 있는 기준을 세워야 합니다. 설령 그 목표로 나아가는 과정에서 그 기준이 바뀔지언정, 남들의 시선과 기준이 아닌, 철저히 '나의 관점'에서의 성공을 재정의해야 합니다.

세워보면 답이 나올 겁니다. 그 성공은 절대 직장생활을 통해 이룰 수가 없습니다.

그래서 좋아하는 일을 해야 합니다. 이대로 죽어도 좋을 만큼 열정을 쏟을 수 있는 일과 함께 '생리적 욕구, 안전의 욕구, 사회적 욕구'를 빠르게 이루어내고, 나아가 존경의 욕구와 자아실현의 욕구까지 나아가야 합니다. 매일같이 '퇴사하겠다.'는 말을 입에 달고 살며 좀비처럼 대중교통에 몸을 싣는 내가 아닌 '가족을 위해서' 하루하루 버텨내는 삶이 아닌 "난 이 일이 너무 좋아. 이렇게 해서, 이렇게 성공할 거야. 해보자." 하며 역동적으로 나아가고 궁극적으로는 100%의 성공을 이루어낼 수 있는 방향으로 나아가야 합니다.

그래서, 우리는 좋아하는 일을 해야 합니다.

Episode ❷

꼭 열심히 살아야 할까요?
조용한 퇴직이 꼭 잘못된 것일까?

안녕하세요. 올해 진급을 앞두고 있는 직장인 4년차 26살 진ㅇㅇ입니다. 4년 동안 같은 업무를 하다 보니 처음에는 낯설기만 했던 모든 일들이 어느 순간부터 점점 익숙해지고 있어요. 루틴하게 돌아가는 하루, 어느 정도 예측되고 처리할 수 있는 업무들. 매일매일 비슷한 시간을 같은 공간에서 보내다 보니 어느 순간부터 목표 없이 일하고 있는 제 모습이 보이더라구요. 물론 저도 처음에는 일을 잘하고 싶었고, 능력을 인정 받아 커리어 우먼으로서 잘나가는 삶을 살고도 싶었어요. 하지만 지금은 저에게 주어진 일들에 대해 주어진 만큼만, 딱 받는 만큼만 일하면서 여유를 가지고 살고 싶어요.

때로는 이런 저를 보며 "하루라도 젊을 때 갓생을 살아야지", "뭐든 열심히 해야 나중에 후회하지 않고 보람차게 살 수 있는거야"라는 사람도 있고 "그렇게 열심히 살아서 남는 게 뭐야? 남들이 뭐라고 하든 그냥 너 살고 싶은 대로 살아"라고 말해주는 사람들도 있어요. 그런 말을 들을 때면 '내가 잘못 살고 있는건가?', '어떻게 살아야 하는거지?'라는 마음도 들었어요. 저와 비슷한 나이에 살고 있는 다른 분들의 생각이 궁금해요. 꼭 열심히 살아야 잘사는 걸까요?

 **"열심히 살아본 적은 있습니까?"**

조금 도발적이지만, 저는 묻고 싶습니다.

당신은 '열심히' 산 적이 있습니까? 그렇다면 열심히 산다는 것이 무엇이라고 생각합니까? 이 메시지를 전하기 위해, 한 가지 흥미로운 사실을 소개하겠습니다. 제 주변 사람들은 저에게 "정말 열심히 산다. 선우는 갓생의 표본이다."라는 칭찬을 자주 해줍니다. 그런데 저는 들을 때마다 속으로는 물음표를 던집니다. 나 그렇게까지 열심히 살진 않는데, 아닌가 열심히 사는 건가?

왜냐하면 저는 의외로 게으릅니다. 스케줄이 없는 날에는 10시까지도 잠을 자고, 점심 느즈막히 되어서야 정신을 차립니다. 여러분의 예상과는 달리 일이 끝난 저녁 시간에는 유튜브 쇼츠, 구독하는 채널 영상, 모바일 게임을 하면서 시간을 보냅니다. 종종 아무 생각 없이 차를 끌고 나가서, 아까운 기름과 톨게이트비만 낭비하고 돌아옵니다. 틈틈이 만 보 이상 걷긴 하지만, 헬스나 운동은 따로 하지 않습니다. 걷는 것마저도 귀찮으면 그냥 누워있습니다. 책을 쓰고는 있는데 지난 1년간 읽은 책이 0권입니다. 이런 제가 갓생이, 열심히 맞습니까? 물론 해야 할 일이 많은 날에는 5분 단위로 시간을 쪼개어 쓰며 불같은 하루를 보내기도 합니다.

저는 오히려 직장인들이 존경스럽습니다. 매일 아침 일찍 일어나 출근을 하고, 온종일 회사 사람들과 부대끼며 시간을 보내고, 그렇게 저녁에 퇴근하고, 그걸 평일 내내 반복하고, 저는 못할 것 같습니다. 열심히 사는 것으로 치면 그들이 저보다 백만 배는 열심히 삽니다. 그런데 직장인들은 되려 저를 부러워하고, 나도 그렇게 열심히 살고 싶다고 이야기합니다.
"아닌데, 너희가 훨씬 열심히 사는데?"

여기서 우리는 '열심히'란 단어의 진짜 뜻이 무엇인지를 되새겨봐야 합니다. '열심'이란 단어의 사전적인 정의는 '더울 열'자에 '마음 심'자를 써서 '어떤 일에 깊이 마음을 기울이는 것'입니다. 즉, 매일같이 아침에 일찍 일어나 대중교통에 몸을 싣고, 저녁 늦게 퇴근하며 하루 대부분을 직장에 쏟는 삶이 '성실한 삶'일 수는 있어도 '열심히 사는 삶'은 아닐 수 있다는 뜻입니다. 그 일에 깊이 마음을 기울이지 않는다면 '열심'이라는 단어의 기준을 충족시킬 수 없습니다. Yes Man이든 No Man이든, 직장이든 직업이든 깊이 마음을 기울이지 않는다면 '열심히 산다.'는 말의 진정한 의미와는 거리가 멀어지게 됩니다. 즉, 9 to 6를 반복하는 직장인의 삶을 살아가는 사람을 '열심히 살아가는 사람'으로 치환할 수 없다는 이야기입니다.

당신은 열심히 사는 사람이 맞습니까? 목표를 위해 죽어도 좋을 만큼 노력한 적이 있습니까, 간절히 바라던 것을 위해 모든 것을 올인한 적이 있습니까? 모두가 불가능하다는 일을 가능으로 바꾸어 적이 있습니까? 저는 열심히 살고 있습니다. 내 일을 위해, 내가 꿈꾸는 미래를 위해, 모든 것을 쏟아붓고 있습니다. 먼저 질문하십시오. 당신은 열심히 살고 있습니까?

 ## 갓생이 아닌 Me 생을 위해

　방금 언급한 '열심히 산다.'는 의미에서 파생된, 최근 유행하는 단어 중 하나가 바로 '갓생'입니다. 여러 의미가 있겠지만 (신뢰할 만한 기관인) 언론에서 규정하는 '갓생'은, 현실에 집중하면서 성실한 생활을 하고 생산적으로 계획을 실천해나가는 이른바 '타의 모범'이 되는 삶을 의미하는 말이라고 합니다.

　예를 들면 출근하기 전 아침 일찍 일어나 헬스장에 가서 운동하고, 자투리 시간에는 자기계발을 위해 힘을 쏟는 등의 행위. 철저한 계획하에, 여러 생산적인 목표를 꾸준히 이루어내기는 삶. 그것을 우리는 '갓생'이라고 이야기합니다. 그런데 저는 이러한 '갓생'을 비판하고 싶지는 않지만 '뚜렷한 목적'이 없는 갓생은 사실상 무의미하다고 이야기하고 싶습니다.
　나아가 '내가 갓생을 사는 것'을 SNS에 공유하거나, 미라클 모닝 챌린지와 같은 갓생 관련 계획들을 실천하면서 "성공한 사람들은 이렇게 했대! 그러니까, 이렇게 열심히 사는 나는 성공할 거야! 목표를 이룰 거야!"라는 결론은 논리적 비약이며, 어떠한 측면에서는 '자기위로'에 불과하다고 생각합니다.

　젊었을 적에 운동을 해주어야 한다는 사실은 자명합니다. 하지만 꾸준한 운동과 성공 간에는 큰 상관관계가 없습니다. 운동을 통해 기른 체력과 정신력이, 어떠한 일을 오랫동안 지속하는 데에 든든한 기반이 될 수는 있지만, 운동선수가 아닌 이상 운동으로는 '경제적인 혹은 사회적인 목표'를 이룰 수 없습니다. 자투리 시간에 자기계발에 임하는 행위는 바람직합니다. 취업에 필요한 자격증을 취득한다거나, 다양한 취미생활을 접하는 행위들 역시 마찬가지입니다. 물론 생각지도 못하게 도움을 받을 수는 있으나, 이 역시 그 '과업의 목표'와 내가 행했던 노력이 우연히 일치했기 때문에 벌어지는 일들입니다.

그래서 저는 MZ세대들이 '열심히 산다.'는 의미를 다시, 제대로 규정했으면 좋겠습니다. 모름지기 바쁘게 살아야 한다, 성실해야 한다, 운동을 해야 한다는 둥. 흔한 당위성 명제에 의해 (일종의 기성세대의 가스라이팅에 의한) 촉발된 '걷도는 열심'이 아니라, 내가 정말 원하는 삶과 목표를 위해 나아가는 '진정한 열심'을 다했으면 좋겠습니다. 마주해야 할 문제의 본질을 회피하지 말고, 포기하지 말고, 그 과정에서 누군가를 혐오하지도 말고, 내가 진짜 원하는 삶을 위해 헤쳐나가야 하는 것들에 정면으로 마주했으면 좋겠습니다. 그 과정에서, 어렵겠지만, 거쳐나가야 할 단계들을 극복해나가면서 '궁극적인 목표'에 가까워졌으면 좋겠습니다. 무엇보다 '그것을' 이루기 위해 '갓생'의 스케줄을 다시 세팅했으면 좋겠습니다.

갓생이 아닌 'Me생'을 사십시오. Me생. 나의 삶을요.
당신이 선택한, 당신이 계획한 '온전한 삶'을요!

그리고 그 길을 위해 모든 것을 쏟아부어 보세요. 될 겁니다.
Me생이 곧 God생이, 미생이 곧 완생이, 될 겁니다.

제가 먼저 걸어가고 있겠습니다. 따라오세요, 더 늦기 전에!

 **'당신은 열심히 살고 싶지 않은 건가요?
열심히 일하기 싫은 건가요?'**

이번 파트에서 분명히 말하고 싶은 것은 열심히 사는 것과 열심히 일하는 것은 엄연히 다르다는 것입니다. HR업무를 담당하고 있는 나에게 있어 조용한 퇴직(Quite Quitting)은 분명히 외면할 수 없는 커다란 사회적 이슈입니다. 조용한 퇴직(Quite Quitting)은 코로나19 사태 이후 미국의 월스트리트저널과 워싱턴포스트 등에서 처음으로 나온 용어입니다. 펜데믹으로 인해 사회적 불안감과 경제 위기가 발생했고 이로 인해 미국의 일부 기업들은 대규모 구조조정을 시행했습니다. 동시에 정부에서는 시민들에게 다양한 지원금을 제공했고 사회적 불안감, 고용의 불안전성, 경제적 여유가 모이면서 사람들은 회사를 그만두고 지원금을 바탕으로 생활을 하는 대퇴직 시대(The Great Resignation)가 탄생했습니다. 많은 사람들이 직장을 그만두다 보니 당연히 남아 있는 직원들의 업무는 가중될 수밖에 없었고, 신규 채용 또한 어려워지니 구성원들의 업무 몰입도와 만족도가 떨어지게 되어 퇴사가 반복되는 것이 '조용한 퇴직'의 시작이었습니다.

앞서 설명한 '조용한 퇴직'의 개념이 한국사회로 넘어오면서 하나의 오류가 발생했습니다. 미국에서 발생한 퇴직의 원인이 주변 사람들의 퇴사로 인해 갑자기 늘어난 업무량으로 인한 몰입도 저하였다면, 우리나라에서는 퇴직의 주된 원인을 단순히 낮은 개인의 만족도와 불만으로 치부했다는 점입니다. 단순히 현재의 업무가 하기 싫어서, 열심히 일하지 않는 것은 엄밀히 말하면 '조용한 퇴직'으로 고려될 수 없습니다.

저는 90년대 중반에 태어난 MZ세대입니다. 하지만 때때로 우리 세대를 보면 자신의 솔직한 감정이나 생각에 정당성을 얻기 위해 이것들을 하나의 사회적 이데올로기로 포장하는 경향이 있습니다. 예를 들어 나의 능력을 주변에 과시하기 위해 명품을 구매하는 소비문화를 'YOLO'라는 이데올로기로 포장했습니다. 덕분에 자신의 능력을 넘어서는 과시소비를 MZ세대들이 가지고 있는 사회 문화로 포장하고, 이를 비판적으로 바라보는 사람들을 흔히 말하는 꼰대로 정의하며 스스로의 행동에 정당성을 부여했습니다.

그리고 이제는 돈은 벌고 싶지만, 열심히는 하기 싫은 마음을 '조용한 퇴직'이란 헤게모니를 통해 표현하고 있다는 게 솔직한 저의 생각입니다.

'열심히 일하기 싫다면 딱 받는 만큼만 일하세요'

열심히 사는 것과 열심히 일하기 싫은 것이 다른 문제라는 것을 인정했다면 이제 진심으로 말하고 싶습니다. 열심히 살고 싶지 않은 것이라면 괜찮지만, 열심히 일하기 싫은 것이라면 '딱 받는 만큼만 일하라고' 말입니다.

90년대 초반부터 00년대 초반까지에 태어난 우리 세대에겐 미안하지만 우리는 너무나도 스스로의 가치를 과대평가하고 있습니다. 그럴 만도 한 게 저는 우리 세대가 태어난 순간부터 고생이라고는 해본 적이 없는 세대라고 생각합니다. 전쟁을 경험하지도, 경제 발전 이전 가난에 몸부림치지도, 민주화를 위해 싸우지도 않은 채, 그저 모든 것이 이룩된 사회에 태어난 세대. 대학 진학률은 70%가 넘고, 직업을 가지고 난 뒤에도 부모님의 지원 없이는 결혼, 집, 차 그 어느 하나 스스로 할 수 없는 캥거루 세대가 바로 Gen Z세대의 또 다른 이름이라고 생각합니다.

특히 경제가 성장하고, 시대가 지나면서 그 어느 세대보다 우리 세대는 노동의 가치를 높게 인정받고 있습니다. 아래의 표는 10년 전인 2013년도와 2022년의 1인당 국내총생산액(GDP), 소비자물가지수, 최저시급의 변화를 비교하는 표입니다.

구분	2013년	2020년	2022년	증가율(22년/13년)
1인당 GDP	$27,178	$31,727	$33,591	+23.5%
소비자물가지수	93.010	100	109.21	+17.4%
최저시급	4,860원	8,590원	9,620원	+97.9%

(출처: KOSIS)

제가 경제학을 전공한 사람은 아니지만, 한눈에 봐도 국내 경제와 물가 성장에 비해 노동의 가치는 약 4배에서 5배 이상 빠르게 증가하고 있음을 확인할 수 있습니다. 즉 우리 세대는 사회의 발전에 큰 기여 없이 너무나도 쉽게 몸값의 가치를 올려 왔습니다.

최근 국내 S기업은 대졸공채 신입사원의 초봉을 5300만 원까지 올린다고 발표했습니다. 당시 직장인 커뮤니티와 사내 게시판에는 3년차 연봉이 5500만 원 수준인데 과연 아무것도 모르는 신입사원의 가치가 5300만 원까지 가는 것이 맞는지도 꽤나 시끄러웠습니다. 그런 관점에서 조용한 퇴직을 핑계로 열심히 일하지 않는 사람들은 과연 적어도 받는 만큼의 가치를 창출하고 있을까요? 돈을 지불하고 제공 받는 서비스나 제품이 조금이라도 마음에 들지 않으면 '가성비가 좋지 않네', '돈 값을 못하네' 불평불만을 늘어놓으면서 반대로 내가 사회로부터 지불받는 만큼의 성과를 만들고 있는지 스스로 돌이켜봐야합니다.

당신이 이미 회사를 다니고 있다면 직장을 갖기 위해 취업준비를 하던 시간을 다시 한 번 생각해보세요. 입사 서류를 작성하면서 자신의 포부와 열정, 일을 통해 만들어갈 가치에 대해 자소서와 면접으로 간절히 어필하지 않았습니까? 그런데 왜 그때의 마음이 사라진 겁니까? '연봉이 작네', '인프라가 좋지 않네', '조직문화가 별로네'라며 다른 직장과 비교하지만 결국 본인이 선택한 직업 아닌가요? 들어갈 때는 최선을 다하겠다고 해놓고 믿고 뽑아준 사람과 조직에게는 왜 그 약속을 지키지 않는 건가요?

그리고 당신이 최선을 다하지 않으면 다른 누군가에게 피해를 주고 있다는 것을 알아야 합니다. 대부분의 일은 한 사람의 영역에서 끝나지 않고 많은 사람들과 연결되어 있습니다. 즉 당신이 당신의 선택과 몫에 책임지지 않는다면 그 부담은 고스란히 하루하루를 열심히 살아가는 타인에게 돌아가기 마련입니다.

Episode ③
모두에게 좋은 사람이고 싶은데, 나를 싫어하는 사람을 어떻게 해야 할까요?

안녕하세요. 저는 ○○고등학교 2학년 박○○이라고 합니다. 올해 부모님의 사정으로 다른 지역의 고등학교로 전학을 오게 되면서 예전 친했던 친구들과 멀어지고 처음부터 친구들을 사귀게 되었어요. 새롭게 만난 친구들과도 잘 어울리며 친해지고 있지만 이미 친해진 친구들 사이에 자연스럽게 어울리는 것이 때로는 부담스럽기도 해요. 특히 이번 방학 때 친구들 무리끼리 싸움이 있었고 저는 양쪽 어느 무리에도 적극적으로 어울리기 어려운 상황이 되었어요. 이 무리의 친구들과 놀면 저 무리의 친구들이 눈치를 주고, 저 무리의 친구들과 친하게 지내면 다른 무리의 친구들이 불편하다고 말을 하는 상황에서 어떤 친구들과 어떻게 어울려야 할 지 너무 고민이 되었어요.

그러다 보니 저의 이런 상황을 잘 모르는 어떤 친구는 저에게 정치질을 하거나 간을 본다며 나쁜 말을 하기도 했어요. 사실 제 잘못도 아닌 것 같은데 이런 상황에 끼게 되니까 너무 불편하고 돌아갈 수만 있다면 다시 예전 학교로 돌아가고 싶어요. 저는 그저 모두에게 좋은 사람이고 싶었는데. 마음과는 다르게 자꾸 저를 미워하는 사람이 생기는 이런 상황에서는 저는 어떻게 해야 할까요?

"모두에게 사랑받는 사람은 될 수 없어"

삶에서 실패를 통해 배운 가장 큰 교훈이 무엇이냐고 물어본다면 저는 '모든 사람에게 사랑받을 수 없다'는 것을 배운 것이 가장 큰 교훈이라고 이야기합니다. 어린 시절 가족과 주변 사람들에게 과분한 사랑을 받고 자랐기에 대학교를 진학하면서 그들의 빈자리는 큰 공허함으로 다가왔습니다. 그리고 대학생이 되면서 주변사람들의 인정과 관심을 통해 그 공허함을 채우고자 노력했습니다. 어디에서 누구를 만나더라도, 분위기를 주도하고 어색함을 풀어가면서 '나'라는 사람의 존재감을 확인했습니다. 물론 그때의 저 또한 어렸고, 완벽하지 못했던 사람이었기에 의도와는 다르게 불필요한 오해를 사기도 했고, 상대방과 나, 서로에게 상처가 되는 말과 행동을 남기기도 했습니다. 이런 일들이 반복되면서 저는 사람과의 관계를 가지는 데 있어 상처받지 않을 정도만큼의 거리를 두기 시작했습니다.

이런 문제는 제가 학생회장 직을 수행할 때 정점을 찍었습니다. 당시 교수님들의 정년, 퇴임 등으로 인한 학과 통폐합의 이슈가 있는 상황에서 일부 학생들과 불필요한 오해가 발생했고, 개인적인 악재들까지 겹치면서 번 아웃 상태가 되어 버렸습니다. 팽팽해진 고무줄이 한순간에 터져버리듯 모든 것을 한순간에 놓아 버렸고 스스로를 세상과 주변 사람들로부터 철저히 고립시켰습니다. 오랜 시간 동안 내 편이 되어주었던 소중한 사람들에게도 상처를 주는 말과 행동을 하게 됩니다. 더 이상 예전처럼 당당하게 웃는 얼굴로 사람들 앞에 나설 수 없었고, 길 건너 이야기를 나누고 있는 사람들을 보면 저 사람들이 내 뒷담화를 하고 있는 것은 아닌지, 정말 내가 미워서 망해버리기를 바라는 건 아닌지 온갖 나쁜 생각들은 또 다른 나쁜 생각을 불러일으켰습니다. 결국, 학술제 축사를 하러 올라간 자리에서 공황장애 증상이 나타났고, 식은땀을 흘리고 벌벌 떨며 축사 중 도망치듯 학술제를 뛰어나와 버렸습니다.

'하지만 결국 나를 사랑하는 것도 사람이었어'

　난생처음 닥친 공황발작에 늦은 새벽까지 캠퍼스를 돌면서 '어디서부터 내 삶이 잘못된 것인지', '그저 모두에게 좋은 사람이 되고 싶은 내가 왜 미움을 받아야 하는지' 스스로를 갉아먹는 고민들에 빠져있었습니다. 집에 돌아가려고 뒤를 돌아본 순간, 모든 것을 내팽개치고 혼자 앞서 걸어가는 저를 걱정하며 한 발자국 뒤에서 함께 걸어준 친구들이 있었습니다. 아무리 내가 실수를 해도 항상 옆에 있어준 친구들, 가장 힘든 순간, 가장 기쁜 순간도 함께 나누며 언제나 든든한 동료가 되어준 친구들. 오히려 바쁘다는 핑계로, 더 중요한 일이 생겼다는 핑계로, 이런저런 이유로 옆에 있는 그들을 보지 못하고 선을 그어버린 건 바로 나 자신이었습니다. 아이러니하게도 저는 사람 때문에 상처받고 무너진 덕분에 나의 잘못과 부족함도 사랑할 수 있는 사람들을 알아볼 수 있었습니다.

저는 지금도 여전히 그때 제 손을 잡아준 친구들과 모든 삶의 순간들을 공유하고 있습니다. 몇 달 전, 한 친구의 가족이 세상을 떠났을 때 우리 각자 하던 일들을 제쳐두고 친구의 곁에서 힘을 보태어 주었습니다. 앞으로 한두 달 뒤 또 다른 친구는 누군가의 남편이 되어 가정을 이루고 우리 중 가장 먼저 가장으로서 삶을 살아갈 예정입니다. 이렇게 인생의 희로애락을 함께 나눌 수 있는 사람이 곁에 있는 것만으로도 우리는 서로에게 힘들 때 쉬어갈 수 있는 그늘이 되거나 세상을 살아갈 원동력을 얻기도 합니다.

여전히 아직도 저의 삶에는 누군가의 미움을 받거나, 원하는 일이 마음처럼 풀리지 않는 순간들이 찾아오고는 합니다. 과거의 저라면 문제의 원인을 자신에게 찾거나, 상황을 외면하기 위해 도망쳤을지 모릅니다. 하지만 이제 저의 주변에는 있는 그대로의 저를 받아주고 믿어주는 너무나도 많은 사람이 있습니다. 그들이 있기에 나는 어떠한 삶의 순간에서도 스스로를 믿고 힘들 때면 나를 사랑하는 사람들에게 의지하고 기대며 기꺼이 이겨낼 수 있을 거라는 믿음과 감사한 마음으로 글을 마칩니다.

**1: 2: 7 법칙. 1에게 마음을 쏟고,
2에게 명분을 주지 말고, 7 중 3만 취한다.**

누가 이런 이야기를 했는지, 도무지 그 출처는 찾을 수가 없지만, 많은 사람이 끄덕이는, 모 심리학자가 밝혀낸 인간관계 규칙이 있습니다. "나와 함께 있는 사람 10명 중 7명은 나에게 무관심하고, 2명은 나를 싫어하고, 1명은 나를 좋아한다."라는 법칙입니다. 되돌아보면 여러분도 이런 생각한 적이 있을 겁니다. "저 사람은 왜 나를 좋아하지? 저 사람은 왜 나를 싫어하지?"

우리는 그 이유에 대해, 도저히 알 수가 없습니다. 나를 싫어하는 것 같은 사람에게 다가가서, 나를 싫어하는지 좋아하는지조차 모르는 상황에 "왜 저를 싫어하세요?" 할 수도 없는 노릇입니다. 저도 처음에는 저 사람이 왜 나를 싫어하는지 이해가 되질 않고, 모두에게 잘 보이려고 노력했던 적이 있는데, 결국은 늘 실패했습니다. 모두에게 좋은 사람인 것처럼 보이는 방법이 어려운 것은 아닙니다. 매사 웃고, 친절하고, 화내지 않고, 상대를 배려해주고, 때때로 꾹 참으면 됩니다. 그럼 사람들이 대체로 '좋은 사람'이라고 이야기해줍니다.

그런데 여기서 우리는 보통 두 가지의 딜레마와 마주하게 됩니다.
하나, 그래도 나를 싫어하는 사람이 있습니다. 둘, 정작 내가 스트레스 받아 미치겠습니다.

아무리 노력해도 도저히 가까워질 수가 없는 사람들이 있습니다. 나는 모두에게 친절하고 상냥한데, 좋은 사람이려 노력하는데 저 사람은 날 왜 싫어하지? 제 나름대로의 결론은, 모두가 좋은 사람이라고 칭찬해주는 나를 그 사람이 싫어하는 이유는, 두 가지 중의 하나입니다. 첫째, 당신의 모습이 '가짜'라는 것을 알아차린 사람입니다. 둘째, 당신이랑 애초에 안맞는 사람입니다. 둘 다 어찌할 수가 없는 이유입니다. 내 편으로 만들 수가 없습니다.

또한, 모두에게 좋은 사람의 스탠스를 취해본 사람은 공감할 겁니다. 이거 보통 일이 아닙니다. 스트레스 받습니다. 괜히 모두에게 좋은 사람이기 위해 노력하다가, 정작 내 속이 썩어 문드러집니다. 하고 싶은 말도 못하고, 손해 보는 상황에서도 참아야 합니다. 때로는 그 집단의 사람들이 정말 좋은 사람들이어서, 모두가 행복하고 배려하는 관계가 될 수도 있지만, 대다수 관계는 그렇지가 않습니다. 착하면 호구로 압니다. 폐 끼쳐도 되는 줄 압니다. 때로는 "너는 다 괜찮잖아." 하면서, 이런 나의 모습을 역으로 이용하기까지 합니다. 그래서 다른 사람들은 나를 '좋은 사람'으로 인식하는데, 정작 내가 '좋은 사람'이 아닙니다. 겉만 번지르르한 가짜, 좋은 사람으로 살아갑니다.

어차피 내 편으로 못 만듭니다. 또한 나를 싫어하는 사람을 좋아하게 만드는 것보다, 애초에 나를 좋아하는 사람을 더 좋아하게 만드는 게 훨씬 쉽습니다. 무관심했던 사람들을 좋아하게 만드는 게 백만 배는 수월합니다. '호불호'의 영역의 예시로, 많은 이들에게 사랑을 받는 '국민 MC 방송인'에 대해 논해보려 합니다. 대표적으로 유재석, 강호동, 신동엽, 김성주, 전현무 등의 인물이 있습니다. 여러분은 어떤 사람을 좋아합니까? 모두 다 좋아하는 편입니까?

답은 나와 있습니다. 그 사람을 왜 좋아합니까, 왜 싫어합니까? 딱히 이유는 없습니다. 본능에 따라 형성된 가치판단입니다. 각자의 성향과 장점에 따라 호불호는 갈리게 되어 있습니다. Let it be. 제발 내려놓으세요.

모두에게 좋은 사람일 수가 없습니다. 그걸 바꾸려 하는 것도, 일정 수준 이상을 넘어서면 '아집'이자 '오만'으로 이어질 수 있습니다. 자 그렇다면, 제가 깨달았던 인간관계 법칙을 전해드릴게요. 1: 2: 7의 확장 버전입니다.

1에게 더 마음을 쏟고, 2에게 명분을 주지 말고, 7 중 3만 취한다. 나를 사랑해주는 이가 나를 더 사랑하도록 마음을 쏟고, 나를 싫어하는 두 명이 나를 공격할 '명분'을 주지 말고(적을 만들지도, 공격할 거리를 주지도 말고), 나에게 관심 없는 7명 중 3~4명 정도만 내 편으로 만들면 됩니다. 그럼 마음 편하게 살아갈 수 있습니다. 또한 인간 관계가 빛을 발하는, 결정적인 순간도 충분히 헤쳐나갈 수 있습니다. 기억하세요, 40% 내외만 내 편으로 만드는 겁니다.

강한 불호가 없으면, 강한 호도 없다.

제가 어린 시절 가장 싫어했던 조언 중의 하나가 "선우는 이게 좋고, 친구는 이런 점이 좋아. 그래서 둘이 딱 섞였으면 좋겠어."와 같은 식의 조언이었어요. 물론 시간이 지나면서 무슨 뜻인지 이해는 했지만, 저는 사람들이 제발 이런류의 조언은 하지 않았으면, 동시에 이런 조언에 휘둘리지 않았으면 좋겠어요.

당신은 당신이에요. 당신의 어떠한 성향이 강하면, 강한 만큼 얻고, 강한 만큼 잃게 되어 있습니다. 예를 들어, 저처럼 과감하고 저돌적인 사람은 '과감하기 때문에' 많은 기회를 얻고, 동시에 디테일을 놓칠 수 있습니다. 동시에 신중하고 차분한 사람은 '신중하기 때문에' 디테일을 신경 쓸 수 있지만, 동시에 많은 기회를 창출해내는 데에는 (상대적으로) 어려움을 겪을 수 있습니다. 그 중간지대 어딘가에 있는 사람은, 그 성향만큼 적당한 기회를 얻고 적당히 디테일을 가져가게 되어 있습니다. 좋게 말하면 '중용'을 취하는 것이고, 나쁘게 말하면 '이도 저도 아닌 것'이죠.

저는 시간이 지나면서 (위와 같은 성격의 조언을 수용하면서) 이전보다 많이 차분해지고 신중해졌습니다. 덕분에 (이전보다) 업무의 '디테일을 놓치는 실수'는 많이 줄어들었습니다. 또한 어떠한 일을 강하게 추진하는 과정에서 발생했던, 사람들과의 마찰 빈도 역시 감소했습니다. 한 마디로 꽤 둥글어졌습니다. 어떠한 능력치를 표로 나타내었을 때, 여기저기 뾰족했던 그래프가 적당히 다듬어지면서, 딱 보기 좋은 'All-rounder' 형으로 변화했습니다.

그런데, 둥글어진 덕분에 다양한 이점을 취하기도 했지만, 동시에 안타까운 점은, 이전보다 '의외성'을 발휘하는 경우가 사라졌다는 점입니다.

예를 들어, 이전처럼 인간관계를 활발하게 맺지 않으니, (이전에 비해) 다양한 인간군상들과 관계를 맺는 과정에서 받게 되는 상처의 빈도는 줄어들었습니다. 하지만 그와 동시에, 새로운 사람과의 활발한 만남을 통해 생성되는 기회 또는 그들과의 시너지를 발휘할 계기가 사라졌습니다. 이전처럼 앞뒤 가리지 않고 덤벼들지는 않으니, 실수하거나 디테일을 놓치는 경우는 사라졌습니다. 하지만 그와 동시에, 소위 무지성 돌격을 통해 만들어지는 '의외의 기회'가 생겨나는 빈도 역시 현저하게 줄어들었습니다.

모든 것은 상대적입니다. 원하는 것을 모두 취할 수는 없습니다.
또한 내 개인의 성향이 이렇듯, 나를 둘러싼 인간관계도, 그들에 의한 나의 평가도, 절대 내 마음대로 할 수 있는 영역이 아닙니다. 컨트롤 하려는 자체가 '오만'에 가깝습니다.

예를 들어, 현재의 저는, 더는 새로운 사람에게 큰 열정을 쏟지는 않지만, 한창 일을 확장해나갈 때에는 업계 사람 한 사람 한 사람에게 마음을 쏟았던 적이 있습니다. 어떻게든 좋은 관계를 맺으려 노력하고, 깊은 관계로 발전시키기 위해 노력했습니다. 깊은 관계로 발전하지 못하더라도, 그 사람의 기억에 '좋은 향기'로 남기 위해서 부단한 노력을 기울였습니다. 그런데 그 과정에서 '애초에 인연을 맺지 않았으면 좋았겠다'는 악한 인연이 생겨났습니다.
정말 믿고 좋아했지만, 결과적으로는 나를 이용하기만 했고, 상처만 준 사람이 있습니다. 업무상 차마 끊어낼 수는 없기에 허울뿐인 관계를 이어가고 있지만, 하루에도 몇 번씩 그 사람을 향한 증오의 감정이 올라옵니다.

그런데 반대로, 그 열정 덕분에 '왜 이렇게 나를 도와주시지' 하는 감사한 인연도 생겨났습니다. 그분은 학교 수업을 통해 만나뵈었던, 현업 방송작가 출신의 대학 교수님이었습니다. 제가 이 업계에서 방향을 잡지 못하고 방황할 때, 진심을 담은 장문의 카톡을 보냈었습니다. 다소 뜬금없는 연락이었지만, 교수님은 제게 마음을 열어주셨고, 그렇게 관계가 발전하게 되었습니다. 정말 중요한 순간마다 저에게 꼭 필요한 도움을 아무런 대가 없이 베풀어주시는, 이렇게 받기만 해도 될지 죄송할 정도로 도움을 주시는 분이 생겨났습니다.

모두에게 사랑받는 사람도 있겠지만, 대부분의 사람은 호가 있으면 불호도 있습니다. 그리고 그 과정에서, 상식적인 사람이라는 가정하에, 강한 불호가 없으면 강한 호도 없습니다. 어중간한 사람은 어중간한 관계를 맺으며 살아갑니다. 강한 부정적인 관계도 없으면, 강한 긍정적인 관계도 없습니다. 모든 것은 상대적입니다.

그래서 저는 모두 생긴 대로 살아갔으면 좋겠습니다. 무엇이든 얻는 만큼 잃고, 잃지 않는만큼 얻지 못하게 되어 있습니다. 현재의 저는 둥글어졌습니다. 누군가는 많이 성장했다고 이야기하지만, 또 누군가는 예전의 내가 그립다는 이야기를 합니다. 저 자신도 그렇습니다. 때때로 다듬어진 내가 대견하다가도, 동시에 안타깝게 느껴질 때가 있습니다.

만약 여러분에게 누군가가, 반대되는 성향의 사람과 반반만 섞이는 것이 좋겠다는 조언을 하면, 가볍게 무시했으면 좋겠습니다.

생긴 대로 사세요. 얻는 만큼 잃고, 잃는 만큼 얻습니다.
부디, 불가피하게 잃는 것이 아닌 '얻는 것'에 집중하세요.
나를 싫어하는 사람이 아닌 '좋아하는 사람'에 집중하세요.

Episode ❹

삶에 원동력이 없고, 매 순간이 후회가 돼요.
무엇이 원동력이 될 수 있을까요?

안녕하세요. 올해 딱 대학교 1학년을 마친 20.9살 권ㅇㅇ입니다. 그토록 바라고 바랬던 대학교 생활을 해봤지만 기대가 커서였을까요 뭔가 아쉬움도 너무 남는 것 같아요. 조금 더 열심히 해서 더 좋은 대학교를 갔으면 어땠을까라는 고민도 되고, 2학기에는 다른 대외활동이나 공모전 같은 것도 해봤어야 했나 하는 아쉬움도 남는 게 사실이에요. 선배님들 말을 들어보면 2학년, 3학년 이렇게 지금처럼 정신없이 흘러간다고 하는데... 취직을 했거나 소위 좋은 스펙들을 쌓아가는 선배들을 보면 나는 어떻게 저렇게 하지. 어떻게 저렇게 열심히 살지 하는 두려움이 커지는 것 같아요. 아직 뚜렷하게 무엇이 하고 싶은지, 무엇이 되고 싶은지도 잘 모르겠는데 이렇게 시간만 보내다가 남들보다 한 발 늦게, 남들이 가는 길을 뒤따라 갈까봐 걱정되고 자꾸 후회만 남는 것 같아요.

그렇다고 지금 돌아가기에는 또 그만한 결심을 내릴 힘도 여유도 없고, 무엇을 하고 싶은지 아직 제 마음도 모르겠는데 무턱대고 남은 학기들을 살아갈 자신도 없어요. 그러다 보니 저 말고 다른 분들은 어떻게 살아가는지. 이런 고민을 하고 있는 내가 문제인 건지 너무너무 궁금했어요! 그래서 이렇게 사연을 보내 드립니다!

 **"무슨 원동력이요?"**

무슨 말씀인지는 알아요. 무언가 해야 될 것 같은데, 다들 저렇게 열심히 살아가는 것 같은데, 나는 아무것도 하지 않고 가만히 있는 것 같죠. 가끔 누군가가 너무 부럽기도 하고 그렇죠? 저 사람은 어떻게 저렇게 열정이 있을까, 나는 왜 시작조차 못할까.

그런데요. 왜 그렇게 꼭 원동력을 가지고 살아야 해요? 먼저 다소 이중적인 점 미안해요. 앞에서는 열심히 살라고 그렇게 바람을 넣어 놓고, 이제 와서 힘 빠지는 이야기를 하네요. 그런데요 여러분, 꼭 다들 저처럼 살 필요는 없어요. 저도 가끔 스스로 안타까워요. 그냥 행복하고 편안하게 살고 싶다. 근데 그게 또 안돼요. 천성이 이래서, 이렇게 안 움직이면 미칠 것만 같아요. 그래서 이러고 살아요.

잘 생각해보세요. 먼저 중요한 건, 지금의 내가 마음에 드는지, 마음에 들지 않는지 입니다.

1. 지금의 내가 꽤 마음에 든다!

이 경우라면, 그냥 그대로 사셔도 돼요. 아니, 왜 모두가 열심히 살아야만 해요? 왜 모두가 자본주의 시스템 안에서 뛰어난 생산성을 발휘해야 하고, 빛나는 성과를 이뤄야만 해요? 누가 정해놓은 거예요? 누가 자꾸 뭐라고 하는 거예요? 대체 이해할 수가 없어요.

나와 내 가족이 편안하게 머무를 공간이 있고, 세 끼니 문제없이 해결할 수 있고, 추운 날 내 몸 지켜줄 옷가지 있으면 일단 된 거 아닌가요. 아 물론, 이건 기본이죠. 좋아하는 사람들과 행복한 시간도 보내고, 좋아하는 취미생활도 하고, 갖고 싶은 것에도 (모두 다 가질 수는 없지만) 종종 소비하고. 그러면 웬만큼 우리 삶에 필요한 기본 욕구는 충족되잖아요.

당신이 이미 충분히 행복하다면, 지금의 삶에 만족한다면, 무슨 원동력을 굳이 찾아요. 행복하게 살아요. 괜히 다른 사람들 말에 휘둘리지 마요. 당신 갈 길 가요. 괜히 그런 말로 자극하는 사람들, 아예 상종도 하지 마요. 대부분 순수한 의도로 조언하는 사람들도 아니에요. 당신을 비판하면서 본인이 우월해 보이려 하는 '자존감 흡혈귀'이거나, 그냥 성격이 이상한 사람들이에요. 행복하면 됐어. 신경 쓰지 마요.

2. 지금의 내가 마음이 들지 않는다.

이 경우라면 조금 이야기가 길어질 수 있는데, 빠르게 요약해 드릴게요. 먼저 왜 마음에 들지 않는지, 진짜 원인이 무엇인지 잘 찾아봐요. 무슨 이야기냐면, 내가 마음에 들지 않는 이유가, 내가 정말 하고 싶은 게 있는데, 도저히 원동력을 내지 못하는 내가 마음에 들지 않는 것인지. 아니면 (나 스스로) 남들과의 비교를 해봤을 때 혹은 남들이 평가한 나의 점수 때문에, 마음에 들지 않는 것인지 생각해봐요. 여기서 '남'이란, 부모님을 포함한, 나 자신을 제외한 모든 사람을 뜻해요. 다 배제하고 생각해봐요. 진짜 내가 별로예요? 못 참아주겠어요?

높은 확률로 아닐 걸요. 제가 나름대로 깨달은 건데, 모든 사람들은 자기 주변 사람들을 '가스라이팅'해요. 의식적이든 무의식적이든, 자신의 논리로 상대의 행동을 변화하게 만들려 해요. 나의 부모님조차도, 가장 친한 친구와 배우자조차도, 심지어 당신에게 이 책을 선사한 저 김선우도 그래요. 이제는 제발 벗어나봐요. 내 기준을 보라고요. 다른 사람들 이야기말고, 내 기준을요. 당신, 꽤 괜찮은 사람일 거예요.

원동력은 무슨 원동력이야,
행복하면 된 거지. 뭘 해야 되는데.
당신, 거기 그대로, 행복하게 살아요.

"원동력을 원해?
자 여기, 줄게!"

앞선 내용에도 크게 공감하지 못했을 수 있어요. 남들 시선 다 배제하고 바라봐도 내가 마음에 들지 않을 수 있어요. 진짜 하고싶은데 원동력조차 가지지 못하고 머물고 있는 나를 발견했다면, 답답해 미치겠다면, 명쾌한 해결책 두 가지를 알려줄게요. 이것만 기억하면 그 고민으로부터 자유로워질 수 있어요.

1. 포기하세요.

포기해요. 아직도 고민 중이다? 그럼, 그걸 이루어낼 가능성 없어요. 엄청난 동기부여를 가지고 부딪혀도 될까 말까 한 경쟁사회에서, 원동력도 갖지 못하고 전전긍긍한다? 혹시, 어떤 우연한 계기나 천운이 따라주어서 원하는 대로 되길 바라고 있어요? 차라리 로또를 사요. 매주 5천원이면 되잖아. 그냥 포기하세요.

비아냥대는 게 아니에요. 포기하는 것도 능력이고 실력이에요. 아니다 싶으면 빠르게 접고, 지금의 나에게 중요한 것에 집중해야죠. 아까운 시간과 에너지를 낭비하지 마요. 깔끔하게 포기하고, 주변에 알려요. "해봤는데, 안 되네!" 그리고 현생에 집중해요. 저도 포기 많이 해봤어요. 안 되는 걸 어떡해.

여기까지 읽은 당신, 기분이 어때요?
마음이 편해졌으면, 그대로 살아가요.
다른 의도 없어요. 당신이 행복해면 됐어요.

그런데, 조금 짜증이 났어요?
저에게 좀 반감이 들어요?
그럼 거의 다 왔어요.
지금부터 제시하는 해결책, 잘 들어요.

2. 정신 차려, 그냥 해 제발.

평생 그러고 살 건가요? 매번 남들만 부러워하면서 살 거예요? 오늘도 자기계발 유튜브 채널 영상이나 시청하면서, 무엇인가를 깨달았어요?

일단 구글, 네이버, 유튜브에 하고 싶은 일 관련해서 뭐라도 찾아보세요. 학원이 있으면 알아보고, 관련 책이 있으면 구매하세요. 그리고 거기서 하라고 하는 거, 생각하지 말고, 자아조차 갖지 말고, 일단 해 보세요.

그리고 나서 결정해요. 포기할지 계속할지. 포기했으면, 깔끔하게 털고 행복하게 살아요. 그리고 또 하고싶은 게 생기면 도전해요. 좀 된다 싶으면 계속해요. 죽을 듯이 해보세요. 게임 공략집도, 게임 치트키도, 게임을 해봐야 그 소중함을 알아요. 이게 이렇게 어려운 거였구나, 이 사람 말이 참 도움이 되었구나. 이거는 해 봐야 알아요.

'스스로 무엇인가를 결정해본 적이 있나요?'

삶에서 원동력이라는 것은 스스로 방향을 선정하고 그 방향으로 나아갈 수 있는 힘이라고 생각합니다. 여기서 가장 중요한 것은 미성년자일 때는 나의 원동력에 부모님, 선생님 등 다른 성인들이 힘을 실어줄 수 있지만, 성인이 되고 난 뒤에는 온전히 스스로의 힘만으로 나아가야 한다는 것입니다. 하지만 애석하게도 현재 21세기를 살아가고 있는 대다수의 청년들은 스스로 무엇인가를 결정하고 해결해본 경험이 부족합니다. 아니 거의 없다고 해도 무방하죠. 스스로 걸음마조차 떼지 못했는데 뛰는 것부터 생각하면 넘어지는 것은 어쩌면 당연한 일일지도 모릅니다.

"선배! 선배가 알려준 대로 해서 취직까지는 했는데
매일매일 똑같이 살아가는 삶이 너무 재미가 없어요."

"취직만 하면 끝일 줄 알았어? 미안한데 이제부터가 실전이야."

우리는 취업 시장에 들어가기 직전까지 초등학교 6년, 중학교 3년, 고등학교 3학년, 대학교 4년까지 도합 16년이라는 적지 않은 시간을 흔히 '공부'에 투자합니다. 그뿐만이 아닙니다. 자사고, 과학고 등 좋은 명문고, 명문대 입시를 위해 존재했던 사기업 시장은 이제 대기업 입사를 위한 자소서 첨삭, 1대1 면접 코칭까지 그 규모를 넓히고 있습니다.

다음 표는 OECD 국가의 고등학교 1학년 학생의 1주일당 공부시간을 의미합니다. 우리나라는 OECD 국가들 사이에서 1주일에 50시간이라는 압도적인 1위의 학습량을 보이고 있습니다. 대학교 졸업 이후는 어떤가요? 통계청에 따르면 우리나라의 약 417만 명의 청년들이 뚜렷한 직장을 가지고 있지 않으며, 이들 중 오직 16.9%(70만 명)만이 취업을 준비하고 살아가고 있습니다. 나머지 83.1%의 사람들은 자신의 방향성을 의심하고 방황하며, 원동력을 잃고 무엇을 하고 살아야 할지에 대한 깊은 고

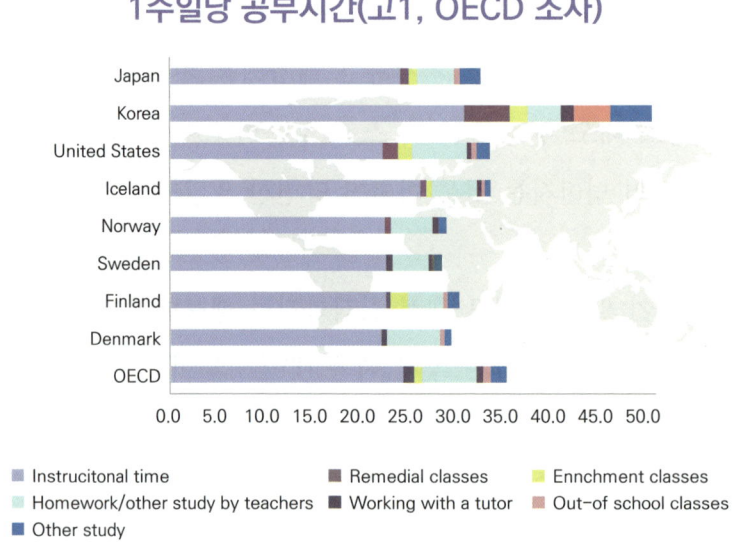

민에 빠져있습니다. 그렇다고 취업을 준비하는 70만 명의 상황도 크게 다르지 않습니다. 자신만의 방향을 세우고 살아가는 사람들도 있겠지만, 대부분 남들이 만든 기준과 원칙 아래 취업을 준비하고 있습니다.

그럼 취직만 하고나면 모든 것이 해결될까요? 남들이 나에게 기대하는 속도와 방향으로 달려와 결국 취업이라는 열매를 따낸 사람들은 모두 행복한 직장인이 될 수 있을까요? 정말 아이러니하게도 취직한 사람의 절반은 전공과는 전혀 다른 직업을 가지고 인생을 살아가며, 신입사원 10명 중 3명은 1년이 지나기도 전에 회사를 떠나고 있습니다. 그 긴긴 시간을 미친 듯이 노력한 결과가 고작 이런 것이라니 참으로 허망하지 않습니까? 평생의 약 20%에 해당하는 시간들을, 그것도 가장 젊고 가능성이 높은 시간들을 '공부'와 '취업'에 올인하면서 우리가 얻을 수 있는 것은 무엇일까요?

'건강한 삶의 시작을 위해선 나만의 나침반이 필요하다'

지금까지 독자분들께 Yes Man의 삶을 예찬하며 무조건 열심히 최선을 다해 살라고 말한 저조차도 처음 직장인이 되고 난 뒤 기대와는 전혀 다른 공허함으로 원동력을 잃고 잠시 방황한 적이 있습니다. 그때의 느낌은 뭐랄까요. 지난 12년의 학창 시절, 대학교라는 정상만 바라보며 달려왔었죠. 그렇게 올라온 대학교라는 정상은 저에게 성인으로서 약간의 자유를 주었지만 저는 이내 다시 취직이라는 두번째 정상을 향해 달려가야만 했습니다. 그래도 두번째 정상을 향해 달려가는 과정에서는 휴학, 교환학생, 어학연수 등 잠시 쉬어갈 수 있는 다양한 방법들도 존재했습니다. 하지만 마지막 취업을 정복하기 위한 우리의 이야기는 앞과는 전혀 달랐습니다. 어쩌면 인생에서 가장 자존감이 떨어지고 절망적인 취준생 시기를 지나 마지막 정상인 '취업'을 정복했을 때 우리를 기다리고 있는 것은 아무것도 없습니다. 정확히 표현하면 정말 드넓은 들판 한가운데에 떨어졌다고 말해야 할까요? 그곳에는 어떠한 이정표도, 앞서 걸어간 사람의 발자국도 없습니다. 학생 때처럼 잠시나마 상황을 외면할 수 있는 방학, 휴학도 없고, 할 수 있는 것이라고는 그저 하루하루 반복되는 길을 걷는 것 뿐입니다.

내가 어디를 가고 싶은지, 가고 있는 방향은 맞는지, 그 무엇도 알 수 없습니다. 학교와 학원의 선생님이 가르쳐 준 공부를 했고, 비슷한 친구과 같은 목표를 두고 경쟁하며 내가 빠른건지, 느린건지 곁눈질해오며 수동적인 삶을 살아온 사람들에게 갑자기 주어진 선택의 자유는 괜히 가보지 못한 길에 대한 미련이나 지금까지의 나를 의심하는 결과를 만들어낼 수 있습니다.

따라서 우리에겐 나침반이 필요합니다. 나에게 중요한 가치는 무엇인지, 나는 어떠한 사람으로 살아가고 싶은지, 스스로에게 끊임없이 묻고 고민하는 시간이 필요합니다. 돈이 좋으면 돈을 좇아도 좋고, 커리어가 중요하면 커리어를 좇아도 좋습니다. 하지만 이제부터 그 가치를 결정하는 데 필요한 것은 오직 나의 결정뿐입니다. 잠시 어디로 가야할지 몰라 원동력을 잃어버리는 순간이 찾아온다면 한 번 깊게 고민해보아야 합니다.

단순히 주변에서 좋다고 해서, 누군가가 하라고 해서가 아니라 정말 내가 무엇을 위해 어떻게 하고 싶은지. 그 질문을 스스로에게 던지고 정답을 찾을 수 있는 사람만이 상실 속에서도 다시 일어날 수 있습니다.

저에게는 타인에게 도움을 줌으로서 얻는 보람과 스스로에 대한 인정이 나침반이 되어 주었습니다. 그래서 막연하게나마 회사생활을 하며 언젠가는 HR 업무를 하고 싶다는 욕심을 가졌고, 아무도 시키지 않아도 업무 가이드북을 만들게 했고, 사내 강사가 되게 만들어 주었습니다. 결국, 스스로가 정한 목적지를 향하기 위해 자신이 원동력을 만들었기 때문에 처음 목표했던 것들을 예상보다 빠르게 달성할 수 있었습니다. 그것들을 부분적으로 이룬 지금도 크게 다르지 않습니다. 이제는 회사에서 그 범위를 조금더 넓히기 위해 주말 아침부터 동네 카페를 찾아 이렇게 책을 쓰고 있습니다.

저도 그 다음은 또 무엇을 해야 하는 지 아직은 모르겠습니다. 하지만 어디로 나아가야 하는지 알고 나아가는 사람과 아무런 방향 없이 무작정 길을 걷는 사람의 끝은 다를 수밖에 없다는 믿음을 가지고 계속해서 나아가기 위해 노력할 것입니다.

Episode ⑤

경제적으로, 환경적으로 가정환경이 좋지 않습니다. 탓하는 것이 잘못된 걸까요?

안녕하세요. 저는 군대 전역을 눈앞에 두고 있는 22살 김ㅇㅇ입니다. 제가 드린 고민처럼 저희 부모님은 제가 유치원에 다닐 때 경제적인 이유로 이혼을 하셨습니다. 그래서 어린 시절부터 동생과 라면과 김치로 끼니를 때우는 게 다반사였고 가끔 기관의 선생님들이 반찬이라도 주시면 가위로 잘게 잘라 오랜 기간 나눠 먹기도 했습니다. 학창 시절부터 학원은 기대하지도 않았고, 아르바이트를 통해 용돈을 벌어 생활을 하곤 했습니다. 대학교를 진학할 때에도 집안의 가난은 저의 선택에 너무 많은 영향을 주었습니다. 가고 싶은 학교는 있었지만, 등록금과 기타 생활비를 기대할 수 없는 상황에서 결국 저는 장학금을 지원받는 조건으로 원했던 대학이 아닌 다른 학교로 진학을 해야만 했습니다. 등록금은 해결했지만, 각종 생활비를 해결하기 위해 열심히 아르바이트를 했습니다. 제가 아르바이트를 하는 동안 주변 친구들은 대외활동을 하거나 여행을 가고, 청춘을 즐기는 모습을 보면서 너무나 큰 자괴감과 박탈감이 들었습니다. 그래서 현실을 도피하듯 군대로 입대하게 되었습니다.

이제 전역을 90일 정도 남긴 상황에서 이후의 삶을 계획하려 하니 너무나 캄캄합니다. 부모님의 지원을 바랄 수 없는 상황에서 복학은 바로 해도 되는지, 아니면 1년 정도 일을 하며 충분한 생활비를 벌어 복학을 할지. 때로는 잘살고있는 주변 친구들의 이야기를 들을 때면 도대체 왜 나만 이렇게 살아야 하는지. 뭘 잘못했길래. 태어난 순간부터 돈 걱정을 하면서 살아야 하는지. 가끔은 조금 더 여유 있는 집에 태어났다면 어쩌면 내 삶이 더 나아지지 않았을까? 내가 더 행복하지 않았을까 같은 생각이 들고는 합니다. 주변에서는 탓하지 말라고 해도 탓할 수밖에 없는 제 삶. 두 분은 어떻게 생각하시는지 궁금합니다.

"남 탓만 하기엔
인생이 너무 짧다."

저 또한 불과 몇 년 전까지만 해도 ㅇㅇㅇ님처럼 "왜 나는 부유한 집에서 태어나지 못했을까?", "내가 저런 배경이 있었다면 더 성공할 수 있었을 텐데"와 같은 불만들이 가득한 사람이었습니다. 물론 지금도 가끔 낯선 서울에서 혈혈단신으로 살아가고 있는 내 앞으로 좋은 가정환경을 등에 업고 빠르게 멀어져가는 사람들을 보면 분노와 억울함이 들기도 합니다. 여유 있고 유복한 환경에서 성장한다는 것은 분명 여러 가지 이점을 가져다줍니다. 자본주의 사회에서 경제적 여유는 도전과 실패의 Risk를 최소화할 수 있는 안전망이 되고, 유복한 환경을 기반으로 얻은 글로벌 경험과 다양한 문화 경험은 그것을 경험하지 못한 사람들과 경쟁에서의 확실한 차별점을 만들어 줍니다. 이런 점에서 미루어 보면 결국 우리 살아가고 있는 세상의 시스템은 기본적으로 가진 사람에게 유리하게 세팅되어 있는 것도 사실인 것 같습니다. 그렇다고 이런 불공정한 상황을 절대적으로 인정하는 순간 우리는 노력을 할 필요도, 더 나아가 지금보다 나은 삶을 살 수 있을 거라는 희망을 가질 수도 없게 됩니다.

나보다 더 가진 사람들을 부러워하고 기준으로 삼기 전에 우선, 현재 내가 가진 배경과 환경이 나에게 만들어준 장점이 무엇인지를 찾아보세요. 예를 들어 20살 때부터 자취를 시작한 사람은 기본적인 집안일을 하고 생활비를 관리하는 것처럼 혼자 살아가는 법을 미리 익힐 수 있습니다. 덕분에 그렇지 않은 사람보다 낯선 환경에서도 살아남을 수 있는 적응력을 가질 수 있습니다. 어린 시절부터 아르바이트를 했던 사람들은 그렇지 않은 사람들보다 빠르게 조직 생활에 적응할 수 있고 업무에서 오는 스트레스를 효율적으로 관리할 수 있습니다.

이런 저를 보면서 스스로 위로하는 것이라고 생각해도 좋습니다. 하지만 어차피 불평불만으로는 아무것도 변화시킬 수 없습니다. 그렇다면 달라지지 않는 것들 때문에 스트레스 받고 주저앉기 보다는 내가 할 수 있는 것들을 통해 나의 힘으로 바꿀 수 있는 것들을 바꿔나가는 것이 의미 있는 삶이 아닐까요? 이런 긍정적인 사고방식을 통해 저는 Yes Man으로 살 수 있었고 그 힘으로 오늘날까지 하나하나 문제들을 풀어가며 나아갔다고 생각합니다. 흔히 말하는 있는 집 사람들처럼 돈으로 Risk Management를 할 수 없었기 때문에 위험부담이 따르는 일을 하기보다는 오랜 시간 많은 사람들이 검증해온 사회의 시스템을 적극 활용했습니다. 하고 싶은 일도 있었고 그 일을 직업으로 선택할 기회도 있었지만 실패했을 때 언제든지 돌아갈 수 있는 빽이 없었기 때문에 현재의 직장을 다니면서 그 안에서 의미를 찾고 만족감을 얻을 수 있었습니다. 같은 원인에도 다른 결과가 나오는 이유는 어떠한 문제도 결국 그것을 대하는 마음가짐에 따라 결과가 달라지기 때문이라고 생각합니다. 무엇인가를 탓하는 마음도 이해가 되지만, 탓하는 것만으로는 아무 것도 변화하지 않기에 스스로를 변화시키는 것이 가장 빠르고 효율적으로 이를 극복하는 방법이 될 것입니다.

**"탓해도 됩니다.
앞으로만 나아가면 됩니다"**

진로나 직업을 선택하는 과정에서 가정환경이 미치는 영향은 가히 절대적이라고 생각합니다. 핸디캡이 없다는 것은 거짓말이며, 그것을 무조건 극복할 수 있다고 단정적으로 이야기하는 것은 오만이라고 생각합니다. 그래서 이러한 주제의 이야기를 다루는 것이 매우 조심스럽습니다. 왜냐하면, 제가 감히 겪어보지 않은 현실에 대해 함부로 이야기하는 것은 무례함에 가까운 행동이고, 저의 글로 인해 혹여 누군가가 상처 입게 된다면, 이는 곧 폭력이 될 것이기 때문입니다.

원하는 무엇인가가 있는데, 가정환경 때문에 어려움에 부딪혔다면, 마음껏 탓하십시오. 때로는 원망하고, 좋지 않은 기억들을 미워해도 됩니다. 우리의 부모님께는 죄송한 이야기일 수 있지만, 조금 위험한 생각일 수 있지만, 어떻게든 원동력으로만 삼으면 됩니다. 그렇게 어떻게든 앞으로만 나아가면 됩니다. 그대로 멈추지만 않으면 됩니다. 탓하되, 핑계로 삼되, 그대로 머물지만 않으면 됩니다.

조금 극단적으로 이야기하긴 했지만, 우리가 늘 인지하고 있는 사실이 있습니다. 우리는 불공평하게 태어납니다. 누군가는 태어나자마자 원하는 것을 모두 현실로 만들 수 있고, 누군가는 아무리 노력해도 그 사람의 발끝조차 따라갈 수가 없습니다. 다만, 성공의 기준을 '절대적인 돈의 보유 액수'가 아니라 '내 삶의 종합적인 만족도'에 둔다면, 우리는 이러한 불공평을 충분히 극복해낼 수 있습니다.

저는 중산층 가정에서 태어났습니다. 살면서 학비 걱정, 용돈 걱정을 해본 적이 없었습니다. 다만, 그다음부터는 온전히 저의 몫이었습니다. 만약 아버지, 어머니가 걸었던 길을 따라 걸었다면 (평생에 걸친 직장생활) 저 역시 경제적으로는 안정적인 중산층의 삶을 영위하며 살아갈 수 있었습니다.

하지만 저는 싫었습니다. 엄밀히 말하면, 그것이 싫다기보다는, 더 큰 것을 원했습니다. 돈을 벌기 위해서, 7일 중 5일은 주말만을 간절히 기다리고, 짧은 이틀의 주말이 끝나면, 너무나도 고통스러워하며 월요일을 맞이하는 삶을 살고 싶지는 않았습니다. 그 일을 왜 하는 것이냐고 물었을 때 '돈을 벌기 위해서'라는 대답 이외엔 아무것도 존재하지 않는 Job을 가지고 싶지는 않았습니다. 무엇보다, 나를 경제적으로 지탱해주는 그 일마저도 '기한(정년퇴임)'이 정해져 있고, 조직이 나를 더 이상 필요로 하지 않으면, 더는 임할 수조차 없는 일이었습니다.

"부모님과는 다른 삶을 위해."

그래서 뛰쳐나왔습니다. 거부했습니다. 당장에는 불확실성과 불안정이 가득하지만, 제가 원하지 않았던 '그러한 삶'으로부터 벗어나 '꿈꾸는 삶'으로 나아가기 위해서입니다. 어쩌면 저의 선택은 (경제적으로) '평범한 중산층'의 삶조차 누리지 못하고 추락할 수도 있고, 기껏 노력해도 중산층 정도의 삶 정도에서 멈출 수도 있습니다. 물론 이 분야에서 '성공'해서, 경제적으로 한 단계 더 높은 상류층의 삶을 살 수도 있겠지만, 사실 그러한 것은 제게 중요한 것이 아닙니다.

지금 저는 행복합니다. 어느 날은 단 한끼도 챙겨 먹지 못할 정도로 바쁘고 치열한 하루를 보내지만, 그 모든 일정을 끝내고 힘들기는커녕, 집으로 돌아가는 차 안에서 활짝 웃습니다. 이대로 죽어도 좋을 만큼 행복해서, 매일매일 이렇게 살고 싶습니다. 그 기쁨이 채 가시지를 않아서, 집에 주차한 뒤 새벽녘에 산책하며 오늘의 뿌듯함을 되돌아봅니다.

주말의 의미가 크지 않습니다. 직장인 친구들을 물리적으로 편하게 만날 수 있는 날들일 뿐입니다. 오히려 저는 쉬는 날, 평일에, 한적한 캠핑장에서 혼자 고기를 구워먹으며 쉬는 휴일이 더 좋습니다. 지방 출장을 가게 되면, 그곳에 간 겸 그 지역의 맛집과 명소들을 찾아다니는 삶이 좋습니다.

어느 날은 롯데맨이었다가, 또 어느날은 삼성맨, LG맨, SK맨, 현대차맨, 다양한 기업의 Key Man이 될 수 있는 삶이 즐겁습니다. 경제적으로도 풍족하기 때문에, 원하는 음식을 사 먹을지 말지 고민한 적은 없습니다. 스스로 낭비라는 판단만 들지 않으면, 사치와 취미생활에도 아낌없이 투자할 수 있습니다. 차를 바꿀 때가 되었다는 생각이 들자마자, 27살에 중형 SUV를 바로 계약할 수도 있습니다. 결혼, 출산, 육아, 노후 준비에 이르기까지 아무것도 포기하지 않고 미래를 그려나갈 수 있습니다. 그리고 그것을 경제적으로 가능하도록 만들어주는 '일'은, 제가 제일 좋아하고 재미있어하는 Job입니다.

그래서 저는 행복합니다. 12월 3일, 이 책에 김선우의 이야기를 적어 내려가고 있는 부평역 인근 할리스커피숍에서의 오늘도, 이 순간도 재미있고 행복합니다. 제 고민은 단 한 가지입니다. 좋아하는 일을 더 많이, 평생 하고싶을 뿐입니다.

"탓으로부터 자유로워질
당신의 선택."

삶의 절대적인 지표를 '경제적 관점'에서 조금만 벗어나면 됩니다. 그럼 우리는 아무것도 탓하지 않아도 됩니다. 돈이 가장 큰 목적과 행복의 원천이 되는 이상, 우리는 평생 소위 재벌이라 불리는 사람보다 행복할 수 없습니다. 그들보다 나은 삶을 살 수도 없습니다. 하지만 다른 것들을 다양하게 고려하는 순간부터, 우리는 그들보다 더 나은 행복한 삶을 살 수 있게 됩니다. 여러분은 삼성그룹의 이재용 회장님이 부럽습니까? 회장님처럼 되고 싶습니까? 혹여, 부럽기는 한데 그처럼 될 자신은 없습니까?

여러분, 저는 이재용 회장님이 부럽지는 않은데, 회장님처럼 되고는 싶습니다. 먼저 부럽지 않은 이유는, 그와 나는 다르기 때문입니다. 또한, 그의 삶의 선택에 물음표가 남아있기 때문입니다. 그는 정말 행복할까요? (행복하지 않을 것이라는 뜻이 아닙니다.) 먼저, 세계적인 삼성그룹의 회장이 그의 꿈이었을까요? 지금 그의 삶은, 스스로 온전히 고민하고 선택한 결과가 맞을까요? 직접 대화해보지 않아서 모르지만, 어쩌면 그도

(범주는 다르지만) 우리와 같은 고민을 하고 있을 수 있습니다.

그는 지금의 삶에 만족할까요? 어쩌면 회장님도 어린 시절 혹은 지금도, 다른 하고 싶은 일이 있지는 않았을까요? 곱상하고 귀티 나는 외모로 배우가 되고 싶었다거나, 평생 학문을 깊게 연구하는 교수님이 되고 싶었다거나, 다른 꿈이 있지는 않았을까요? 태어나보니 아버지가 이건희 회장님이었고, 나는 삼성가의 장남인 탓에, 그저 운명처럼 자신의 삶을 받아들인 것은 아니었을까요?

삶에 대한 관점을 조금만 바꾸면, 탓하는 현실에서 바로 벗어날 수 있습니다. 누군가를 부러워하는 삶에서 자유로워질 수 있습니다. 마음껏 탓하되, 바꿀 수 없는 프레임 속에서 벗어나셨으면 좋겠습니다. 방법은 간단합니다. No를 외치세요, 원하는 것을 하세요. 스스로 선택하세요!

Episode ❻

도전이 두려워요. 저는 늦은 것만 같아요.
어떻게 해야 할까요?

안녕하세요. 최근 꿈에 대해 고민이 많은 34살 공무원 윤○○입니다. 저는 어린 시절부터 부모님과 학교 선생님의 말씀을 잘 듣는 모범생이었습니다. 평범하게 학창시절을 보냈고, 대학교까지 무난하게 졸업한 저는 부모님과 주변 사람들의 권유로 졸업과 동시에 공무원 시험을 준비하게 되었습니다. 정말 열심히 공부했고 운 좋게 9급 공무원에 합격해서 지금까지 공직 생활을 이어오고 있습니다. 누구보다 성실하게 일했고 주어진 일에 최선을 다했습니다. 퇴근을 하고 난 뒤에는 개인의 삶에 집중하기 위해 다양한 취미를 가졌습니다. 3년 전부터 다니기 시작한 필라테스는 이제 일주일에 6일을 학원에 다닐 정도로 제 인생의 중요한 부분으로 자리 잡고 있습니다. 운동을 하고 변하는 내 몸을 바라보는 일, 주변 사람들의 자세를 교정해주고 그들이 성장하는 모습을 보면 회사에서 느끼지 못하는 보람과 성장감을 느끼고는 합니다. 그러다 보니 이제는 취미를 넘어 직업으로서 필라테스를 하고 싶다는 생각이 들고 있어요.

전문성을 기르기 위해 해부학에 관한 공부도 하고, 강사 자격증도 틈틈이 공부하고 있습니다. 이런 저의 생각을 듣는 주변 사람들은 하나같이 "너 미쳤어? 안정적인 직업을 두고 왜 그런 무리수를 두는 거야?", "네가 20대도 아니고 이제 시집도 가고 가정을 꾸리고 살아야 될 나이에 너무 늦은 도전 아니야?" 등 응원보다는 걱정을 해주고는 합니다. 물론 저 또한 그들의 말을 전부 부정하고 싶지는 않습니다. 하지만 늦었다고 생각할 때가 가장 빠르다는 말처럼 단순히 나이와 시기를 핑계로 도전조차 하지 않는다면 너무나 큰 후회가 남을 것 같습니다. 그래서 여러분께 묻고 싶습니다. 늦은 나이이지만 꿈을 위해 도전해도 괜찮을까요?

 **지금 이 순간에 최선의 선택을 하는 것이 중요합니다.**

우리가 도전을 두려워하는 이유는 크게 두 가지로 나눌 수 있습니다.

① 목표의 결과가 예상에 미치지 못했을 때 느끼는 박탈감
② 도전을 위해 포기한 기회비용에 대한 상실감

이 두 가지 감정은 우리에게 '실패할 줄 알았으면 다른 도전을 해볼걸', '괜히 의미 없이 시간만 버렸어'와 같은 자조적인 마음을 만들어 우리를 실패를 두려워하고 도전을 주저하게 만듭니다.

하지만 독자분의 사연에 대해서 저는 도전에 늦은 때는 없지만, 현재 나에게 주어진 여러 가지 상황에 따라 그 도전을 실행해 나가는 과정이 달라질 필요는 있다라고 답하고 싶습니다. 예를 들어 뮤지컬이라는 새로운 취미를 가지고 싶은 사람이 있습니다.

i) 그녀가 대학생이라면, 그녀의 도전을 위한 가장 최선의 선택은 아마도 대학교 동아리를 들어가는 것일겁니다. 저렴한 가격에 학교 내 연습실을 제공 받을 수 있고, 또래 친구들과 자연스럽게 어울리며 편안한 분위기 속에서 부족한 부분을 연습해나갈 수 있습니다. 신입생 공연, 정기 공연, 학교 축제 등 대학생들에게 열려있는 다양한 기회를 통해 쉽게 무대에 올라 공연을 즐길 수도 있습니다.

ii) 그녀가 직장인이라면, 그녀는 직장인 동호회를 선택할 수도 혹은 전문적인 학원에 다닐 수도 있습니다. 만약 학원을 다니게 된다면 적지 않은 비용이 들겠지만, 다양한 장비와 시설이 갖춰진 공간에서 전문 트레이너에게 체계적인 트레이닝을 받으며 안정적으로 자신의 취미를 즐길 수 있습니다.

자신이 처한 상황에 따라 도전에 대한 방법들은 달라지겠지만 여기서 분명하게 생각하는 전제조건은 새로운 도전은 현재 나의 삶에 Risk를 만들지 않는 범위에서 이뤄져야 한다는 것입니다. 만약 내가 새롭게 시도하는 도전으로 인해 기존의 내 삶이 흔들린다면 그것은 아름다운 도전이 되기보다는 무모한 모험이 될 수도 있습니다. 성공적인 도전을 위해서는 금전적인 준비는 물론, 최종적으로 지향하는 목표를 단계적으로 구분하고 구체적이며 현실적인 실행계획이 반드시 수반되어야 합니다.

우리가 즐겨 먹는 KFC의 창업주 할랜드 샌더스도 68세의 나이에 KFC 1호 매장을 개점했고, 아디다스 창업주 아돌프 다슬러 또한 평생 신발공장 노동자로 근무하면서 49살의 나이에 브랜드를 런칭했습니다. 당신이 정말 원하는 목표가 있고 그에 대한 도전을 꿈꾼다면 시작하는 시간에 대해 고민하기보다는 현재 내가 처해진 상황에 대한 리스크를 최소화하면서 어떻게 더 안정적이고 효율적으로 도전에 성공할지 고민하는 것이 필요합니다.

 **"지금이 아니면
더 늦을 것 같은데?"**

제 주변에서도 같은 고민을 하는 분들이 많았습니다. 제게 이와 관련한 상담을 요청한 분들도 많았는데, 저는 그때마다 한결같은 질문을 했습니다. "혹시, 나이가 어떻게 되셨죠?", "결혼은 하셨나요, 하실 생각 있으세요? 있다면, 언제 하실 계획이신가요, 자녀 계획은요?", "실패했을 때의 대안은 갖고 계신가요?"

당당히 No를 외치라는 노맨의 패기와는 달리, 지극히 현실적인 질문을 먼저 합니다. 왜냐하면, 저는 절대 그 사람의 인생을 책임져줄 수 없기 때문입니다. 저는 각자의 재능과 환경과는 별개로, 사람이라면 무릇 생애주기별로 헤쳐나가야 하는 과제들이, 반드시 마쳐야 하는 숙제가 있다고 생각합니다. 수험생이라면 대학 입시 문제, 대학생이라면 진로와 취업, 직장인이라면 결혼과 노후 계획. 이처럼, 꼭 해결해야만 하는 현실적인 문제들이 있다고 생각합니다.

충분한 고민의 과정을 거친 뒤에 No를 외치는 것은 괜찮습니다. 무한한 지지와 응원을 보내주고 싶습니다. 하지만 그 '도전'이, 만약 누군가의 종용으로, 혹은 무조건 도전하는 삶이 아름답다는 미명 아래 (혹은 그런 류의 가스라이팅에 의해) 시작된 것이라면, 저는 말리고 싶습니다.

책임져야 하는 것들이 있다면, 도전하지 마십시오.

그 마음 삼켜내시고, 현실에 집중하십시오. 예를 들어 당신에게 배우자가 있고, 키워야 할 아이들이 있다면, 나의 도전이 그들의 안전과 행복에 악영향을 끼칠 가능성이 조금이라도 있다면, 다시 생각해보십시오.

왜 꼭 용기 있게 도전하는 삶만이 아름답고, 박수받는 일입니까? 때로는 나의 도전을 참더라도, 내가 책임지고 있는 내 가족들과 함께 안정적이고 행복한 삶을 꾸려나가는 것도, 아름답고 박수받아 마땅한 삶 아닙니까? 나의 부모님이 그랬던 것처럼.

아직은 책임져야 할 것들이 없다면, 지금 하십시오.

만약 아직은 책임에서 자유로운 당신이라면, 지금 도전하면 됩니다. 자, 그렇다면 한 가지 여쭙고 싶습니다.

지금 도전이 '늦었다'고 하셨는데, 잘 생각해보십시오. 당신이 처음 도전해야겠다는 생각이 들었던 적이 언제인지 떠올려보십시오. 학창시절이든 대학 시절이든, 당신이 처음 다른 길에 '도전'해야겠다는 결심을 했던 때를 떠올려 보십시오.

그때는, 도전의 적기였습니까? 도전하기에 '이른 시기'였습니까?
아마 당신은 그 때도 '늦었다'고 생각했을 확률이 높습니다.

자, 다른 방식으로 여쭙겠습니다. 지금 도전해야겠다는 마음이 드는 이상, 깔끔하게 포기하지 않는 이상, 그 일은 마음속에 미련으로 남아있을 수밖에 없습니다. 왜냐하면, 애초에 그 일이, 내가 그만큼 내가 좋아하고, 사랑하고, 하고 싶은 일이기 때문에 '도전하고 싶은 것'이기 때문입니다. 그래서, 그 도전해야겠다는 생각은 언젠가 또 당신의 머릿속에 떠오를 수밖에 없습니다.

자, 지금 이 글을 읽고 있는 당신은, 오늘도 도전을 결심하지 않았습니다. 좋습니다. 그럴 수 있습니다. 그런데 그렇게 시간이 흘렀습니다. 그런데 1년 뒤, 다시 또 그 도전을 하고 싶어졌습니다. 1년이 지나도 여전히 마음속에 남아, 지금과 같은 고민을 하게 되었다고 가정해봅시다. 그렇다면, 그때는 더 늦지 않았겠습니까?

물리적으로, 언제가 빠릅니까? 지금이 빠른가요, 그때가 빠른가요. 그때의 당신은 더 늦었을 겁니다. 지금보다 1년 더. 5년 뒤에 또 망설인다면, 더 늦었을 겁니다. 5년 더.

지금입니다. 더 늦어지기 전에, 시작하세요.

"한 살이라도
더 어릴 때."

되돌아보면, No Man의 삶에서, 도전에 대한 리스크를 가장 효과적으로 줄여냈던 방법은 '한 살이라도 더 어릴 때 도전하는 것'에 있었습니다. 만약 저와 같은 삶을 살아가실 계획이라면, 한 살이라도 어릴 때, 조금이라도 더 늦지 않았을 때, 과감하게 도전해야 합니다.

Part 1에서 저의 삶에 대해 전반적으로 파악하고 계시다는 가정하에 말씀드리겠습니다. 저는 2014 대한민국 인재상을 수상했고, 스무 살에 정책연구원 인턴으로 입사했습니다. 스물한 살에 방송사 프리랜서 마케터로 일했고, 스물두 살에 대통령 선거캠프의 최연소 실무진으로 일했습니다. 나름대로 자부심이 있었습니다.

남들이 하고 싶어하는 일, 부러워하는 자리, 소위 '모양' 좀 나오는 일들을 하면서, 나름대로 대우받으면서 살아갔습니다. 이런 제가, 지금까지의 모든 것들을 다 포기하고 '3만 원 돌잔치 MC'로 변신했습니다. 그동안 쌓아온 학력과 경력이 의미 없어지는 것은 물론이거니와, 때때로 무시까지 받게 되는 일을 시작했습니다. 실제로 저를 비웃고, 손가락질하는 사람들도 많았습니다.

그런데 당시의 제가, 그런 과감한 결정을 할 수 있었던 계기는 단 하나였습니다.
아직 어리기 때문에, 아직 대학생이기 때문에. 주변 가족, 친구들에게는 물론, 스스로에게도 '도전을 정당화'할 수 있는 가장 효과적인 수단이었습니다.

만약 제가 그 때 결심하지 않았더라면, 지금의 나이를 기준으로는 도전이 더 어려울 수밖에 없었습니다. 상식적으로, 안정적인 회사에 잘만 다니고 있는 직장인이 'MC가 되겠다.'며 회사를 뛰쳐나와 3만 원 돌잔치 MC가 되는 이야기는, 드라마에나 나올 법한 판타지 가득한 스토리입니다.

더 나아가, 처자식까지 있는 가장이 'MC가 되겠다.'며 직장을 포기하고 3만 원 돌잔치 MC가 되는 이야기는, 더더욱 현실성이 부족한 이야기입니다.

가능할 수도 있겠죠. 그런데 여러분, 당신 인생이라고 생각한다면, 그런 결심을 쉬이 하지는 않겠죠? 정말 죽을 것 같은 열정이 아닌 이상, 주변 지인이 이런 결심을 한다고 한다면, 뜯어말리겠죠? 맞아요. 이런 스토리는, 예를 들어 어느 오디션 프로그램에서 준우승 이상을 달성한 뒤 '김선우의 감동 실화'라는 제목의 인터뷰를 할 때나 빛을 발하는, 대중들의 마음을 울리게 되는 이야기일 뿐입니다.

그런 상황이 오지 않는 이상, 현실적인 내 삶의 조건과는 아무런 관계가 없는, 도전의 성공 여부와는 아무런 관련도 없는 이야기일 뿐입니다. 현실적으로는 '도전의 무게'를 더욱 무겁게 하는 요소에 지나지 않아요.

한 살이라도 어릴 때 시작하세요.
No Man처럼 살고 싶다면, 아직은 책임질 것이 많지 않은, 도전해도 되는 나이에 시작하세요.

도전에 대한 리스크를 획기적으로 줄여내고, 그 성공의 확률과 실패했을 때의 데미지를 줄여낼 수 있는 '성공방정식'은, 단 한 살이라도 어릴 때, 바로 시작하는 겁니다.

Episode ❼

네카라쿠배[1], 서연고서성한중경외시[2], 이 기준들에 들지 못하면 내가 못난 사람인 것만 같아요.

안녕하세요. 저는 국립대를 졸업하고 서울에서 스타트업에서 마케터로 근무하고 있는 34살 최ㅇㅇ입니다. 방금 저의 소개를 들으시면 아시겠지만 사실 저는 사회적으로 학력, 직장에서 남들보다 내세울 수 있는 것이 없습니다. 솔직히 머리가 대단히 똑똑하지도 그렇다고 남들처럼 코피 터져 공부하지는 않았습니다. 공부를 엄청나게 잘하지도, 그렇다고 못하지는 않았고 준수한 성적으로 국립대에 입학했습니다. 대학교에서도 별 탈 없이 무난하게 졸업을 했고 지금은 한 스타트업 회사의 마케팅 팀장으로 근무하고 있습니다. 지금까지도 남들보다 잘나지도 그렇다고 못나지도 않게 살아온 것 같은데 최근 결혼을 앞두고 처형과의 술자리에서 문제가 생겼습니다. 처형은 흔히 말하는 명문대를 졸업하고 우리가 이름만 들으면 아는 회사에서 팀장으로 근무하고 있습니다. 언니와 예비 신랑인 저, 둘 다 팀장이니 부서 회식 같다는 예비 신부의 말에 처형은 어떻게 명문대와 국립대출신의 대기업과 스타트업 팀장이 같은 팀장이냐며 잔소리를 하더라고요. 별일 아닌 것처럼 지나갈 수 있었지만, 지금까지 별 탈 없이 살아왔다고 생각한 제 인생이 부정당한 기분이었습니다. 번듯한 간판은 아니더라도 정직하게 성실하게 살아왔다고 생각했는데. 처형의 무심코 던진 한 마디에 사실 저분이 나를 어떻게 생각하고 있는 걸까라는 생각부터 온갖 질문이 머릿속에 맴돌더라고요. 지금이라도 대학원을 진학해서 저도 더 늦기 전에 하나의 간판이라도 만들어야 할지 고민이 깊은 밤에 사연을 보내 드립니다.

---

[1] 대한민국 IT업계에서 네이버, 카카오, 라인, 쿠팡, 배달의 민족(우아한 형제들)을 함께 묶어 부르는 말이다.
[2] 대학 서열을 의미하는 은어로, 서울대, 연세대, 고려대, 서강대, 성균관대, 한양대, 중앙대, 경희대, 한국외대, 서울시립대의 앞자를 따서 만든 용어이다.

 **"브랜드는 결국 헤리티지야."**

자, 먼저 결론부터 말씀드릴게요.

"라벨링이에요 그거. 서로 라벨 붙이는 거. 잘못된 건 아닌데, 그걸로 우월감 갖고, 열등감 느끼는 것만큼 바보 같은 게 없어요. 다른 무엇보다, 명품의 기준은 결국 '헤리티지'입니다."

저는 위에 열거된 '서열화 용어'를 볼 때마다, 이 단어에 관련한 어떤 '사회학적 상상력'과는 별개로, 일단 신기해요. 와, 이것 참 누가 만들었는지! 말이 은근히 들어맞으면서, 사람의 어떤 말초신경(?)을 자극하는 단어 같아요. 자, 이번 에피소드에서 제가 할 말들은 Ep 6. 가정환경 편에서 이야기했던 것과 크게 다르지는 않아요. 그런데 제가 가진 이력들이 나름대로 신기한 편에 속하는 편이라, 이 주제에 대해서는 자신 있게 해줄 말이 꽤 많을 것 같아요.

저는 먼저 네카라쿠배, 서연고서성한중경외시, 노도강금관구와 같은 단어와 그와 관련한 현상들은 곧 'Labelling: 라벨을 붙이는 행위'라고 생각해요. 그렇다면 사람들은 왜 그렇게 못 붙여서 안달난 걸까요? 간단하죠. 남들과는 다르다는 것을, 남들보다 우월하다는 것을 내보이기 위해 그러는 겁니다. 아무도 없는 무인도에서 굳이 서연고서성한을 따질 건 아니잖아요? 봐줄 사람이 있으니까, 과시할 대상이 있으니까 하는 겁니다. 사실 이것 말고도 라벨은 많아요. 옷도, 차도, 집도, 각종 전자기기와 악세사리도, 각자의 'Label'로서 활용되는 요소는 무궁무진하죠.

이게 근본적으로 잘못되었다고 생각하지는 않아요. 왜냐하면 그건 본능이니까. 이게 나쁜 게 아니라, 애초에 우리는 그렇게 태어났어요. 자 그렇다면, 라벨링에 딱히 부정적인 반응을 보이지도 않는 제가 왜 이 문제를 지적하는지가 궁금할 거예요. 일단 저는 라벨 나쁘지 않아요.

2014 대한민국 인재상, 인천지역 고등부 수상자(일반고 유일) / 한양대학교 ERICA 정보사회학과 / 대기업 L사 B2B영업 채용전환형 인턴십 합격 후 불참 / 현 프리랜서 방송인(5대그룹사, 글로벌대기업, 공공기관 외 100여 곳 이상의 광고주 프로젝트 진행 중)

이 외에도 많은데, 일단 대표적인 것만 적어봤어요. 사실, 제 라벨 나쁘지는 않거든요? 근데 하나하나 따지고 보면, 그렇게 뭐 최상급의 라벨은 아니에요. 한우로 치면 1+ 정도(?) 크게 두 가지의 라벨을 예시로 들어 드릴게요.

대한민국 인재상도 급을 나눠!

왜냐하면, 저와 같은 라벨을 소유한 사람들도, 막상 그 라벨을 마음에 들어 하지 않는 경우가 꽤 있어요. 예를 들어서, 대한민국 인재상이 2013년도 수상자까지는 상의 훈격이 '대통령상'이었는데, 2014년부터 '부총리 겸 교육부 장관상'으로 훈격이 내려갔어요.

아쉽지 않은 건 아닌데, 딱히 그렇게 열등감이 들 사안도 아니거든요. 그런데 그것에 집착하는 사람들이 꽤 있었어요. "2013년도까지는 대통령상이니까~ 부럽다. 저 사람들은 대통령상이네. 1년만 빨리 받을 걸, 우리는 장관상이네. 아 정말 왜 그렇게 된 거지? 미치겠네." 이러는 사람들 진짜 많았어요. 사실 남들이 보기에는 크게 다를 바가 없어요. 대통령상이면 간지가 좀 더 나는 거지, 어쨌든 상 이름이 대한민국인재상이잖아요. 그런데 이 안에서도 급을 나누고, 거기에 열등감 갖는 사람들이 많아요.

그리고 심지어는, 연도별로 배출된 수상자의 유형에 따라 급을 나누려 하는 사람도 있었어요. 지금 생각하면 너무 웃긴데, 당시에 이걸 진지하게 듣고 있었어요. 무슨 이야기냐면 "아쉽다. 그래도 우리 때(2000년대 수상자)는 학교 성적을 많이 보고 뽑아서, 지금 그 친구들이 다 대기업 팀장, 5급 사무관, 외교관 이런데. 너희 기수(2010년대)들은 성적을 안 보는 건지, 이력이 되게 다양한 것 같아. 그래서 다음 뭐가 될 건지 좀 불투명하긴 해? 뭐 나쁘다는 건 아닌데~"

이러면서 은근히 또 그 안에서 급을 나눠요. 여러분은 어떻게 생각해요? 자, 여기 두 가지 안건이 있어요. 2014년도부터 대한민국 인재상 훈격이 조정된 건 그리고 2000년대와 2010년대 수상자들의 성격이 다른 건에 관하여, 토론 부탁해요.

난 한양의 왼쪽 날갠데, 왜 너네는 분캠 출신이라고 해?

또 하나, 가장 재미있는 주제 중 하나인데요. 저는 한양대학교 서울캠퍼스가 아니라, 경기도 안산에 있는 ERICA 캠퍼스 출신이에요. 아, 이거 논쟁거리죠? 누군가는 "분캠은 분캠이다."라고 이야기하고, 또 누군가는 "그래도 한양대는 캠퍼스 간의 격차가 적다."라고 이야기해요. 에브리타임에서도 4년 내내 끊이지 않는 논쟁거리였고, 제 동기 선후배들은 이에 대해 자격지심 가진 사람들 꽤 있는 것 같아요. 그런데 저는 그런 거 진짜 하나도 없었거든요.

저는 다시 태어나도, 서울캠퍼스와 에리카캠퍼스 중에 선택하라고 하면, 우리 학교 갈 거예요. 그래야 서울캠퍼스와는 다르게 (상대적으로) 학점 따기가 수월해서, 프리랜서 활동해볼 수 있지. 그래야 다시 태어나도 No Man 할 거 아니에요. 서울캠퍼스에서 재학 중에 프리랜서 하면서 무사히 졸업한다? 저는 솔직히 자신 없어요. 아니, 우리 학교 무시하는 게 아니라, 솔직히 그렇잖아요.

에리카에 온 덕에, 이렇게 Yes Man과 선후배 관계로 만나게 되었고, 결국 이렇게 함께 책을 쓸 수 있게 된 거죠. 언제 만나도 행복하고 즐거운 사랑하는 나의 동기들, 선후배들, 교수님들까지. 한양대학교 ERICA에 다녔기 때문에 만날 수 있었던 거거든요. 그래서 저는 다시 태어나도 우리 학교 올 거예요. 자부심 있어요. 아니, 서울캠퍼스가 우릴 어떻게 생각하든 어찌할 거야. 가서 형제학교라고 인정하라 할 거야 아니면 무시하지 말라고 할 거야. 어차피 서울캠퍼스 안에서도 서열 나누는 애들은, 다이아몬드 장학금 받는 과와 아닌 과를 구분해요. 신경 안 쓸 사람은 안 쓰고.

어차피 모든 라벨은 허점투성이야.

이처럼 번지르르해 보이는 제 라벨도 따지고 들면 허점투성이에요. 대기업 취업 관련 이력도 마찬가지예요. 자, 일단 제가 합격한 직무가 'B2B 영업' 직무에요. 일단 마케팅, 인사, 구매, 전략기획 같은 직무에 비하면 희소성이 좀 떨어지죠? 영업, 저는 진짜 좋아하는 직무거든요? 그런데 사실 좀 낮게 보잖아요 다들.

그리고 저는 최종합격이 아니에요. 1차 면접 합격하고 인턴십 참여를 안 한 거예요. 그런데 뭐 '채용전환율이 굉장히 높은 인턴십'이었기 때문에, 이렇게 이야기하는 것에 대해서 반기를 드는 사람도 딱히 없고. 최종합격이라고 이야기한 적도 없고. 그리고 굳이 최종합격 받아내자고 인턴십 참여해서 다른 사람 기회 빼앗는 것보다는, 이쯤에서 시도해보고 마무리하는 게 아름다운 그림이니까. "나 대기업 포기했다!"라고 이야기하는 것에 누군가가 딱히 비판할 여지는 없어요. 어차피 제가 말하고자 하는 건, 따놓은 당상을 과감히 포기했다. 그런 뜻이잖아요?

아무튼 이 세 개를 종합해서 김선우의 라벨을 파고들면 이래요. "야, 김선우! 네가 그렇게 잘났어? 너 그래 봤자 대한민국 인재상도 대통령상도 아닌 장관상이고, 한양대학교도 ERICA 캠퍼스고! 대기업 합격한 것도 영업직무잖아!", "그리고 말이야, 너 방송인이라는데, 너 어디 아나운서 출신이야? 개그맨, 쇼호스트 공채 출신이야? 아니잖아! 그런데 네가 무슨…"

진짜 살면서 저한테 이렇게 말한 사람
단 한 사람도 없었어요. 모든 걸 걸고.

여러분, 제 라벨이 알고 보면 허점투성이인데,
모아놓고 보면, 왜 나름대로 괜찮아 보이는 줄 알아요?

어차피 브랜드는, 헤리티지니까요.
명품을 구분하는 기준은 '역사'니까.

저는 그냥 계속 신경 안 쓰고 나아갔어요, 제 뜻대로. 솔직히 저도 그 과정 하나하나에서, 더 좋은 라벨을 얻을 수만 있다면 얻고 싶었죠. 얻었다면 좋았겠죠.
그런데 그걸 얻지 못 했다고 해서, 딱히 절망하지는 않았어요. 딱 3일 정도 슬퍼했던 것 같아요. 그리고는 더는 떠올리지 않았어요. 그다음 내가 얻고자 하는 걸 바라봤고, 그 안에서 최선을 다했고, 다음 스텝을 내디뎠어요.

허점투성이 라벨을 붙이고 다니지만, 저에게는 그 라벨들에 역사가 담겨 있습니다. 간절한 꿈과 열정의 과정이라는 '헤리티지'가 살아있습니다. 그래서 여러분이 저를 높게 평가하는 겁니다. 그래서 아직 제 책을 아직 덮지 않고, 계속해서 읽어나가고 있는 겁니다.

에르메스, 샤넬, 루이비통. 이 세 개의 브랜드들이 세계 최고의 명품 브랜드가 된 이유는, 생산하는 제품의 품질과 세련된 디자인을 넘어, 그 브랜드만의 '역사'와 '철학'이 살아있는 브랜드이기 때문입니다.

결국, 진짜 명품을 구분하는 기준은 '헤리티지'입니다.

라벨에 집착하지 마세요. 만들어요, 당신만의 헤리티지를.
끝내 만들어 냅시다. 나라는 '명품'을.

 **당신에게 묻습니다. 당신 인생 최고의 아웃풋이 고작 저 간판 밖에 안되나요?**

 단도직입적으로 물어보겠습니다. 명문대를 입학하는 것, 대기업에 들어가는 것, 그것이 당신이 인생을 살아가는 목적인가요? 아니면 남들보다 높은 수준의 집단에 속함으로써 그들보다 우위에 있음을 인정받고 싶은 것인가요? 당신의 목표가 남들보다 엘리트로서 살아가는 것이라면. 그렇게 느끼는 상대적 우월감이 당신에게 행복이 되는 것이 아니라면 왜 그런 간판에 집착하는지 궁금합니다. 애석하지만 당신이 집착하는 대학교에 들어가는 명문대 학생들이 모두 성공을 보장받는 것은 아닙니다. 또한 대기업에 다니는 모든 직장인들이 안정적인 가정을 꾸리고 부와 명예를 움켜진 채 살아가지 않습니다.

 독자분이 말하는 기준에 속하지 못하더라도 스스로의 가치를 알아보는 사람은 타인의 시선이 아닌 스스로가 판단한 성공의 가치를 중심으로 세운 목표를 하나하나 이뤄갑니다. 자신이 속한 집단에 대한 사회적 시선을 즐기며 뿌듯함을 느끼기보다는 내면의 가치를 만들어가며 이를 타인과 나누고 긍정적인 영향력을 행사할 때 성장감과 성취감을 느낍니다. 오직 자기가 가진 사회적 간판만 내세우며 그것이 자신의 능력과 영향력인

양 착각하며 큰 소리치는 사람들을 우리는 '밥 맛 없는 사람', '재수 없는 사람'이라고 평합니다.

자신을 못난 사람이라고 평가절하하기 전에 먼저 어떠한 삶을 살고 싶은지. 어떠한 모습의 성장을 이루고 싶은지, 당신에게 성공이란 무엇인지, 왜 성공하고 싶은지를 고민해야 합니다. 당신이 지금까지 최선을 다해 살아왔다면 이미 만들어낸 수많은 업적 속에서 남들의 시선이 아닌 내 자신이 너무나 기특하고 인정할 수밖에 없는 나의 가치를 찾을 수 있을 겁니다.

 **너무나 힘들 때는
삶의 구렁텅이에서 쉬어가세요.**

독자분의 고민에 대해서는 제 생각을 짧지만 충분하게 대답했다고 생각합니다. 그래서 이번 마지막 글에서는 사회적 간판 때문이 아니지만 나라는 사람, 스스로의 가치가 없다고 고민하는 사람들에게 해주고 싶은 말을 적어보려고 합니다.

저는 비슷한 고민을 하는 사람들에게 '지금 진심으로 자신에게 실망하고 힘들어하는 이유는 그만큼 진심을 다해 살아왔기 때문이다'라고 종종 말합니다. 사실 성인으로서 자신의 삶을 책임지면서 살아가는 과정은 정말 어렵고도 외로운 일입니다. 아무리 나를 사랑하는 사람도 내 인생을 대신 살아줄 수 없고, 내가 처한 상황을 100% 이해할 수 없기 때문에 결국, 철저히 혼자의 힘으로 모든 것들을 선택하고 책임져야 합니다.

사람은 불완전한 존재이며, 세상은 너무나도 많은 통제불가능한 변수들이 도사리고 있습니다. 따라서 우리가 살아가는 삶은 항상 불안할 수밖에 없습니다. 그리고 이 불안함이 반복되면 사람은 잘못된 판단과 선택을 내리게 됩니다. 아무리 많은 돈을 벌고, 사회적으로 인정받는 사람일지라도 당장 자신의 삶에서 안정감을 느끼지 못한다면 어느 순간에는 공들여 쌓았던 모든 것이 무너지게 됩니다. 그렇기 때문에 우리는 이 불안함을 잘 다스릴 줄 알아야 합니다.

대부분의 사람들은 나 자신조차 스스로를 감당할 수 없는 깊은 슬픔과 절망의 구렁텅이에 빠지게 된다면 하루아침에 이를 극복하기 위해 발버둥치는 경우가 대부분입니다. 하지만 저는 만약 당신에게 자신에게 실망하고 힘들어하는 순간이 찾아온다면 굳이 그것들을 부정하거나 해결하기 위해 발버둥치지 않아도 괜찮다고 말하고 싶습니다. 이미 흔들리고 불완전한 당신이 당장 해결할 수 있는 것은 없습니다. 대신 하나하나씩 해결하는 겁니다. 누군가는 가족을 통해, 또 누군가는 종교를 통해, 취미, 연인, 친구 그 어떤 것도 괜찮습니다. 힘든 순간에 조금이라도 힘이 될 수 있는 것들을 주변에 두고 스스로가 자신을 갉아먹지 않도록, 나에게 남은 상처가 온전히 아무를 수 있게 치료에 전념하세요. 그리고 그 상처가 완전히 회복되었을 때 건강한 몸과 마음으로 구렁텅이에서 나오세요.

CHAPTER 02

네가 본 나, 내가 본 너

Q-1. 안정성과 관련된 이야기

Q-2. 소속에 관한 이야기

Q-3. 일의 만족도에 관한 이야기

Q-4. 목표에 관한 이야기

Q-5. 마지막, 꿈에 관한 이야기

앞선 Part 2의 Chapter 1을 통해, 우리 세대의 다양한 고민들에 대한 두 남자의 솔루션들을 제시해봤다. 당신의 고민들이 어느 정도는 해결되었길, 적어도 '방향성'만큼은 잡게 되었길 소원한다.

이제부터는 'Yes Man'(직장인으로서)의 삶이냐 'No Man'(직업인으로서)의 삶이냐의 기로에서, 어디로 나아가는 것이 '옳은 것인가?'에 대한 해결책을 차례로 제시하려 한다. 우리 두 사람은 어떻게 다르고 같은지, 독자의 시선에서 두 사람을 더 심층적으로 탐구해보려 한다. 먼저, 두 사람의 대조표를 살펴보자.

구분	Yes Man	No Man
직업	대기업 C사 HR 담당자	방송인(쇼호스트, MC)
MBTI	ENTJ	ESFP
인생좌우명	사람은 믿는 대로 된다.	길을 찾아라. 아니면 만들어라.
직업적 목표	올바른 영향력을 가지고 구성원들이 더 행복하게 회사생활을 할 수 있게 하는 것	방송인으로서 '말'하고, 작가로서 '글'쓰는 '대중문화예술인'
노후 계획	조용한 곳에서 그동안 미처 하지 못했던 내 삶을 즐기는 것	캠핑장 주인이 되어 다양한 사람들과 매일매일의 콘텐츠를 나누는 삶
장래희망 (직업을 가지기 전)	강사	국민 MC
장래희망 (직업을 가진 후)	인사 전문가	대중문화예술인

CHAPTER 02 네가 본 나, 내가 본 너

돈을 버는 이유	내가 사랑하는 사람들을 행복하게 만들어주기 위해서	내가 원하는 것들을 이룰 수 있어서
삶에서 가장 중요한 것	가족(아무 조건 없이 있는 그대로의 나를 사랑하기 때문에)	일(일을 해야 살아있음을 느끼고, 원하는 일을 하기 위해 늘 살아왔음)
쉬어가는 법	산책, 성당, 요리해서 좋아하는 사람 대접하기	드라이브, 캠핑, 게임
나에게 친구란?	있는 그대로의 나를 보여 줄 수 있는 사람	함께 욕하고 함께 웃는 사람
내가 좋아하는 사람은 어떤 사람인가?	진정성이 있는 사람, 자신만의 철학이 있는 사람	소신 있는 사람, 열정 있는 사람
내가 싫어하는 사람은 어떤 사람인가?	가식적인 사람, 부정적인 사람	건방진 사람, 무례한 사람
내가 보는 너는?	자신에 대한 믿음이 누구보다 강한 사람	삶의 퀘스트를 정석대로 해결해나가는 '만렙예정자'
나에게 너는 무슨 존재인가?	내가 가지 못한 길을 걸어가는 모습을 바라보면서 현재 나의 선택에 확신을 주는 사람	나의 길을 갈 수 있게 하여준 정반대의 사람
내가 너의 길을 선택하지 않은 이유는?	No Man의 길은 개인의 역량이 절대적이기에 나는 한 치 앞도 모르는 불안정함을 선택하고 싶지 않았다.	가고자 하는 길이 회사 안에는 없었다. 스스로 기업이 되고 싶었다.

두 사람이 이렇게 다른 이유는 앞서 내용을 통해 충분히 이해했을 것으로 생각한다. 다만 '직업'과 '직장'이라는 첨예한 대립에서, 가장 표면적으로 드러나는 장단점에 대해 서로가 직접 논하지는 못했다. 그래서 이번에는 서로가 서로를 바라보며, 서로의 삶의 장단점에 대해 묻고 답하는 Q&A를 준비했다.

각자의 선택에서 특히 '차이'가 두드러지는 다섯 가지 주제. '안정감, 소속감, 일의 만족도, 목표, 꿈'에 관한 두 남자의 대화를 따라가보면서, 나에게 더 맞는 방식을 선택해보라!

Q-1. 안정성과 관련된 이야기

성빈 Say   "선우야. 너는 네가 하는 만큼, 네가 능력이 있는만큼 인정받고 성장하는 프리랜서의 삶은 너무나도 낭만적이지만 동시에 나를 보호해줄 수 있는 최소한의 테두리가 없기에 너무나도 불안정할 것 같아. 불안정한 삶을 살아가는 너에게 묻고 싶어. 아무런 안전장치 없이 살아가는 삶이 과연 지속 가능하다고 생각해?

선우 Say   "사실 나도 그런 걱정을 하지 않았던 것은 아니야. 한동안 불안정했고, 지금도 마냥 안정적이지는 않아. 당장 나는 감기만 걸려도 정말 무서워. 왜냐면, 나는 하루하루의 프로젝트가 모두 다 중요한 사람이거든. 그래서 더 철저하게 자기관리를 하는 것도 있어. 그런데 계속 나아가다 보니까 나만의 '안전망'이 만들어지더

라. 그게 뭔 줄 알아?

　내가 구축해놓은 나의 비즈니스 네트워크야. 나를 좋아해 주고, 사랑해주는 브랜드사 관계자, 광고대행사 담당자, 동료 방송인들. 이 사람들은, 내가 잠시 흔들릴지언정, 계속해서 내 곁에 있어줘. 나를 찾아줘. 우리는 정해진 로드맵이나 갖추어진 시스템은 없지만, 서로가 서로에게 시스템이 되어 줘. 그리고 형. 아무리 망가져도, 돈 벌 걱정은 없어. 세상은, 우리 같은 사람을 반드시 필요로 하거든. 단 세 사람만 모여도. 그럼 형, 난 역으로 질문할게. 형은 안정적이기는 하지만, 결국 형의 생산성은 'CJ'라는 조직 안에서만 발휘할 수 있잖아. 형에게 CJ라는 조직이 사라지는 순간, 형은 그 안정성을 바로 잃어버리게 되는 것 아니야?"

성빈 Say　　"맞아. 하지만 내가 조직의 선택을 받았다는 것은 반대로 내가 그만한 역량을 가지고 있거나 조직에 어울리는 사람이 될 가능성을 가졌다는 방증이라고 생각해. 회사 안에서만 내 생산성이 유효하다기보다 사회로부터 이만큼의 유효성을 만들 수 있는 사람이라는 인정을 받았다고 생각해주면 좋겠어. 내 가치를 알아줬다는 이유만으로 회사는 나에게 큰 심리적·사회적 안정감을 줘. 덕분에 나는 내 가치를 알아주는 회사에 더욱 몰입하고 성과를 만들어낼 수 있지.

　그리고 조직에는 나뿐 아니라 너무나도 많은 사람이 있기 때문에 각자가 맡은 일에 최선을 다한다면 조직이 나를 두고 갑자기 사라진다고 생각하지 않아. 그렇기에 내가 갑자기 아프거나, 개인적인 사정이 생기더라도 조직과 동료를 믿고 언제든지 잠시 조직에서 나와 나 개인의 삶을 챙길 수 있어. 조직은 나를 보호해주는 튼튼한 '안전망'과도 같아."

Q-2. 소속에 관한 이야기

성빈 Say   "선우야. 이렇게 글 쓰면서 우리 회사 계열사에서 40% 할인받으며 먹는 밥맛은 어땠어? 사회 구성원으로서 소속감을 느낀다는 것은 굉장한 안정감을 제공해줘. 농담처럼 40% 할인을 이야기했지만, 소속됨으로써 나는 안정적인 직업, 다양한 복지제도, 전문성을 함양할 수 있는 다양한 훈련과정들을 제공받아. 아무런 곳에 소속되지 못한 채 혼자 모든 것을 해결해야 하는 주변인의 삶이 때로는 외롭지는 않니?"

선우 Say   "외롭지. 고독과의 싸움이야. 40% 할인, 복지, 그런 건 딱히 없어. 다만 나는 '그럼에도 불구하고' 나는 Yes의 길은 걷지 않을 거야. 복지포인트와 같은 것들에 현혹되어 소탐대실하지는 않을 것야. 그것 때문에 조직에 묶여있는 삶을 살지는 않을 거야. 그리고 나에게는 방송인 선배와 동료들이 곁에 있어.

그 사람들이 해주는 조언을 통해 성장 방향을 잡고, 일하는 방법을 배우고, 그들의 뒤를 따라 성장해. 형이 속한 조직도 결국 사람이 모여 만들어진 시스템이잖아? 나는 내 주변 사람이 곧 나의 조직이야. 그리고 형. 결국 그 가이드맵도 결국 조직의 부품으로 쓰기 위한 훈련과정 아니야?"

성빈 Say   "조직도 결국 사람이 모여 만들어진 시스템이라는 말을 부정하지는 않을게. 하지만 그럼에도 나는 네가 말하는 No Man의 조직에는 너무나 많은 불확실성과 불안함이 동시에 존재한다고 생각해. 무엇보다 No Man의 길에는 매 순간 경쟁이 기다리고 있지 않니? 명확한 소속이 없다는 것은 하나의 목표를 두고 나아가는 동료가 없다는 의미이고, 한정된 시장에서 성공을 위해 끊임없이 경쟁하고 살아남아야 한다는 것을 의미하지 않아? 내가 살아남기 위해서는 누군가를 밟고 일어서야 하지 않아?

Yes Man은 달라. 우리는 조직에 소속되어, 공통된 목표를 이루기 위해 최선을 다하고 있어. 물론 한정된 평가나 진급을 위해서는 선의의 경쟁을 펼치기는 하지만, 적어도 남을 밟고 일어서야 내가 살아남지 않아. 모두 함께 살아갈 수 있어."

Q-3. 일의 만족도에 관한 이야기

선우 Say "형, 사실 내가 Yes Man을 하지 않은 가장 큰 이유기도 한데, 나는 내 일 할 때 진짜 재미있거든. 나는 놀다 오는데 돈까지 주네? 이런 생각이야. 그런데 회사 일은 그렇지 못할 것 같아. 하기 싫어도 해야 하고, 내 뜻과는 전혀 관계없는 일들을 해야 하고. 난 싫어. 형 회사 일 재미있어? 재미 없어보이는데."

성빈 Say "선우야. 너 해봤어? 왜 해보지도 않고 재미없어 보인다고 그래. 난 지금 내가 하고 있는 일들이 너무나도 재미있어. 마케팅을 할 때도, 영업을 할 때도, 지금 HR업무를 하는 모든 순간들이 나에게는 재미있는 순간들이었어. 왜냐면 결국 일은 '행위'일 뿐이거든.

나는 그 '행위'들을 위해서 항상 다양한 '의미'를 만들어왔어. 내가 영업을 하고, 마케팅 전략을 짜면서 누군가가 열심히 고민해서 만들어낸 제품과 서비스의 가치를 고객들에게 온전히 전달할 수 있어서 좋았어. 그리고 지금은 어렵긴 하지만 남들의 고민과 어려움을 해결하고, 회사에서 더 행복하게 일할 수 있도록 도와주면서 이전과는 전혀 다른 행복과 만족감을 느끼고 있어. 결국, 아무리 좋아 보이는 일도 결국 내가 어떤 의미를 찾아가느냐에 따라서 다른 만족감을 준다고 생각해!"

선우 Say "그래, 형은 천상 Yes Man이네. 사실 나도 그런 일 재미있어. 그래서 회사에 갈까 진지하게 고민했던 거야. 다만, 이게 다르지. 그 일에 의미를 부여하는 것과 일 자체를 즐겨버리는 것은 다른 거지. 적어도 일하면서 '논다.'는 생각은 못하니까. 난 놀러 가. 그리고 마음껏 놀면서 성공까지 해버릴 거야. 형은 일 해! 적절한 의미부여하면서! 나는 놀러갈게!"

Q-4. 목표에 관한 이야기

선우 Say "형은 왜 그렇게까지 열심히 일해? 조직에 그렇게까지 충성하면 뭘 해주는데? 어차피 월급은 비슷하잖아. 직급을 빨리 올려주나? 그런데 그 직급의 끝은 뭐야? 더 많은 연봉과 화려한 명예, 그거 말고는?"

성빈 Say "진짜 말 잘했다. 내가 입사하고 그런 질문을 최소 천 번은 받은 것 같아. '왜 그렇게까지 하고 살아?', '네

꿈이 임원이야?' 심지어는 '회사 주식을 가지고 있어?'라는 이야기까지 들어봤어. 근데 난 진짜 궁금해. 왜 내 일을 열심히 하는 건데 다들 충성하느냐고 물어보는 거지? 월급? 지금이야 비슷하지. 근데 반대로 나는 지금 열심히 하지 않는 사람들과 3년 뒤, 5년 뒤, 10년 뒤 다른 월급을 받기 위해 지금 열심히 하고 있는 거야.

지금 회사에서 내가 닮고 싶어하는 선배들이 내 연차 때 어떻게 일했을지 생각해봤어? 지금 회사를 이끌어가는 리더들이 과연 아무런 인고의 시간 없이 지금의 모습이 될 수 있었을까? 반대로 나는 너에게 말하고 싶어. 난 조직에 충성하는 것이 아니라 내 직업에 충성을 다하는 거라고!"

선우 Say "이해는 하는데, 상당히 비효율적이다. 10년 뒤 월급을 더 받는 것보다, 자기 일을 성공시켜서 연봉을 늘리는 게 더 효율적인 거 아니야? 안전보장 하나만 두고 그 정도의 에너지를 투입하기에는, 조금 아쉽지 형의 가장 빛나는 나이가. 그래, 직장이 곧 직업이니까. 곧 직장에 충성하는 거겠지? 알겠어. 나는 충성하는 대상은 없어. 그저 나만 믿고 갈 뿐이야. 당장 충성할 대상이 있는 건 부럽지만, 부디 토사구팽 당하지는 않았으면 해. 나는 어디에도 충성하지 않지만, 덕분에 버림받을 일도 없어."

Q-5 마지막, 꿈에 관한 이야기

선우 Say "좋아, 형이 왜 Yes를 선택했는지 잘 알 것 같아. 그럼 형의 최종적인 꿈은 뭐야? 나는 그냥 평생 이 일 하면서 살아가고 싶어. 방송인이자 작가로서, 사람들에게 즐거움과 감동을 주고, 거기서 발생하는 생산성을 바탕으로 내 삶을 꾸려나가고 싶어. 그게 다야. 재미있고 행복하게 살고 싶어. 형은?"

성빈 Say "나도 좋아. 짧은 대화를 나누면서 네가 왜 'No'를 선택했는지 이해할 수 있었어. 나의 최종꿈이라. 너와 다르지 않아. 평생 이 일을 하게 될지. 중간에 다른 일을 하게 될지는 나도, 회사도 모르지만 확실한 건 회사에서 기회만 준다면 내가 해야 하는 일들을 하면서 함께 일하는 동료와 주변 사람들에게 즐거움과 감동을 주고 싶어. 그러면서 온전히 내 힘으로 사랑하는 사람들과 나 자신을 책임지는 떳떳한 아들, 남편, 아빠가 되고 싶어. 그리고 꼭 성공해서 내가 사랑하는 나를 똑 닮게 태어날 아이에게 '너도 아빠처럼만 살아라'라고 할 수 있는 삶을 살고 싶어. 다르지만 결국 같은 말을 하게 되네. 'Yes Man'도 재미있고 행복하게 살고 싶어. 정말 다행이지만 아직은 그렇게 살고 있어!"

선우 Say "결국 이런 거네. 최종적으로 그리고자 하는 그림은 얼추 비슷한데, 그 그림을 그려나가는 과정. 어떤 접근 방식에 있어서 차이가 있는 거라고 생각해. 나와 가족과 주변사람들이 함께 행복한 삶. 나도 그걸 원해. 다만 다른 점이 있다면, 나는 태어날 아이에게 이렇게 이야기 해주고 싶어.

'뭐하고 싶어? 뭐든 지지해줄게. 넌 어차피 나의 DNA를 가지고 있기 때문에, 큰 걱정은 안 해. 알아서 해! 열심히만 해!'

음, 사실 대화하다 보니 이런 생각도 들어. 결국 사람은 생긴대로 살아가게 되어 있다. 결국 내가 누군지, 무엇을 할 때 행복한지, 행복한 그 일을 통해서 어떠한 삶을 만들어나갈 것인지만 정하고 나아가면 될 것 같아."

사실 결론은 정해져 있었다. 우리는 이미 오랜 시간 알고 지낸 사이이기에, 서로의 삶의 장단점을 명확하게 알고 있었다. 다만 독자 여러분께 우리 삶의 장단점을 이야기해주기 위해, 이러한 방식을 채택했을 뿐이다. 우리는 서로가 선택한 삶에서 오늘도 최선을 다하며 살아가고 있다. 결국, 당신은 이렇게만 하면 된다.

> 1. 내가 어떤 사람인지 정의할 것.
> 2. 나에게 맞는 삶의 방식을 선택할 것.
> 3. 그 선택을 통해 이룰 목표를 정할 것.
> 4. 그 목표를 이루기 위한 구체적인 액션플랜을 만들 것.
> 5. 당장 실천할 것.

"Back to the basic." 다시 삶의 본질로 돌아가서, 세워보자.
그리고 나서 그 목표를 이루기 위해 더 적합한 '수단'이 무엇인지,
Yes와 No, 직장과 직업 중 나에게 더 맞는 '선택'이 무엇인지.
그것만 정하고, 이제 앞으로 나아가기만 하면 된다.
마지막으로 우리 두 사람이, Yes나 No를 선택한 후배들에게
건네고자 하는 말들을 마지막으로, Part 2를 마무리하려 한다.

CHAPTER 03

이제 선택의 시간, choice 'Yes or No'

1. 나와 같은 길을 걸어갈 이들에게.
2. 나와 반대의 길을 걸어갈 이들에게.

이제 어느 정도 마음의 갈피를 잡았을 당신에게, 두 남자의 '마지막' 이야기를 전하려 한다. 나와 같은 길을 걷거나, 반대의 길을 걷거나, 이것만큼은 꼭 기억하고 살았으면 하는 말들을 준비했다.

걱정하지 마라. 의심하지도 마라.

당신은 할 수 있다. 지금 당신의 마음속에 자리 잡고 있는 그 선택에 확신을 가져라.

1. 나와 같은 길을 걸어갈 이들에게.

"길을 못 찾겠다면 남겨진 발자국을 따라 한 걸음 한 걸음씩 나아가길"

사회의 시스템 속에서 주어진 일들에 본질적인 의미를 찾고 나만의 방향을 만들어 최선을 다해 매 순간 살아가는 Yes Man의 삶을 살아간다는 것은 너무나도 많은 장점을 가지고 있어. 어느 정도의 그라운드 룰이 정해진 경쟁체제 속에서 개인의 노력과 정도에 따라 그 결과를 온전히 감당하는 완결성을 갖춘 Yes Man의 삶은 우리에게 사회 구성원으로서 주체성과 책임감을 가질 수 있게 해주었어. 또한 하루 아침의 일확천금을 얻는 요행을 바라는 것이 아니라 사회가 제공하는 최소한의 안전망과 체계 속에서 스스로의 노력을 통해 한 단계, 한 단계 성장하는 정도(正道)의 가치와 인내심도 기를 수 있지.

하지만 앞선 말이 Yes만 외치면 삶의 모든 순간이 안정감과 성장감으로 가득 찰 것이라는 말은 아니야. 어쩌면 우리는 아직 목표를 향해 나아가고 있는 미생이기에 우리 중 거의 99.9%에 가까운 사람들은 여전히 현재의 내 위치와 능력에 만족하지 못할 수 있어. 그리고 아마 앞으로도 목표가 분명하고 높은 사람일수록 마음을 다해 최선을 다한 사람일수록 기대에 못 미치는 결과와 수많은 실패들이 당신을 실망하게 할 수 있어. 심지어 수많은 장애물과 흔들림 속에서 지금 내가 나아가고 있는 방향에 대한 의문과 육체적·정신적 지침은 처음 불탔던 초심을 소화시키고 점점 '할 수 없다'는 생각에 자신을 스스로 잠식시킬지도 몰라.

그럴 때마다 우리는 Yes Man의 세상에서만큼은 성공의 반대말이 실패가 아님을 꼭 기억해야 해. 실패는 당신의 노력이 목표한 지점으로 당신을 데려다 주지 못한 것이 아니라, 스스로 나아감을 포기했다는 의미야. 즉 우리가 포기하지 않는다면 Yes Man의 세상에는 '성공'과 '과정'만 있을 뿐이야. 만약 당신이 점점 나아가는 데 힘이 들고 지쳐가는 순간이 찾아온다면, 혼자만의 생각과 방법에 파묻히기 보다는 주변의 또 다른 Yes Man들과 이야기를 나누며 결코 당신이 걸어가고 있는 길이 외로운 길이 아님을 느끼길 바라. 그리고 당신뿐 아니라 많은 사람들이 당신과 함께 사회의 곳곳에서 고군분투하고 있음을 느끼면서 그들이 남긴 발자국에 당신의 발을 맞춰보는 것도 좋은 방법이라고 생각해.

중요한 것은 절대 멈추지 말고,
묵묵히 발걸음을 내딛는 것이 중요해.

방향을 모르겠다면

앞서 걸어간 사람들이 남긴 성공 방정식을 따라
관성을 잃지 말고 무작정 걸어가 봐.

분명 어제보다 성장한 나.
오늘보다 내일이 더 기대되는 나를 발견할 수 있을 거야.

 **"기억해, 경쟁상대는
오직 나야."**

어디서부터 어떻게 이야기해야 할지, 잘 모르겠어. 사실 이 글을 쓰고 있는 나조차도 아직 원하는 성공을 이루어내지는 못한 사람이고, 당신이 나이가 어떻게 되는지도 모르는 상황에, 이런 조언을 하는 게 맞는지, 확신이 들지는 않아. 다만, 그래도 당신이 제 책을 이 정도까지 읽어주었다면, 그 마음에 보답하고자 이 글을 써.

해 줄 말은 정말 많은데, 이것만 기억해.
"경쟁상대는 오직 나야."

나처럼 아무도 걷지 않은 길을 걷는 사람들은, 참 외로워. 길을 알려주는 사람도 없었어. 또한 이미 걸어간 사람의 성공방정식은, 이미 바뀌어 버린 시대에서 무용지물이 되어 버리곤 해.
그래도 지금까지의 도전을 해오면서 깨달았던 가장 중요한 진리는 어제의 나보다 더 나아지기만 하면 된다는 거야. 당장 어제보다 달라지지 않더라도, 더 나아지겠다는 태도와 간절한 열정을 가지고 나아가다 보면, 당장 3개월 뒤의 나, 6개월 뒤의 내가 달라질거야. 그리고 1년, 2년이 지나면 "그땐 그랬지." 하면서 지난날의 나를 되돌아볼 수 있을 정도의 여유도 생길거야.

나는 늘 No Man이었기 때문에, 참 많은 저항들과 부딪혀왔어. 그 저항은, 그 시기에 내가 속한 집단의 사람들에 의해서 발생하는 경우가 대부분이었지. 고등학교 때는, 이것저것 도전하는 나를 보며 시기 질투했던 고등학교 동창들이 있었어. 그런데 한 스물두 살 즈음 되니까 신경도 안 쓰고 살게 되더라고. 스무 살 때에는, 나에게 상처를 주고 깎아내렸던 대한민국 인재상 수상자 동기 몇 명이 있었어.

그런데 스물 여섯 즈음 되니까, 그때 그 사람의 말이 참 우스워지더라고. 스물넷 때 돌잔치 MC 시작하면서 빠르게 성장할 때, 나를 어떻게든 밟아보려 했던 선배들이 있었는데 지금은 신경도 안 써.
당신이 당장 또래들과 다른 길을 걷게 되면, 그 당시 당신이 속한 집단의 사람들이 당신에게 비판적인 태도를 보이기 시작할거야. 하지만 절대 신경 쓰지마. 당신이 원하는 길, 당신이 원하는 목표만 보고 나아가.

나는 오늘도 어제의 나와 다른 삶을 살고 있어. 당장 이 책에, 어제보다 더 많은 내용을 담았어. 또한, 이 책이 출판이 되면, 나는 2022년 12월의 김선우와는 또 다른 삶을 살게 되겠지?

그렇게 나아가면 돼. 다른 사람과 다투지도 말고, 다른 사람들의 말에 상처받지도 말고, 나 자신과만 싸우는 거야. 할 수 있어. No Man은 뭐다? No가 Yes였음을 증명하는 사람들이다. 우리가 정답이다. 우리의 오답 노트는, 나 자신에게만 적용된다.

2. 나와 반대의 길을 걸어갈 이들에게.

"당신의 No가 누구보다 뜨거운 No(怒)이길"

나도 어린 시절에는 잠시나마 No Man이 되고 싶었던 적이 있었다고 했지? 그때의 나는 해야 하는 일들보다 내가 하고 싶은 일을 하면서 행복하게 사는 삶이 바로 No Man일 것으로 생각했어. 얼마나 좋아… 해야 해서 하는 일을 과감하게 내팽개치고 내 안의 목소리가 시키는 대로 하고 싶은 것들을 내가 하고 싶을 때, 남들의 참견도 받지 않고 하면서 돈을 벌고 사는 삶이라니! 꽤나 이상적이고 낭만적이잖아?

하지만 성인이 되고 치열한 세상 속에서도 자신이 하고 싶은 일을 통해 실제로 돈을 벌면서 소위 하고 싶은 일을 직업으로 만든 사람들을 볼 때면 '어린 시절의 내가 생각했던 No Man(노맨)은 그저 놀맨(놀고 먹고 맨)에 불과했구나'라는 생각을 하곤 해. 절대다수 중에서 절대 소수만이 한정된 자원을 가질 수 있는 잔인한 게임, 최소한의 안전장치나 시스템도 없어 중간궤도에 안착하는 것조차 담보할 수 없는 너무나도 위험한 게임,

자칫하면 내가 좋아했던 일과 가장 젊은 날을 함께 잃을 수도 있는 무모한 게임. 그래서 나는 No Man이 될 수 있었던 상황에서도 과감하게 Yes Man의 삶을 선택했어!

여러분을 배신하고 Yes Man을 선택한 사람으로서 No Man의 길을 걸어가고자 하는 사람들에게는 이 말을 꼭 전하고 싶어. 'Yes Man'에게는 중간이라도 있지만, 'No Man'에게는 중간은 없어. 하지만 결국 당신이 젊은 날의 우연한 성공이 아닌 묵묵히 자신의 분야에서 최선을 다한다면, 자신의 길을 혼자만의 힘으로 개척하고 있는 당신의 그 모든 시간들은 언젠가 그 어떤 대학, 회사, 집안도 제공해줄 수 없는 당신만의 자산이 될 것이라고.

그러므로 공부가 싫어서, 일하기 싫어서,
남들처럼 살기 싫어서, Yes가 외치기 싫어서 No를 선택하지 말고!

당신의 인생에서 값어치 있는 모든 것들을 불살라
공허 속에도 자신의 가치를 만들 수 있는
누구보다 뜨거운 열정을 가진 사람만이 No를 외치길!

**"플랜 B는
꼭 만들어두고 나아가."**

　나는 Yes Man을 비판하지 않아. 책의 콘셉트상 반대의 스탠스를 취할 수밖에 없지만, 나 예스맨 좋아해. 지지해. 내 여자친구도 예스맨이야. 오늘도 하루하루에 최선을 다하면서 나아가는 사람들! 아주 잘하고 있어. 때로는 예스맨 부러워. 노맨이 무조건 옳은 게 아니야!

　하지만, 당신의 Yes가 Yes에서 끝나지 않았으면 좋겠어. 자신의 선택이든 대다수가 그러하니까 따라갔던 선택이든, 상관없어. 다만 당신이 그저 다달이 입금되는 월급에, 삶의 보편적인 평균점은 충족된다는 안정감에, 그대로 멈춰버리지는 않았으면 좋겠어. 무작정 도전해야 한다는 것도 아니야. 앞서 말했듯이 무책임한 도전은 추천하지 않아.

　그저 당신이 생존했으면 하는 마음이야. 우리는 자본주의 사회에서 살아가고 있잖아? 조직은 절대 우리를 책임져주지 않아. 회사는 언젠가 너를 버릴 거야. 네가 꼭 필요한 사람이 아닌 이상.

　당신의 처음은 Yes였지만, 그 안에서 No를 해 봐. 당장 No를 외치지는 않더라도, 그러한 태도를 갖고 살아가 봐. 남들이 다 가는 길이 아니라, 나만의 길을 만들어봐. 그렇게, 언젠가 조직이 나를 버려도, 스스로 살아남을 수 있는 플랜 B를 만들어두고 나아가.

당신이 행복했으면 좋겠어. 지금 행복하다면 그걸로 됐어. 생존을 위해, 플랜 B만 늘 준비해둬.

PART 03

당신의 대답에 확신을 줄
'MBTI 16인'의 Interview!

지금까지 쉴 새 없이 책장을 넘겨온 당신, 수고했다. 또한 진심으로 감사드린다.

이 책을 만들어가면서, 두 저자는 참 고민이 많았다. 우리가 감히 '인생의 선택'이라는 거대담론을 다룰 수 있을지. 삶의 가장 중요한 선택에 확신을 주는 것이 어쩌면 오만에 가까운 태도가 아닐지 고민이 많았다. 특히 Part 2의 Chapter 1을 작성할 때는 몇 번이고 원고를 고쳐 쓰면서, 혹여라도 우리의 그릇된 가치관으로 누군가에게 상처를 주진 않을지, 아직 새하얀 도화지 같은 이들에게 특정 물감을 강요하는 것은 아닐지도 고민이 많았다.

하지만 서두에서도 이야기했듯, 우리가 정답은 아니다. 그저 정답을 찾아 나가는 풀이과정을 담담히 적어 내려갔을 뿐이다. 우리만의 성공 방정식을 제시했을 뿐이다. 당신이 취할 것만 취하라. 당신이 사용할 물감만 팔레트에 담아라. 그렇게 당신만의 '그림'을 그려나가라!

혹여 아직도 선택에 확신을 얻지 못했는가? 혹여 우리의 이야기가 당신의 선택에 확신을 주기에 모자람이 있는가? 그래서 준비했다. 각기 다른 MBTI를 지녔고 자신의 삶을 주도적으로 만들어나가고 있는, 그리고 우리 사회에서 소위 '한 자리씩' 하고 있는, 16인의 이야기를 준비해봤다.

앞으로 만나게 될 열여섯 명의 인물들은, 모두 이 책의 공저 '김선우, 조성빈'의 지인들이다.

이들은 우리 두 사람 중 한 사람의 클라이언트(고객사)이기도 했고, 우연한 계기로 가까워진 지인이기도 하며, 어린 시절부터 함께 자라온 절친한 친구이기도 하다. 먼 듯, 가까운 듯, 우리 두 사람을 지켜봐 온 열여섯 인물의 이야기. 당신의 선택과 스케치에, 어떻게든 도움이 될 것이다.

대기업 직장인, 스타트업 대표, 자영업자, 중소기업 임원, 아나운서, 쇼호스트, PD, 교사, 간호사, 수의사, 대학원생까지.

우리보다 한 발 더 앞서, 자신만의 '성공방정식'을
증명해내고 있는 혹은 이미 증명을 끝낸 사람들의 이야기.

당신의 삶의 그림을 체계적으로 그려나갈 수 있도록
20대 6명, 30대 6명, 40대 4명으로 구성된 16명의 이야기를 준비했다.

그들은 'Yes Man'과 'No Man' 중 누구의 삶이 더 옳다고 생각할까,
그들이 이야기하는 '삶, 직업, 선택'에 관한 정답은 무엇일까?

16개의 MBTI, 16명의 인물, 합계 540년의 이야기.
Life Navigation, 마지막 경로 안내를 시작합니다.
'당신의 선택'이라는 목적지로 출발합니다.

감상 Tip

앞으로 펼쳐질 내용은, 세 가지 카테고리 (Life / Job / Choice)로 구분된 10개 내외의 질문에 대한 MBTI 16인의 답변입니다. 사전 질문지를 이해하고, 자신의 MBTI와 비교해보면서 읽는 것을 추천합니다.

<미처 담아내지 못한 자세한 내용들은 추후 독자들의 의견을 수렴하여, 유튜브 채널 'DDEO NU: 떠누'를 통해 공개할 예정입니다. 많은 관심과 의견 부탁드리겠습니다.>

사전 질문 목록

Question about Life

Q-1. 먼저, 지금 당신은 행복하십니까?
Q-2. 나의 삶을 한 단어로 요약한다면!
Q-3. 당신은 어떠한 삶을 살아오셨습니까?
Q-4. 어떠한 삶이 '좋은 삶'이라고 생각하십니까?

Question about Job

Q-5. 자신의 MBTI와 Job이 일치하나요?
Q-6 Job을 통해 이루고자 하는 꿈이 무엇인가요?
Q-7. 나의 Yes, No 후배들에게 해주고 싶은 말

Question about Choice

Q-8. 당신은 Yes Man을 원합니까, No Man을 원합니까?
　　더 옳다고 생각하는, 혹은 다시 태어난다면 하게 될 선택은!
Q-9. 주변의 예스맨 노맨을 어떻게 바라보시나요? (선택문항)
Q-10. 인생에서 가장 후회하는 선택이 있다면? (선택문항)

CHAPTER 01

choice 'Yes Man'

ESFJ: LG전자 디자이너 이윤경

ENFJ: 교원그룹 인재개발 김희진

ISTJ: 대기업 S사 인사담당자 김○○

ENTP: 완성차 기업 H그룹 연구원 이보선

ISFP: 고려대학교 통번역대학원 임성빈

ISFJ: 100억 쭈꾸미 송쭈집 대표 김민이

INFP: 초등학교 교사 백현

Life Keyword
행복

LG전자 디자이너
이윤경

21세기를 이끌 우수인재상 (대통령상)
수상 / 경희대학교 예술디자인학부 수석
졸업 / LG전자 17년차 디자이너

ESFJ

Question about 'Life'

Q-1. 굉장히 만족합니다. 제가 하는 일에 대한 만족도가 큰 편이라 스스로 행복하다고 생각해요. 하루하루 즐겁게, 원하는 직장에서 원하는 일을 하며 살아가고 있습니다.

Q-2. 행복. 꼭 무언가를 이루기 위해서 혹은 성공한 사람이 되기 위해서 노력하지 말고, 모든 삶의 목표를 '행복'에 두고 나아가며 살자고 다짐하고 있어요. 무언가 삶에서 대단한 사건이 필요한 게 아니라, 오히려 소소한 재미와 행복을 느끼면서 사는 게 행복해지는 비결인 것 같아요. '지금은 바쁘니까, 나중에'라고 하면서 소중한 현재의 시간을 포기하지 말아야겠다는 생각을 많이 하고 있습니다.

Q-3. 경희대학교 산업디자인과를 졸업하고, 스물넷에 LG전자 디자인경영센터 신입사원으로 입사해서, 현재 17년차 디자이너(책임연구원)로 근무하고 있습니다. 두 아이(14살, 13살)의 엄마이자, 사랑하는 남편의 아내이기도 합니다. 한때 일과 가정의 균형을 지키기 힘들었던 시기에 고민의 시간을 가졌던 적도 있었지만, 잘 극복하고 오늘에 이르게 되었습니다. 저는 앞으로도 이곳에서 저의 삶을 꾸려나가면서, 디자이너로서 다양한 목표들을 이루어나가려 합니다.

Q-4. 행복을 건네는 삶. 행복을 나누는 삶. 나 혼자만 행복한 것이 아닌, 나로 인해 주변 사람들을 행복하게 만들어줄 수 있고, 어려운 사람들에게 먼저 기꺼이 손을 내밀 수 있는 삶이라고 생각합니다. 내 노력이

아니라 거저 주어진 수많은 것에 늘 감사하고, 도와줄 수 있는 길을 찾는 것, 그게 이 사회를 좀 더 공평하게 만드는 길이 아닐까 싶어요.

Question about 'Job'

Q-5. 저는 MBTI와 Job을 일치시키는 것은 무리가 있다고 생각합니다. 똑같은 Job 안에서도 다양한 MBTI의 사람들이 공존하면서 '시너지'를 만들어낸다고 생각합니다. 저는 디자이너 사이에서도 특히 호기심이 매우 많고, 사람 만나는 것을 좋아하는 성향을 지니고 있습니다. 덕분에, 다양한 부서와 원활하게 커뮤니케이션하고, 동시에 프로젝트에 영감을 불어넣을 수 있는 'Spark'와 같은 장점을 발휘하고 있습니다. 이러한 측면에서 저는 스스로 굉장히 만족스러운, MBTI와 일치하는 Job을 가지고 살아가고 있다고 생각합니다.

Q-6. 저는 '좋은 디자인'이란 '사람, 환경, 사회'에 대한 존중과 배려로부터 시작된다고 생각합니다. 우리 사회에서 소외된, 혹은 도움이 필요한 누군가를 향한 배려. 우리가 함께 살아가는 '환경' 혹은 '공동체'를 향한 배려. 그런 디자인을 하고 싶습니다.

Q-7. "당신은 원하는 삶을 살고 있나요?" 삶은 유한합니다. 우리의 삶은 결국 '끝'이 있다는 점을 잊지 마세요. 내가 원하는 삶을 사셨으면 합니다. 당신이, 당신의 삶 마지막 순간에, 인생의 마침표를 웃으면서 찍을 수 있도록. 원하는 삶을 사십시오.

Question about 'Choice'

Q-8. Yes Man을 선택하겠습니다. 사회적으로 안정된 길이 좋습니다. 모험도 좋지만, 모험보다는 소중한 것을 지키면서 살아갈 수 있는 Yes Man의 길이 좋습니다. 무엇보다 Yes Man의 삶을 살고 있는 제가, 지금의 제 삶에 매우 만족하기 때문입니다.

ENFJ

외향형 직관형 감정형 판단형

Life Keyword
가득함

교원그룹 인재개발
김희진

교원그룹 HR부서 대리 / 연세대학교 인재개발학 석사과정 재학 / 직장생활을 통해 컨설턴트의 삶을 준비 중

Question about 'Life'

Q-1. 행복해요. 예전에는 행복이 돈을 많이 벌거나 사회적으로 성공하는 게 행복이라고 생각했거든요? 그런데 나이가 들다 보니, 사람마다 행복의 기준이 다르다는 것을 깨달았어요. 저는 성장하면서 바쁘게 지내는 삶에서 행복을 느끼거든요. 취미, 업무, 다양한 경험. 바쁘게 살면서, 새로운 것을 경험하면서, 성장하고 있어서, 저는 행복해요.

Q-2. 가득함. 제 삶은 항상 바빴어요. 아침부터 밤까지 가득 찬 하루를 보내면서 '행복한 바쁨'을 즐겨왔어요. 늘 무엇인가를 한다는 것, 그 과정에서 끊임없이 배우고 느낀다는 것. 저는 거기서 살아있음을 느껴요.

Q-3. 대학에서는 철학과 영어교육을 전공했어요. 졸업 후 임용고시를 1년 반 준비했는데, 잘 안되었어요. 어느 날 저 스스로 질문했어요. "영어교사가 죽어도 하고 싶은지." 아니라는 대답이 나왔거든요? 그래서 진로를 변경했어요. "교육기업, 교육에 가치를 두는 회사에 가자." 그런데, 평소에 관심이 있었던 덕분인지, 지원하자마자 교원그룹에 합격했어요.

7년째 회사에서 일하고 있고, 처음에는 마케팅 사업부에서 일했어요. 그래서 중간에 잠시 고민을 하기도 했어요. 제가 궁극적으로 하고싶은 일은 '컨설턴트'였거든요. 사람들 앞에서 말하는 것을 좋아하고, 제가 가진 지식과 생각으로, 나의 도움이 필요한 이들에게 도움을 주며 살고 싶었어요. 그래서 한때는, 회사 밖에서 일해보는 건 어떨까, 심각하게 고민했던 적도 있어요.

그런데 정말 감사하게도 회사 안에서 길을 찾게 되었습니다. '컨설턴트'라는 꿈을 회사 안에서 어떻게 발휘할지 고민하다가 인재개발이라는 직무를 찾게 되었는데, 회사에서 제 뜻을 받아준 덕분에, HR 부서에서 일하게 되었어요. 여전히 회사원 Yes Man이기는 하지만, 컨설턴트의 꿈은 여전히 유효합니다.

인재개발: HR 직무의 전문성을 키워나가면, 동시에 컨설턴트로서의 콘텐츠도 쌓을 수 있어요. 그래서 일단 회사 안에서 많은 경험을 통해 저만의 포트폴리오를 만들면서, 연세대학교에서 인재개발학 석사과정에도 임하고 길을 닦아나가고 있습니다.

Q-4. 후회 없는 삶이요. 그 무엇이든, 훗날 오늘을 돌아봤을 때, 후회가 없는 삶.

Question about 'Job'

Q-5. ENFJ는 자신의 성장도 중요시하고, 타인의 성장까지 이끌어주고 싶어하는 특징이 있어요. 특히 타인의 성장을 이끄는 데에서 큰 행복을 느끼는 사람이고, 이것에 타인이 기쁨을 표현해주면, 거의 극락으로 가버리는 성격이에요. 그런 의미에서 '인재개발'은 저에게 너무나도 잘 맞는 직무이면서 컨설턴트는 거의 천직에 가까워요.

Q-6. 어떠한 '분야'를 떠올렸을 때, 가장 먼저 떠오르는 사람이 되고 싶어요. 인재 개발이라는 카테고리 안에서 가장 먼저 찾게 되는 사람.

Q-7. "두려워하지 마라." 무엇이든 두려워하지 말고, 한 살이라도 어릴 때, 가능성이 가장 충만하고, 에너지가 가장 넘칠 때. 도전하고, 경험하고, 깨지고 부딪히면서 성장했으면 좋겠어요. 절대 두려워하지 마요!

Question about 'Choice'

Q-8. Yes Man을 선택하겠습니다. 저는 No Man이 되려는 사람도, 필수적으로 Yes Man의 과정을 거쳐야 한다고 생각해요. 저는 Yes Man의 길을 걷고 있지만, 그 최종 목적지는 No Man이거든요? No를 하기 위한 (직업을 갖기 위한) 자양분을 Yes를 통해 (직장을 통해) 쌓고 있어요. 꼭 좋아하는 일을 해야겠다고 해서, 무조건 직장을 거부할 필요는 없는 것 같아요.

Life Keyword
열정

대기업S사 인사담당자
김○○

서강대학교 중국문화학, 경영학, 교직이수/
대기업 C사 → 대기업 L사 → 대기업 S사

ISTJ

대학교 1학년

대학교 2학년

Y사 근무

대기업 S사

Question about 'Life'

Q-1. 행복합니다. 저는 늘 'Next' 다음에는 무엇을 해야 할지, 늘 걱정이 많았습니다. 하지만 이제 더는 걱정하지 않습니다. 최종 목표에 다가왔습니다. 더는 다음을 고민하지 않는 지금이, 행복합니다.

Q-2. 열정. 저는 어느 순간에서든지 최선을 다하지 않았던 적이 없었습니다.

Q-3. 늘 목표를 향한 열정을 불태워온 삶이었습니다. 대학교에서 세 개의 전공을 이수했고, 최종적으로는 180학점을 채우고 졸업했습니다. 그 와중에 교환학생도 두 번 다녀올 만큼, 제게 주어진 시간 안에서 가능한 모든 것을 이루기 위해 노력해왔습니다.

총 4번의 이직을 경험하게 되었는데, 이유는 간단합니다. HR 직무에 온전히 열정을 쏟고 싶어서. 처음 HR 직무를 경험했던 인사팀 인턴 시절부터 지금까지, 업무상 필요하다면 휴일에도 웃으며 출근할 정도로, 저는 이 Job이 가장 재미있고, 이 일을 할 때 가장 행복합니다.

처음 들어갔던 회사에서는, 출근날 사직서를 제출했습니다. 이 조직에서는 HR 직무에 집중하지 못할 것이란 확신이 들었기 때문입니다. 모두가 다 아는 그 회사를 나와서 (고통스럽지만 꼭 필요했던) 1년의 취준 공백기를 감내한 뒤, 대기업 C사(인수합병 후 L사로 소속변경)의 HR 포지션으로 입사했습니다. 그곳에서도 3년 반 가까이, 휴일을 자진 반납할 정도로 열정을 쏟았지만, 그 곳에서도, 제가 하고 싶었던 채용업무는 경험할 수가 없었습니다. 그렇게 대기업 C사의 다른 계열사 인사팀으로 이동하게 되었고, 그곳을 거쳐 최종적으로는 현재의 직장으로 옮기게 되었습니다.

미래 산업에 더 적합한 회사에서, HR 직무의 전문성을 완성하고 싶었기 때문입니다.

더 이상의 이직 생각은 없습니다. 저는 "채용담당자는 늙지 않는다."라는 말을 가장 좋아합니다. 가장 열정적인 친구들과 함께 호흡하고, 조직에 적합한 사람들을 선발하는 과정을 서포트하고, 최종적으로는 내가 사랑하는 조직이 한 번 더 성장해나가는 모습을 보면서, 늘 살아있음을 느낍니다. 조금 돌아서 오긴 했지만, 결국 임하게 된 저의 Job을 평생 동안 원 없이, 열정적으로 해나가면서 저의 삶을 꾸려나가고 싶습니다.

Q-4. 돌아봤을 때, 아쉬움이 없는 삶. 미래에 지금 이 순간을 돌아봤을 때, 후회가 없었으면, 아쉽다는 생각이 조금도 들지 않았으면 좋겠습니다.

Question about 'Job'

Q-5. ISTJ와 매우 일치합니다. 개인 경험상 인사담당자 7, 80% 이상이 ISTJ 혹은 ESTJ였던 것 같습니다. 현실적이고, 직관적이며, 직설적으로 이야기하며, 계획을 구체적으로 세우는 성향입니다. 인사 업무와 매우 일치합니다.

Q-6. 항상 'Made By 김○○'이 있었으면 좋겠습니다. 누군가 회사에서 "어, 이거 정말 좋은데, 누가 만든 거야?"라고 했을 때 "이거, 김○○ 작품이야."라는 말을 듣는 것을 가장 좋아합니다. 혹여 퇴사하더라도, Made By 김○○이 있으면, 저는 그 회사를 퇴사해도 퇴사한 것이 아닌 것이 됩니다. 제가 어느 조직에 있든, 저의 흔적을 남겨가는 삶을 살고자 합니다.

Q-7. "지금 이 순간, 재미있는 걸 해라." 당장 재미있는 걸 해라! 그리고 그것에 모든 것을 바쳐봐라!

Question about 'Choice'

Q-8. 더 옳다고 생각하는, 혹은 다시 태어난다면 하게 될 선택은!

저는 Yes Man을 선택하겠습니다. 조직 안에도 참 재미있고 보람찬 일들이 많습니다.

혹여, 그 직무나 포지션이 선뜻 어려운 자원이라면, 그만큼 노력해서 이루어내면 됩니다.

ENTP

외향형 직관형 사고형 인식형

Life Keyword
재미

완성차 기업 H그룹 연구원
이보선

동국대학교 전자전기공학부 졸업 /
완성차 기업 H그룹 자동차설계 연구

Question about 'Life'

Q-1. 행복합니다. 잠시 매너리즘에 빠진 적은 있었지만, 잘 극복한 뒤, 나름대로 행복한 직장인의 삶을 살아가고 있습니다.

Q-2. 재미. 저는 늘 재미있어서 해왔고, 그 과정에 열정을 쏟았습니다.

Q-3. 어떤 것이든 '재미'있어 보여 시작했고, 잠시 '재미'를 잃어 방황했었지만, 다시 '재미'를 찾으며 나아가는 삶을 살고 있습니다. 고등학교 시절 '수학, 물리' 과목을 유독 좋아했습니다. 그래서 대학에서의 전공도 '두 과목'의 연장 선상이자, 관련된 'Job'을 갖는 데에 유리한 '전자전기공학'을 선택했었습니다. 예상대로 전공은 재미있었고, 알찬 대학생활을 보내며 4점대의 학점으로 졸업을 했습니다.

동시에 대학 시절 내내 입사를 희망했던 '현대자동차그룹'에 합격하게 되었고, 그렇게 스물 여섯 살의 나이에 직장인의 삶을 시작하게 되었습니다. 가장 재미있어하는 전공을 가장 잘 살릴 수 있는 회사, 회사의 '소비자'인 동시에 '개발자'가 될 수 있는 몇 안 되는 회사. 26년간 삶의 근간이었던 '재미'를 '일하면서' 느낄 수 있는, 제 인생의 '최대공약수'와 같은 회사라는 확신이 있었기 때문입니다.

하지만 대다수의 직장인이 그렇듯, 한동안 매너리즘에 빠졌던 적이 있었습니다. 사실 흠잡을 곳이 없는 환경입니다. 연봉, 워라밸, 복지, 주변 사람들의 평판까지 모든 것이 완벽한 조건이었습니다. 그런데 어느 순간, 그러한 '외적인 요소'들보다, 정작 일과의 대부분을 보내는 회사생활에서의 재미, 즉 '본질적인 요소'에서의 재미를 잃었던 적이 있습니다. 무엇인가 정체된 것만 같은 상태, 미래계획과 목표가 뚜렷하지도 않으면서, 막상 뚜렷해진다한들, 당장 할 수 있는 것들이 많지 않은 상태. 즉, 직장인이라는 포지션이 가질 수밖에 없는 한계점에 부딪힌 적이 있습니다.

잠시 고민의 시간을 가졌던 적도 있었지만 '전기차'라는 자동차 산업의 새로운 패러다임에 적극 참여하게 되면서, 극복해나가고 있습니다. '사랑하는 회사'와 '좋아하는 분야'를 일치시키면서, 회사 안에서 재미있는 일을 찾고, 그 과정에서의 크고 작은 이슈를 해결해 나가는 과정에서 '재미'를 느끼며 살아가고 있습니다.

Q-4. 하루에 12시간 30분 정도는 웃을 수 있는 삶. 하루의 절반인 12시간, 절반보다는 30분이라도 더 웃으면서 하루를 보낼 수 있어야 좋은 삶이 아닐까 생각합니다.

Question about 'Job'

Q-5. ENTP와 일치합니다. 저는 즐거운 일을 하지 않으면 아예 무기력합니다. 저는 현대차의 연구소에 있는데, 직무 특성상 스스로 흥미있어하는 프로젝트를 직접 찾고, 그 과정에 참여할 수 있습니다. 단순히 주어진 일들만을 하기보다는, 조직의 미션을 바탕으로 다양한 Task를 직접 발견하고, 기획하고, 경험해볼 수 있는 삶이 즐겁습니다. 또한, 저는 토론을 통해 건설적인 결과물을 내는 것을 좋아하고, 혼자 일하는 것보다는 사람들과 협동해서 일하는 것들을 좋아하는 편입니다. 특히 자동차산업에는 이러한 역량이 중요한데, 일이 진행되는 과정에서 ENTP로서의 장점을 충분히 발휘하며 살아가고 있습니다. 일의 성격부터 일의 과정까지, 아주 잘 맞는 것 같습니다.

Q-6. 인정받는 사람으로 성장하고 싶습니다. 이 조직 안에서 내가 보낸 시간이 지날수록, 나를 인정해주는 사람들이 많아지는 삶을 살아가고 싶습니다. 지금까지는 선배, 상사들에게 인정받기 위해서 많은 노력을 기울여왔지만, 이제는 '후배들에게' 인정받고, 그들이 존경할 수 있는 사람으로 성장하고 싶습니다.

Q-7. "의미 부여해도 괜찮다." 좋아하는 일을 하는 것도 좋습니다. 하지만 당장 그렇게까지는 좋아하지는 않더라도, 잘할 수 있는 일이 있다면, 그것을 외면하지는 않았으면 좋겠습니다. 잘 함으로써 얻게 되는 것들이 적지 않습니다. 잘하는 것을 하면서 얻게 되는 것들을 '행복'과 잘 연결한다면, 꽤 나쁘지 않은 삶을 살아갈 수 있습니다.

Question about 'Choice'

Q-8. 저는 Yes Man을 선택하겠습니다. Yes Man의 삶은, 주어진 것들을 다 해결하면, 다소 수동적으로 살아가도 됩니다. 하지만 No Man의 삶은 계속해서 능동적으로 움직여야 합니다. 매번 자신의 길을 찾아야 하고, 때로는 생존하기 위해 발버둥쳐야 합니다. 삶의 굴곡이 지나치게 큰 삶은 원하지 않습니다.

Life Keyword
성실

고려대학교 통번역대학원
임성빈

성신여대 경영학과 졸업 / 토익 990점 만점, New Teps 578점 (백분위 99.56%), IELTS 8.0 / 고려대학교 통번역대학원 이수 / 현재 호주 맥쿼리대학교 국제회의 통역 과정 재학 중

I 내향형
S 감각형
F 감정형
P 인식형

Question about 'Life'

Q-1. 행복해요. 평생, 이 정도로만 행복해도 나쁘지 않을 정도로, 지금 행복해요.

Q-2. 성실. 저는 늘 성실했어요. 중고등학교부터 대학교까지, 주어진 것에 늘 열심히, 성실하게 임해왔어요.

Q-3. 평범했지만 '나'를 찾으면서, 특별해지는 삶을 살아왔던 것 같아요. 대학교는 성적 맞춰서 갔고, 여느 대학생처럼 취업을 준비했었어요. 그 과정에서 한 IT회사의 인턴을 했던 적이 있었는데, 그때가 제 삶의 전환점이었어요. 월급날 월급이 입금되는데, 이상하게 하나도 감흥이 없는 거예요. 왜냐하면, 일이 하나도 재미없었거든요. 흥미도, 보람도, 아무것도 없었거든요. 그 때 느꼈죠. "나는 좋아하는 일을 하고 살아야하는 사람이구나."

한동안은 주변 사람들의 권유로 아나운서를 준비해보기도 했어요. 결과적으로 아나운서가 되지는 못했지만, 그 과정에서 진짜 꿈을 찾게 되었어요. 아나운서 준비과정에서 종종 행사 MC로 일하곤 했는데, 한 번은 어느 국제행사에서 "이번에는 '진행자' 역할이 아닌 '통역' 역할을 해줄 수 있겠냐."라는 제안을 받았어요. 당황스러웠지만, 일단은 수락하고, 부족한 실력으로나마 통역을 했던 적이 있어요.

저는 아직도 그 순간들을 잊지 못해요. 통역을 했던 그 시간은, 제 삶에서 가장 재미있고 행복했던 순간이었어요. 그리고는 지금의 길에 들어서게 되었습니다. 확신이 생긴 뒤, 곧바로 고려대학교 통번역대학원에 진학했고,

지금은 호주 맥쿼리대학교에서 남은 과정을 이수하고 있어요. 우연하게 만난 '좋아하는 일'과 '가슴 뛰는 일'을 하며 살아가기로 했습니다.

Q-4. 내가 좋아하는 사람들에게 둘러싸여, 그들과 좋은 시간을 보내며 살아가는 삶이요.

Question about 'Job'

Q-5. 일치해요.

Q-6. 먼저 통역사로서의 커리어패스를 밟은 뒤, 아나운서를 준비하는 과정에서 길렀던 진행실력을 더해, 궁극적으로는 국제행사의 전문진행자(MC)로 활약하며 살아가고 싶어요. 국제행사를 통해 여러 국가가 만난다는 것은, 정말 큰 의미가 있어요. 다양한 문화의 교류, 경제적인 협력, 사회적인 메시지 교환까지. 다양한 의미를 지닌 중요한 자리거든요.

먼저 통역을 통해서 여러 나라를 이어줄 수 있는 '메신저'로 성장하고 싶어요. 나아가, 국제행사라는 '세리머니' (행사)를 주도하는 진행자로도 성장해보고 싶어요. 저만의 스페셜한 무엇인가가 담겨있는 진행. 중요하고 의미 있는 자리를 더욱 끈끈하게 만들어줄 수 있는 진행을 선보이면서, 끝내 듣고 싶어요. "임성빈이 함께하면 다르다. 임성빈이, 꼭 필요하다."

Q-7. "할까 말까 싶을 때는 해라." 남들에게 폐를 끼치지만 않는다면 한 살이라도 어릴 때, 무엇이든 무조건 해봤으면 좋겠어요. 그래야 후회가 없어요. 미련이 없어요. 할까 말까 고민하지 말고, 용기를 갖고 무엇이든 해봤으면 좋겠어요.

Question about 'Choice'

Q-8. Yes Man. 노 맨의 삶은 멋있습니다. 재미있어 보이고, 화려하기도 합니다. 하지만 그것을 위해 감내해야 하는 것들을 저는 할 자신이 없어요. 그리고 예스맨으로서의 삶도 꽤 괜찮거든요? 겉으로는 덜 빛나도, 그 안은 꽤 단단하고 오밀조밀하거든요. 나와 사랑하는 가족, 내 주변 사람들을 지키고, 그들과 안정적이고 즐겁게 지내며 나이 들어가는 삶. 그것도 좋은 것 같아요.

ISFJ

내향형
감각형
감정형
판단형

Life Keyword
낭만

100억 쭈꾸미 송쭈집 대표
김민이

채널A '서민갑부' 출연 / '송쭈집' 창업 후 명실상부 '송도 맛집'으로 자리매김, 누적 매출 100억 원 달성 / 2021년 초 양념쭈꾸미 밀키트 사업 진출 / '쭈꾸미 파인다이닝' 컨셉의 신규 매장 오픈

Question about 'Life'

Q-1. 행복합니다. 모든 것에 감사합니다. 내가 하고자 하는 것들을 할 수 있어서요.

Q-2. 낭만. 저는 늘 바빴어요. 정말 바쁘게 살아왔는데, 그 와중에 낭만을 놓치지 않기 위해서 노력해왔던 삶인 것 같아요.

Q-3. 제 삶은 '송쭈집' 그 자체였던 것 같아요.

대학 입학 전, 대학 재학 시절 여러 일을 경험해보기도 했지만(컴퓨터 영업사원, 광고회사 AE 등) 지인의 권유로 쭈꾸미집을 창업하게 되었어요. 2010년경, 아무것도 없던 송도에서 가능성만 보고 '송도 쭈꾸미집: 송쭈집'을 시작했죠. 당연히 처음엔 힘들었어요. 그래서 처음에는 '몸빵'을 했던 기억이 나요.

거의 1년 8개월 동안 비가 오나 눈이 오나, 송도 곳곳에 현수막을 걸고, 걷는 일을 반복했어요. 오후 5시 반에 현수막을 걸고, 오후 11시에 모두 회수하고. 칼바람이 부는 겨울에도, 폭염으로 땀이 홍수가 나듯 쏟아지는 8월에도, 늘 반복했어요. 무작정 송도 거리에서 피켓을 들고 서 있어 보기도 하고, 당시 송도에 입주한 회사 건물을 전부 돌아다니면서 전단지를 돌려보기도 하고. 그렇게 송도의 성장과 함께 송쭈집을 키워왔어요.

코로나 19로 잠시 위기를 마주하긴 했지만, 오히려 이걸 기회로 삼았어요. 당시에 매장 손님은 현저하게 줄었는데, '포장' 손님이 엄청 늘어나는 거예요. 거기서 가능성을 보고 밀키트 사업을 시작하게 되었고, 지금까지 오게 되었어요. '압도적인 재구매율, 100억 매출 신화 쭈꾸미 송쭈집'으로 한 단계 더 성장하면서, 이제 동막역에 새롭게 여는 매장에서는 '쭈꾸미 파인다이닝'이라는 새로운 도전을 시작했어요. 제 삶은 송쭈집 그 자체였어요.

Q-4. 잠깐의 멍 때릴 수 있는 시간, 나의 낭만을 즐길 수 있는 '시간과 여유'가 있는 삶이요.

그리고 무엇보다, 건강하게 걸을 수 있는 삶. 불편함 없이, 아프지 않은 삶.

Question about 'Job'

Q-5. 성격 자체는 조용하고 차분한데, 일에는 완벽주의적이고 분석적. 비즈니스를 하는 ISFJ의 삶을 살아온 것 같아요.

Q-6. '욜로의 삶'을 꿈꿔요. '욜로'와 가게를 '열'다의 합성어인데, 제가 좋아하는 곳에서 마음대로 장사해보고 싶어요! 나중에, 제가 좋아하는 홍대 거리에서, 딱 두 개에서 세 개의 테이블만 놓고 장사하는 거요. 그날 하고 싶으면 하고. 하기 싫으면 안 하고! (ㅋㅋ) 백화점 가고 싶은 날 자체 휴무. 좋아하는 브랜드 신제품 나오는 날 오픈런 하러 휴무. 또 열고 싶으면 연다!

Q-7. "경험이 답이다." 무엇이든 경험치가 중요한 것 같아요. 다양한 경험, 그것만큼 인생의 큰 자산이 또 없는 것 같아요.

Question about 'Choice'

Q-8. No Man의 삶을 살고 있는데, 참 외롭고 힘들어요. 모든 것을 혼자 결정하고, 책임져야 해요. 어린 나이부터 사업을 경험해오다 보니까, 이루어온 것도 많지만, 동시에 잃어버린 것들도 정말 많아요. 그 나이 때에 할 수 있는 것들을 많이 놓쳤어요. '성공'을 향해 달려가는 것도 좋지만, 내 삶을 있는 그대로 받아들이고, 온전히 느끼고 즐기면서 나이가 들어가는 것도 좋을 것 같아요. 너무 고생스럽게 살지 마요 여러분. Yes Man의 길도 쉬운 길은 아니겠지만, 그래도 너무 사서 고생 하지는 마요.

Life Keyword
도전

초등학교 교사
백현

2015 대한민국 인재상 수상 / 경인교육대학교 졸업 / 현 초등학교 교사

INFP

내향형
직관형
감정형
인식형

Question about 'Life'

Q-1. 요새 크고 작은 고민이 많아서 마냥 행복하다고 이야기할 수는 없을 것 같아요.

Q-2. 도전. 저는 삶의 과정들 속에서, 그것이 꼭 거창한 도전은 아니었지만, 크고 작은 도전을 즐기면서 살아왔어요. 저는 도전이란 매일, 매시간 할 수 있는 것이라고 생각합니다. 내 일상 안에서, 틀 안에서 끊임없이 도전하면서 살아왔습니다.

Q-3. 나와 세상을 조금씩 바꾸기 위해 노력해왔던 것 같아요. 저는 경상남도 거제, 시골에 있는 고등학교를 나왔는데 (지역적 특성상) 당시에는 도시와의 인프라 차이 때문에, 진로와 관련된 조언을 듣기 힘든 환경이었어요. 그래서 제가 직접 추진했어요. 유테카라는 단체의 꿈틀 콘서트를 유치하기 위해 학교에 제안하고, 성공적으로 개최했습니다. 그뿐만 아니라, 직접 무대에서 연사로 활동하기도 했어요. 코엑스에서 열린 2014 글로벌 청소년 토크 콘서트에서 '세상을 바꾸는 건 스스로를 바꾸는 것으로부터 시작된다.'라는 주제로 저의 이야기를 전하기도 했어요.

다소 추상적일 수도 있지만, 저는 세상을 좀 더 좋게 만드는 데에 기여하고 싶어요. 더 따뜻한 세상, 더 나은 세상을 만들고 싶어요. 그래서 그 꿈을 실현하기 위해, 교대를 선택했습니다. 꿈을 이룰 수 있는 가장 바람직한 수단이 '교육'이며, 그중에서도 '초등교육'이 가장 중요하다고 생각했기 때문이에요.

물론 쉽진 않습니다. 오늘도 우당탕퉁탕 굴러가는 초등학교 교사의 하루를 잘 살아내는 것만으로도 벅찰 때가 있어요. 또 한동안은 경제적인 측면 등에 대한 고민으로, 이 길을 다시 한번 생각했던 적도 있었어요. 하지만 막상 시작하고 나니, 당분간은 그런 고민은 하지 않게 될 것 같아요. 사랑하는 아이들과 함께 호흡하고, 더 따뜻한 세상을 함께 이야기하는 것만으로도, 과분한 행복과 보람을 느끼며 살아가고 있습니다. 좋은 선생님이자, 훌륭한 교육자로 나아가려 해요.

Q-4. 친절한 삶이라고 생각해요. 저는 친절한 사람이 가장 강한 사람이라고 생각합니다. 나에게 주어진 일을 해내는 것만으로도, 우리는 치열하고 전쟁 같은 삶을 살고 있잖아요. 그런데 그 와중에 다른 사람을 배려하고, 친절하게 웃으면서 대하기 위해서는, 그 에너지를 넘어서는 더 큰 에너지가 있어야 한다고 생각해요. 친절한 사람은 참 강한 사람입니다. 저는 내면의 에너지가 넘치는, 단단한 사람이자, 친절한 사람으로 살아가고 싶어요.

Question about 'Job'

Q-5. INFP는 중재자이자, 사명을 찾아가는 사람이에요. 세상을 좀 더 좋게 만드는 직업을 가진 사람들이 많아요. 또한 창조적이고, 부서원의 잠재력을 찾고 발휘해주게 하는 능력을 가진 이들이 많아요. 타인을 비판하기보다는 칭찬해 주는 사람들입니다. 교사의 본질과 일치해요!

Q-6. 세상을 좀 더 낫게 만들고 싶어요. 설령 교사가 아닌 다른 길을 가게 되더라도, 제 꿈은 한결같습니다. 그게 꼭 넓은 세상이 아니더라도, 큰일이 아니더라도 당장 내 앞에 있는 사람들이 더 나은 삶을 살게 도와주는 사람으로 살아가고 싶어요.

Q-7. 저도 잘 못하는 거라 제가 감히 후배들께 조언할 자격이 되는지는 모르겠어요. 그래도 꼽아보자면 "졌잘싸(졌지만 잘 싸웠다) 마인드로 살아보자."에요. 스포츠 경기에서도 졌지만, 그 과정에서 최선을 다했다는 게 보이면 팬들이 박수를 쳐주잖아요. 우리도 우리 스스로의 팬이 되어서 결과보다는 과정을 좀 더 소중히 여겼으면 해요.
  또한 당신은 꼭 대단하지 않아도, 무언가를 이루어내지 못해도, 가장 소중한 사람임을 기억하세요!

Question about 'Choice'

Q-8. No Man이요. 하지만 이때까지 제가 살아온 궤적이나 성향을 보면 Yes Man에 가까워서 결국엔 Yes Man을 선택할 것 같아요. No Man은 동경의 대상에 더 가깝달까요! No Man을 원하지만, Yes Man의 삶을 살면서 Yes라는 큰 흐름 안에서 작은 No들을 만들면서 살 것 같아요.

CHAPTER 02

choice 'No Man'

INTJ: 前 SKT AI 개발자, 현 RONIK 대표 오진환

ESTJ: 버킷스튜디오 이사 권상미

ESFP: (주) 리얼프로 대표 김용하 PD

ESTP: JTBC Golf 아나운서 김미영

ENFP: 공군 수의장교 (수의사) 조성환

ISTP: 서울 C병원 연구간호사 김은채

INTP: 前 신세계TV쇼핑 쇼호스트 이소민

INFJ: 반려동물 스튜디오 츄이 대표 서소현

ENTJ: 영상제작사 N.O.D 대표 최재혁

前 SKT AI 개발자, 현 RONIK 대표
오진환

광운대학교 로봇공학과(전액장학금) / EBS 로봇파워 우승자 / 2008 대한민국 인재상 수상자 / SK텔레콤 8년 근무(소셜 로봇 개발 / NUGU, 알버트) / 서비스로봇 스타트업 RONIK 대표

Question about 'Life'

Q-1. 행복합니다. 직장생활도 참 감사하고 즐거웠지만, 이제는 내가 하고 싶었던 일을 시작한다는 것이, 참 설레고 즐겁습니다.

Q-2. 긍정. 저는 학생 때부터 늘 로봇에 진심이었는데, 종종 무시당하거나 힘든 일들이 많았습니다. 하지만 그때마다 긍정적으로 나아가기 위해서 노력을 했고, 결국 그러한 애티튜드가 저의 삶을 이끌어 왔던 것 같습니다.

Q-3. 사실 고등학교 때, 공부가 너무 싫었습니다. 로봇에 관심을 두게 된 것도, 공부가 싫었기 때문입니다. 야간자율학습을 하기 싫어서, 과학 동아리에 들어갔는데, 거기서 로봇을 만져보다가 완전히 빠져버리게 되었어요. 그렇게 국내외 로봇 관련 경진대회를 거의 휩쓸다시피 하면서 대학 입시를 자연적으로 해결했고, 계속 꿈을 좇았습니다.

대학교 1학년 EBS 로봇파워 경진대회에서 우승도 했고, 일정 기간 패널로도 활동했어요. 로봇소년 그 자체였죠. 졸업 이후에는 일본으로 유학을 가려 했어요. 그런데 당시에 영화 'Her'를 보고, 마음이 바뀌었습니다. 사람과 소통을 할 수 있는 로봇을 만들어보고 싶다는 생각이 들었어요. 그래서 통신사에 입사했습니다. 스마트폰 다음은 로봇의 시대가 올 것이라는 확신이 들었어요. 그렇게 SK텔레콤에 입사했고, 8년 가까이 소셜로봇을 연구하고 개발했어요. 인공지능 스피커 'NUGU'와 아이들을 위한 소셜로봇 '알버트 AI' 개발과정에 참여하기도 했습니다.

그런데, 얼마 전 회사를 나와서 스타트업을 창업했습니다. 시대가 한 번 더 변화하는 걸 봤거든요. 지금까지의 로봇의 역할은 보완재의 역할이었는데, 이제는 필수재의 영역으로 넘어가고 있습니다. 출생률이 줄어들면서 인력난은 심각해지고, 인건비는 계속해서 상승하며, 3D 업종은 모두가 기피하는 거예요. 로봇이 정말 필요한 시대가 다가오는 거죠. 그래서 오랜 고민의 과정 끝에, 로봇스타트업 'RONIK'을 창업하게 되었습니다. 우리의 비전은, 각종 산업에서 로봇의 니즈를 발견하고, 그에 걸맞은 로봇 서비스를 개발하고, 상용화시키는 회사입니다. 현장의 목소리를 듣고, 현장에 필요한 로봇을 만들어주는 회사를 만들고자 해요.

Q-4. 긍정적인 삶이라고 생각합니다. 저는 늘, 먼 곳에 있는 목표를 향해 나아가는 사람입니다. 그 과정에서 넘어지기도 하고, 다칠 수도 있습니다. 하지만 다 이겨내고, 끝내 목표를 이루어낸 뒤에, 지난 날을 웃으면서 되돌아볼 수 있는 삶. "결국 다 아름다웠다."라면서 추억할 수 있는 삶. 그것이 좋은 삶이라고 생각합니다.

Question about 'Job'

Q-5. INTJ와 정확히 일치합니다. INTJ는 일론머스크의 MBTI이기도 합니다. 전략가이자 개척자. 지식에 대한 갈망이 있는, 계획적이고, 디테일한 사람입니다. 저는 직장 생활도 INTJ와 80% 이상 일치했고, 지금 시작한 스타트업도 INTJ의 연장 선상입니다.

Q-6. 나의 옆집에 내가 만든 로봇이 있었으면 좋겠다. 그거면 됐다.

Q-7. "너의 생각이 정답일 수도 있다." 너의 생각에 자신을 갖고, 믿어라. 의심하지 말라. 어른들의 말이 정답이 아닐 수 있다. 이제는 주관식의 시대다. 깊은 고민 끝에 나온 너의 결론이 정답일 수 있다. 나의 답을 믿어라. 그리고 증명해라.

Question about 'Choice'

Q-8. 저는 No Man을 선택하겠습니다. 한 번 사는 인생, 다양한 경험을 하면서 삽시다. 직장은 좁아요. 세상은 넓고, 할 것은 많습니다.

Q-10. 과감하지 못했던 것. 대학생 때, 많이 두려워했던 거요. 남을 의식하면서, 평균의 삶에 집착했던 것. 아쉽습니다. 조금 더 과감할 수 있었는데. 물론 그러한 시간도 소중했고, 지금 나를 만들어줬지만, 그래도 조금 더 과감했더라면 어땠을까!

ESTJ

외향형
감각형
사고형
판단형

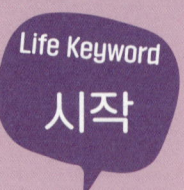

Life Keyword
시작

버킷스튜디오 이사
권상미

화장품 회사, 대형제약회사 'D사', 'C사'에서 신사업 기획 및 운영 (20년), 오프라인을 넘어 온라인으로 업무 분야 확장 (최근) 라이브 방송 제작까지 다양한 커리어 패스 구축 / 현재 버킷스튜디오(라이브커머스) 팀장 & 이사로 재직 중이며, 지난 3월 간병인 매칭 플랫폼 '빌리프' 오픈

Question about 'Life'

Q-1. 네, 행복해요! 엄청나게! 아주 만족해요 저의 삶에!

Q-2. '시작'이라고 할 수 있을 것 같아요. 늘, 새로운 시작!
지금까지 했던 업무가 거의 '신사업'을 기획하고 운영하는 일들이었어요. 급변하는 시장에 맞게 유동적으로 움직여온 사람인 거죠. 이직을 자주 했던 이유도 간단해요. 내 생애 주기별로 산업이 계속 변화하니까요. 그런데 중요한 건, 산업도 늘 변화하지만, 일에 대한 나의 가치관과 신념도 계속 변화한다는 거예요. 그래서 저는 늘 외부의 변화(산업의 변화)와 내부의 변화(내면의 변화)에 딱 들어맞는! 어떤 스위트 스폿, 그 미묘한 지점에 딱 맞는 커리어를 찾아내고 또 한번 시작하고, 도전하고 이루어 왔던 것 같아요.
저는 항상 생각합니다. 그리고 다음을 계획합니다. 3개월 뒤 '시작' 할 것. 1년 뒤 '시작' 할 것

자, 이제 또 다음을 봅니다. 3개월 뒤 '시작' 할 것. 1년 뒤 '시작' 할 것.

Q-3. 저는 겉으로 보기에는 Yes Girl인데, 또 안을 들여다보면 No Girl이기도 해요. 대학 시절 그저 화장품이 좋아서, 화장품 산업이 재미있어 보여서, 첫 커리어를 화장품 회사에서 시작했어요. 하고싶은 것을 하기 위해 회사를 간 거죠. 그 회사에서 참 다양한 직무를 경험했어요. 제품 교육, 영업관리, 영업지원, 경영지원까지.
그 곳에서 준수한 성과를 거두었고 바이오산업에 관심이 생겨, 중견

제약회사로 이직을 했었어요. 제약회사에서 신사업을 진행하던 중 신사업의 규모가 크지 않은 덕에 다양한 직무 커리어를 쌓을 수 있었어요. 그렇게 제약회사에서 총 8년 이상을 근무하면서 참 재미있고 치열하게 일한 것 같아요.

그런데, 코로나19가 발생하면서, 유통시장이 갑자기 급변하기 시작한 거죠. 제가 선택한 것은 이 시장에서 살아남기 위해서는 이커머스가 답이라는 결론!

이커머스 시장에서 라이브커머스에 대한 니즈는 커질 것이고, 유통의 역할과 하나의 콘텐츠로 자리를 잡을 것이라고 판단해서 지금의 라이브커머스팀으로 옮겼어요. 라이브커머스라는 산업을 수단으로 다양한 브랜드를 만날 수 있었고, 제가 쌓아온 종합적인 역량과 인사이트를 기반으로, 다양한 브랜드들에게 필요한 '맞춤형 솔루션'을 제시해주고, 함께 성장할 수 있는 업무에 푹 빠질 수밖에 없었죠.

나의 업무를 매 순간 즐기다 보니, 어느 순간 부장에서 회사의 이사로 승진이 되어 있었어요. 지금의 저는 세상 바쁘고 치열하게 살고 있지만, 세상 행복하고 매 순간 즐거운 하루하루를 보내고 있습니다.

Q-4. 좋은 직장을 다닌 사람이 아니라 좋은 직업을 가지고 살아가는 삶이요. 당장 좋은 직장의 '네임밸류, 연봉, 복지'를 누리는 사람이 아니라! 직장이든 직업이든, 내가 좋아하는 일을 바탕으로 내 삶을 꾸려나가는 인생. 내가 잘할 수 있고, 좋아하고, 좋은 성과를 낼 수 있는 Job을 가진 사람이 잘산 인생이라고 생각해요.

Question about 'Job'

Q-5. 네, 소름 돋을 정도로 정확하게 일치해요. ESTJ 그 자체에요 저는. 태생부터 경영자!

아, 한 가지 다른 게 있다면, 저는 궁극적으로는 환원을 하고 싶어요. 그게 제 꿈이에요.

Q-6. 기관 혹은 재단을 만들고 싶어요. 아동복지시설 또는 가정 위탁 보호가 종료된 아이들(자립준비 청년)을 위해 새로운 가족이 되어주고, 사회에 적응할 수 있는 멘토의 역할을 해주고 싶은 것이 저의 꿈이에요.

경제적인 지원뿐 아니라, 심리적인 안정감을 줌으로써 성숙한 성인으로 자립할 수 있도록 도와주는 것이 저의 목표이자 꿈입니다. 쉽지 않겠지만 단 한 사람의 인생이라도 변화시킬 수 있다면, 저는 모든 꿈을 이룬 사람이라고 생각합니다.

Q-7. "갖고 싶은 건 가져라." 살아오면서 인생의 시기마다 갖고 싶은 게 있었을 거예요. 초등학교 땐 짜장면이 먹고 싶었고, 대학생 때는 명품이 사고 싶었고, 나이가 들면서는 집이나 차가 갖고 싶어질 거예요. 그거요, 소중한 거예요. 그때만 할 수 있는 거예요. 그 나이 때에 '갖고 싶은 것'을 위해서 최선을 다하는 삶을 살아봤으면 좋겠어요. 갖고 싶은 것을 가지기 위해서, 그걸 이루어내기 위해서 뭘 할지를 고민하고, 이루어 봤으면 좋겠어요. 절대 미련이 남는 삶을 살지 말아요. 갖고 싶은 것이 있는 그 시간을 가장 열정적으로 보내요. 끝내 가져요! 쟁취해요! 그리고 그것을 누구보다 행복하게 누려요.

Question about 'Choice'

Q-8. 일단, 결국에는 No Man이에요. 그렇지만 한 가지 중요한 사실은 '인생의 방향'을 설정하는 기로에서 'No Man'을 선택하라는 것이지, 그 방향으로 가는 수단으로서는 'Yes Man'의 길도 나쁘지는 않아요. 수단과 방향을 잘 구분하세요.

저는 직장생활이 좋아요. 지금 제가 가진 '사회적 위치, 경제적인 기반, 하고자 하는 꿈' 모두가 직장생활을 통해 이루어낸 것들이에요. 하지만 직장생활의 가장 큰 리스크는 '유한하다.'는 거예요. 거의 모든 직장은 (대다수 직장인이 속한 직장) 정년이 정해져 있어요. 평생 그 곳에 있을 수 없다는 겁니다. 언젠가는 살아남기 위해서 '서바이벌 비즈니스'를 해야만 해요. Yes Man의 삶이 궁극적으로 내 비즈니스를 준비하는 '수단'으로서는 훌륭하지만, 절대 그것을 목적으로 두고 살아가서는 안 돼요. 여러분만의 비즈니스, 자본주의 사회에서 나를 생존시켜줄 비즈니스를 반드시 대비하면서 살아가야 합니다.

Q-10. 결혼입니다. 30대 중반의 나이에 떠밀려, 사회적 이미지 때문에, 부모님의 걱정으로 선택한 결혼. 사랑보다 조건 & 감정보다 이성 & 나의 선택 대신 외부 환경으로 선택한 결혼은 절대 행복하지 않았네요. 다시 결혼한다면 온 마음으로 사랑하는 사람과 하고 싶어요.

Life Keyword
운칠기삼

(주) 리얼프로 대표
김용하 PD

(주) 리얼프로 대표 / 신세계TV 쇼핑 PD
(식품, 생활) / NS 홈쇼핑 PD(건강식품,
식품) / KBS 보도국 AD

이향형

강가형

감정형

인식형

ESFP

Question about 'Life'

Q-1. 행복합니다. 제 사업을 시작하고, 일과를 주체적으로 사용할 수 있게 되었어요. 직장 생활할 때는, 아이들이 자고 있을 때 출근해서, 자고 있을 때 퇴근을 했거든요. 가족들과의 소중한 시간을 함께하면서 일 할 수 있어 행복합니다.

Q-2. 운칠기삼. 저는 늘 커리어의 변곡점 때마다, 타이밍이 절묘하게 들어맞았던 것 같습니다.

Q-3. 천상 Yes Man일 줄 알았는데, 결국 No Man의 길로 들어선 삶이었습니다. 홈쇼핑 PD를 시작하게 된 것은 '우연'한 계기였습니다. 첫 직장 NS 홈쇼핑의 'PS (방송영업)'직무에 지원하게 된 계기는 다소 단순했습니다. "어, 나는 대학 시절 방송일도 해봤고 (KBS AD) 전공은 경영학이니까 '방송영업' 딱 좋네!" 하면서 입사지원을 했는데, 합격하게 되었습니다. 그런데 알고 보니 'PS'직무가 곧 'PD' 직무였고, 그렇게 커리어를 시작하게 되었습니다. 타이밍이 참 절묘했던 것이, 입사 당시의 홈쇼핑은 '방송기술 디지털화의 과도기'를 맞이하고 있었습니다.

그런데 저는 대학 시절부터 촬영과 편집을 좋아했었던 덕분에, 디지털 편집기술에 경험이 있었습니다. 덕분에 잘 적응했고, 회사와 함께 성장했습니다. 첫 직장에서 8년을 보냈는데, 고민이 없었던 것은 아닙니다. 한때 불규칙한 생활에 지쳐 MD 직무로 직무 변경을 신청하기도 했었습니다.

새로운 일에 도전하고 싶다는 생각이 들 때 즈음, 당시 개국을 준비하던 신세계TV쇼핑으로 이직하게 되었고, 신세계에서도 약 7년간 PD로 일하게 되었습니다. 참 절묘했던 것이, 5년차 때부터 정말 큰 인정을 받기 시작했습니다. 제가 한창 '식품, 생활' 카테고리 상품을 담당하던 2020년에 코로나 19 사태가 시작되었고 (오프라인 시장이 위축되고 홈쇼핑이 특수를 누리게 되면서) PD로서 전례가 없는 성과 (매출)을 달성하게 되었습니다. 회사에서 매번 상을 받았고, 인정도 많이 받았습니다. 그런데 저는 2021년에 사직서를 제출했습니다.

당장에는 행복했지만, 이 행복이 언제 끝날지 모른다는 불안감에 휩싸였기 때문입니다. 당시 직장과 직업에 대해서 심각하게 고민하는 시기를 가졌고, 결국 퇴사하게 되었습니다. 퇴사를 결정한 주요 사안은 다음과 같았습니다.

1. 내 나이 마흔둘. 10년 뒤에 회사 임원으로 승진할 확률이 높을까? 내 사업을 발전시킬 수 있는 확률이 더 높을까?
2. 지금 회사를 나가서 사업을 시작하면 (잘되지 않더라도) 다시 커리어를 시작할 수 있지만, 지금 나가지 않고 10년이 지나면 정말 갈 곳이 없다.

그렇게 지금의 회사 리얼프로를 창업하게 되었고, 크게 두 가지의 사업을 하고 있습니다. 홈쇼핑 PD 경험을 살려 '라이브커머스 방송' 제작, 기획, 대행하는 일. 홈쇼핑에서의 경험과 인적 네트워크를 활용한 '벤더사업(유통사업)'을 하고 있습니다. 아직 자신을 스스로 '기업인'이라 칭할 정도는 아니지만, 사랑하는 팀원들과 함께 안정적으로 회사를 키워나가고 있습니다.

Q-4. 부러워하지 않고, 부러움을 받는 삶. 단순히 '경제적, 사회적 지표'에 대한 부러움이 아닙니다. 남들을 부러워하기보다는, 본인이 먼저 결단하고 선택해서 부러움을 받을 수 있는 삶이 좋은 삶이라고 생각합니다.

Question about 'Job'

Q-5. 잘 맞습니다. ESFP는 주로 크리에이티브 한 일을 하는 사람이 많습니다. 저는 PD니까, 카메라 뒤에 있는 ESFP라고 생각해주시면 될 것 같습니다.

Q-6. 일단 지금의 회사를 규모와 시스템을 갖춘 기업으로 성장시키고 싶습니다. 그리고 이걸 바탕으로, 재미있는 일들을 해보고 싶습니다. 예를 들어 'Cafe RP(리얼프로 카페)' 같은 것들을 운영하면서, 언젠가는 치열한 삶으로부터 졸업하고, 여유로운 삶으로 나아가고 싶습니다.

Q-7. "혼자 할 수 있는 것은 아무것도 없다." 무엇을 하든, 나 혼자서 할 수는 없습니다. 모든 것은 사람을 통해 시작된다고 생각합니다. 인연을 소중히 여기고, 그들의 마음을 얻기 위해 노력했으면 좋겠습니다. 9명의 편을 얻는 것보다 1명의 적을 만드는 것이 더 위험할 수 있습니다. 우리는 늘 함께 살아간다는 것을 기억해주세요.

Question about 'Choice'

Q-8. 저는 No Man을 선택하겠습니다. 결국, 우리는 생존을 위해 궁극적으로는 No Man이 되어야만 합니다. 하지만 그 이전에 Yes Man의 길을 거쳐보는 것도 나쁘지는 않습니다. 저는 Yes는 No를 하기 위한 훈련 과정이라고 생각합니다. 당장 빠르게 가기보다는, 바르게 갔으면 합니다.

Life Keyword
파도

JTBC Golf 아나운서
김미영

Jtbc Golf 아나운서 / 골프 인플루언서 / 강릉 MBC, OBS, KTV, 한국경제 TV 아나운서 / SK텔레콤 홍보실 직원 / 삼성 갤럭시 S1~S8 출시행사 & 벤틀리, 람보르기니, 페라리 등 슈퍼카 행사 진행 등

E S T P

외향형 감각형 사고형 인식형

Question about 'Life'

Q-1. 행복합니다. 나를 필요로 하는 사람들이 여전히 많다는 것에 감사합니다. 프로젝트를 마치고 "또 같이 일하고 싶다"는 인사를 받을 때, 가장 행복합니다.

Q-2. 도전, 끊임없이 새로운 것을 찾았던 것 같아요. 그리고 지금도 찾고 있어요.
강의, 행사, 모델, 스포츠 아나운서 , 골프 인플루언서

Q-3. 아나운서는 8살 때부터 줄곧 장래희망이었어요. 시 낭송 대회에 나간 적이 있었는데, 심장이 쿵쿵거릴 줄 알았는데 한 소절씩 읽을 때마다 사람들이 즐거워했던 기억이 나요. 끝나고 받은 박수. 그게 참 좋았어요. 그래서 방송을 꿈꾸게 되었습니다.

감사하게도, 졸업하던 해에 강릉 MBC에 입사하게 되면서 방송을 시작하게 되었어요. 그런데 강릉 MBC를 들어갔다가, 얼마 안 되어 퇴사를 했습니다. 그리고는 조금 다른 선택을 했습니다. SK텔레콤 홍보실에서 2년 반을 일했어요. 왜냐하면, 방송국 일이 제가 생각했던 것과 달랐거든요. 무엇보다, 미래에 대한 불확실성이 너무 컸어요.
하지만 회사생활을 시작했는데, 또 2년 만에 마음을 바꿨어요. 방송에 대한 아쉬움이 남았거든요. 그리고 안정된 직장에서도 불안함은 마찬가지라는 것을 느꼈죠.
다시 방송국 시험에 도전했고 'KTV, OBS, 한국경제 TV'에서 진행자

의 길을 다시 걷게 되었습니다. 아쉬웠던 것은 정말 가고 싶었던 지상파 채널(KBS, SBS, MBC) 최종에서 계속 탈락했던 거예요. 그래서 차라리 나에게 정해진 길에 최선을 다하자고 마음먹었어요. 그렇게 본격적인 프리랜서 아나운서 생활을 시작했습니다. 다양한 분야와 무대에서 일하게 되면서, 오히려 더 좋은 기회들이 펼쳐졌어요. 특히, 런칭행사와 vvip행사들을 많이 맡았는데, 대통령 행사를 몇 차례 맡았던 것이 가장 기억에 남습니다.

JTBC Golf 채널에서 아나운서로 일하게 된 건, 아버지 때문이었어요. 당시에는 골프 채널이 인기가 크진 않았어요. 그런데 당시에, 저희 아버님이 골프채널만 보고 계시는 거예요. 그 때 확신이 들었죠. "아빠가 자주 보시는 채널에서 진행하는 모습을 보여 드리고 싶다."

그렇게 JTBC Golf 아나운서 시험에 합격하면서 골프 아나운서로 새로운 출발을 하게 되었고, 골프와 관련된 다양한 영역으로 커리어를 확장했어요. KPGA에서, 시상식과 (KPGA 프로님들의) 미디어 인터뷰 강의까지 진행하고 있고, 골프와 관련한 다양한 행사와 방송에서 활동하고 있습니다. 인스타그램에서는 골프 인플루언서로도 활동하고 있어요.

Q-4. 평생 '배움'이 있는 삶을 살고 싶어요. 끊임없이 배우고 성장하는 삶이요. 5년 뒤, 10년 뒤의 내 모습을 상상할 때 스스로 기대되는 삶을 꿈꿔요.

Question about 'Job'

Q-5. 친한 후배와 대화를 나눈 적이 있어요. 방송인 중에 유난히 ESTP가 많은데, 방송인의 소양인 것 같다. 새로운 사람과 잘 대화를 나눌 수 있는 친화력, 공감할 수 있는 감성지수, 순간적으로 멘트를 받아낼 수 있는 순발력.

Q-6. 사람들에게 계속 좋은 향기로 남아, 그 사람들에게 필요한 사람으로 살아가고 싶어요. 영원한 현직자가 저의 꿈입니다. 나만의 브랜드를 만들어보고 싶기도 해요. 아직 구체적이지는 않지만, 골프나 스피치의 영역에서 '브랜드'라고 부를 수 있을 만한 무언가를 만들어보고 싶어요. 또한 플레이어를 넘어, 다양한 사람들을 도와줄 수 있는 컨설팅의 영역으로도 확장하고 싶어요.

Q-7. "베풀어라." 프리랜서로 오랫동안 일하다 보면, 내 것만 챙기는 습관이 강해질 수도 있는 것 같아요. 특히 MC나 아나운서쪽 일은 혼자서 움직이는 경우가 많으므로, 주변을 챙길 여유가 없기도 하죠. 많이 베풀면서 살았으면 좋겠어요. 꼭 돌아오지 않더라도. 그런데 돌아와요. 인생은 모내기에요.

Question about 'Choice'

Q-8. 저는 무조건 No Man이에요. 저는 당장 굶어 죽어도, 하고싶은 건 해봐야 합니다. 그리고 저에게 가장 중요한 가치는 '시간'입니다. 그래서 내 시간에, 내가 하고싶은 일을 하면서 살아가고 싶어요. 내일을 위해서 오늘을 포기하고 싶지는 않습니다.

ENFP

외향형 / 직관형 / 감정형 / 인식형

Life Keyword
소신

공군 수의 장교 (수의사)
조성환

건국대학교 수의학과 졸업 / 서울대학교 수의학과 면접 불참 / 대한민국 공군 수의 장교 복무

Question about 'Life'

Q-1. 행복합니다. 제가 원하는 대로, 그리던 대로 살아오고 있으니까요. 또한 제가 가진 한 줌의 재능으로 사랑하는 동물들을 보살필 수 있어서요. 군 생활조차 그 연장 선상일 수 있어서요. 저는 행복합니다.

Q-2. 소신. 남들이 뭐라 하든, 내가 세운 기준, 나의 목표를 향해 나아가는 삶.

Q-3. 저는 유독 어렸을 적부터 동물을 좋아했어요. 동물들이 행복한 세상을 만들고 싶었어요. 이러한 제 소신은, 대학 입시 때 가장 두드러졌습니다. 당시 서울대 수의대 수시전형 1차에 합격했었거든요? 당시 (최종전형이었던) 면접의 경쟁률이 1.2:1이었어요. 그런데 면접에 아예 참여하지 않았습니다. 이미 결정했거든요. 건국대 수의학과에 진학하기로. 이유는 건국대학교에 동물복지 분야에 저명한 교수님들이 계셨기 때문이에요. 이것에 관해서 사람들은 다양한 의견을 표하기도 했지만, 저는 전혀 후회 없어요.

좋은 동료와 함께 재미있게 공부했고, 6년의 과정을 거쳐 수의사가 되었어요. 현재는 공군 수의 장교로 복무하면서 군견들을 돌보고 있습니다. 전역 후에는, 먼저 임상 수의사가 될 생각이에요. 최소 5년 정도는, 동물병원에서 아픈 강아지, 고양이들을 돌보며 수의사로서의 소임을 다 하고, 그 이후에 진로를 결정할 계획입니다. 석박사과정이나 유학이라는 학문의 길을 걸을지 또는 아버지의 돼지 농장 경영에 참여할지, 아니면 임상 수의사로 남을지, 아직은 고민하고 있습니다.

Q-4. 만족할 수 있는 삶이요. 당신이 지금 어떤 시기이든, 어떤 모습이든 간에, 나의 지금 모습에 만족할 수 있는 삶이요. 만족하지 못한다면, 만족하기 위해 노력하는 삶이요. 동시에 (만족하기 위해 노력하는) 자신의 모습까지 만족스러워 할 수 있는 삶이요.

Question about 'Job'

Q-5. 일치합니다. ENFP는 창의적인 면이 있습니다. 게으르지만 기발한 측면이 있죠. 그래서 저는 수의사 중에서도 외과에 가려고 합니다. 외과의 특징은 (이론도 매우 중요하지만) 살아있는 생물의 다양한 상황과 외과적 증상에 '유연하게' 대처하는 능력도 정말 중요합니다. 그래서 저는 수의사 중에서도 외과 수의사가 되고 싶습니다. 나의 지식과 유연한 사고로 아픈 동물들을 돌봐주며 살아가고 싶습니다. 또한 수의사는 동물도 치료하기도 하지만 반려동물 보호자인 '사람'을 상대하는 서비스직이기도 하거든요. 저의 MBTI에 아주 잘 맞습니다.

Q-6. 사람들의 인식 속에 '수의사'라는 이미지를 조금 더 긍정적으로 만드는 데에 기여하고 싶어요. 예를 들어, 정말 신뢰할 수 있는 동물병원 그룹을 만든다거나, 저만의 가이드라인을 만들어낸다거나. 방법이 어찌 되었든, 조금 더 대중들에게 가까이 다가갈 수 있는, 신뢰받는 수의사가 되고 싶어요. 또한 일상 속에서 동물복지와 관련한, 제가 할 수 있들을 하면서 살아가고 싶어요.

Q-7. "소신 있게 사세요." 지금 내 삶에, 지금 이 순간에, 나의 소신을 다하면서 살아갔으면 좋겠습니다. 뭐든 해요, 소신껏.

Question about 'Choice'

Q-8. No Man을 선택하겠습니다. 저는 다시 태어나도, 지금처럼, 제가 원하는 목표를 위해 나아가는 삶을 살고 싶습니다. 그 길이 직장에 있다면 갈 것이고, 직장 밖에 있다면 과감히 도전할 겁니다. 다만 중요한 것은, 대다수가 그렇게 가기 때문에 Yes를 외치지는 않을 겁니다.

Life Keyword
솔직함

서울 C병원 연구간호사
김은채

수원여대 간호학과 졸업 / 국립암센터
입사 후 20일 만에 퇴사 / 서울 S 병원
연구간호사(CRC)로 이직

ISTP

내향형 / 감각형 / 사고형 / 인식형

Question about 'Life'

Q-1. 행복합니다. 다소 재미없는 Yes의 삶이긴 하지만, 그 안에서 목표도 세웠고, 하고 싶은 일도 찾아냈습니다. 지금의 일에 큰 보람도 느끼면서, 하루하루를 켜켜이 쌓아가는 삶을 살아내고 있습니다.

Q-2. 솔직함. 저는 모든 것에 있어 솔직해요. 특유의 성격도, 삶에서 중요한 결정을 할 때도 늘 '솔직함'으로 일관해왔어요. 고등학교 시절 "은채야, 사실 너는 예체능이나 공부 쪽으로 두드러지는 능력은 없어. 다만 무언가는 꾸준히 해내는 능력은 확실해."라면서 자신을 스스로 인정했던 적이 있거든요? 그렇게 간호학과를 선택하게 되었는데, 만족해요.

사람들과의 관계에서도, 나 자신과의 대면에서도 늘 솔직한 삶. 그게 저의 단어인 것 같아요.

Q-3. 저는 운명을 받아들이고, 동시에 운명을 개척하며 살아왔어요. 처음 간호학과에 입학할 때는, 운명처럼 제 진로를 받아들였어요. 당장에는 딱히 잘하는 것도, 하고 싶은 것도 없었으니까요. 그런데 그렇게 묵묵히 4년의 세월을 보내고 나니, 저에게 '간호사 면허'라는 든든한 자산이 생겨났습니다.

처음에는 모두가 가고 싶어하는 대형 병원에 취업하였으나, 20일 만에 이 길이 아님을 깨닫고 퇴사한 뒤, 지금의 서울성모병원 연구간호사(CRC: Clinical Research Coordinator: 임상시험을 진행하는 간호사)로 이직을 했습니다. 처음에는 그저 운명을 받아들였지만, 점차 그 안에서 운명을 개척해나가는 사람으로 성장하게 된 것이죠.

그런데 한 번 개척해보고 나니까 (과감한 선택을 해보고 나니까) 이제는 더 자신감이 생겼습니다. 제약회사에서도 일해보고 싶고, 기회가 된다면 승무원도 해보고 싶습니다. 기회가 주어진다면 No Man처럼 방송인도 되어보고 싶습니다. 지금 당장 무언가를 하지 않아도 됩니다. 하고 싶은 게 없어도 됩니다. 운명을 받아들이면서, 그 안에서의 다음 Step을 찾아보는 것도 나쁘지 않아요.

Q-4. 모두에게로부터 자유로운 삶. 누군가에게 이끌리거나, 타인의 꿈에 내가 끼워 맞춰서 사는 삶이 아니라. 내가 만족하는 삶, 자신에게 "이만하면 잘 살았다."라고 인정할 수 있는 삶.

Question about 'Job'

Q-5. 일치합니다. 저는 지극히 현실적인 사람입니다. 그래서 직업도, 이 사회에서 오랫동안 검증되어온 Job을 선택했습니다. 주관식 문제보다는, 객관식 문제를 더 선호해요.

Q-6. 저는 제 Job 안에서 응용 가능한 여러 갈래의 길을 걸어보는 것이 꿈입니다. 임상간호사, 연구간호사, 제약회사 CRC, 승무원, 방송인까지. 간호사 면허 하나로, 이것저것 다 해보고 싶어요. 은채 하고 싶은 거 다 할래!

Q-7. "저울질 하지 마, 지금 바로 Try." 나이가 들어갈수록, 이것저것 고려할 것이 많아지고, 소위 이것저것을 잴 수밖에 없어집니다. 그냥 한 살이라도 어릴 때 시작했으면 좋겠습니다. 지금 바로 시도했으면 합니다. 되든 안 되든, 지금 시작해요!

Question about 'Choice'

Q-8. 이번 생에는 Yes Man으로 살아오긴 했지만, 다음 생에는 No Man으로 되어보고 싶어요.

정말 내가 잘하는 것을 찾아내고, 그것을 이루어나가는 삶을 살고 싶어요. Choice No Man!

Q-10. 고등학교 때, 내가 하고 싶은 것이 뭔지 모르고, 나를 잘 모른다는 이유만으로 열심히 살지 않았던 거요. 꼭 공부를 열심히 하지 않아서라기 보다는, 내 스스로 떳떳하지 못했던 것, 그 시간을 다소 아쉽게 흘려보냈던 것. 여러분. 여러분 자신도 소중하고, 걱정과 고민거리와 감정까지 모두 다 소중해요. 귀한 것들이에요. 하지만 그 무엇보다 소중하고 귀한 것은 '시간'이에요. 흘려보내지 말아요. 어떻게든, 같이 흘러가요.

INTP

내향형 직관형 사고형 인식형

Life Keyword
연꽃

前 신세계TV쇼핑 쇼호스트
이소민

2010 미스코리아 전북 선 & 인기상 / 숙명여대 무용학과 졸업 / 신세계TV쇼핑 쇼호스트 / 프리랜서 쇼호스트

Question about 'Life'

Q-1. 행복합니다. 어렸을 적에는 참 갖고 싶은 것도 많았고, 내 마음대로 되지 않으면 스스로 불행하다고 생각했거든요. 그런데 살면서 내려놓을 것은 내려놓고, 꿈꾸고자 하는 것은 꿈꾸기 시작하니, 삶이 행복하고 풍요로워졌습니다. 행복합니다!

Q-2. 연꽃. 연꽃은 진흙 속에서도 꽃을 피워 내거든요? 제 삶은 연꽃 같았어요. '도대체 나에게 왜 이런 일이 있는 것인지' 마치 죽을 것처럼 힘들던 시기가 종종 있었는데, 그때마다 누군가가 나타나면서, 잘 헤쳐나갔던 것 같아요. 그리고는 끝내 "아! 이러려고 이랬구나." 하면서, 그 시기를 아름답게 추억할 수 있는 삶이 반복되었던 것 같아요. 때로는 깊은 진흙탕 속에 있었지만, 또 그 안에서 꽃을 피어나가는 삶. 그게 저의 삶이었던 것 같아요.

Q-3. 굽이굽이친 오르막길 같았지만, 또 멀리서 보면 나름대로 꽃길이었던 것 같아요. 원래는 무용인의 길을 걷고자 숙명여대 무용학과에 입학했어요. 당시 주변의 권유로 2010년도 미스코리아 대회에 출전해서 입상하기도 했는데, 딱히 무엇인가가 되지는 못했어요. 승무원 시험, 아나운서 시험, 준비하다가 포기하기도 했고, 대학원에 진학했다가 2주 만에 자퇴하기도 했고. 그러다가 또 우연히 결혼하고 아이를 낳기도 하고.

그런데 어느 날, 쇼호스트에 관심이 생기는 거예요. 그래서 도전했어요. 계속 떨어져도 "뭐야? 내가 왜 안 돼? 이소민이?" 하면서 오기로 달려들었어요. 그러다가 마침내 신세계 TV쇼핑에 합격했고, 쇼호스트로서의 커리어를 시작하게 되었어요. 6년 정도 일하다가, 2020년에는 라이브커머스 시장이 활성화되면서 회사를 나왔고, 프리랜서 쇼호스트로 활동하게 되었어요.

명품, 뷰티 카테고리를 거쳐, 지금은 인플루언서로서의 사업도 확장하려고 하는 단계입니다. 나의 딸과 행복하게 살면서, 나와 적성이 잘 맞는 Job을 가지고 살아가고 있습니다.

Q-4. 로맨틱하고 여유 있는 삶이요. 솔직하게, 지갑이 든든하고 마음이 든든한 삶을 원해요. 따뜻한 집에서, 사랑하는 사람과 함께 시간을 보낼 수 있는 삶. 종종 5성급 레스토랑에서 식사하는 삶. 에펠탑 앞에서 사랑하는 사람과 달콤한 시간을 보내는데, 그 와중에 주머니에 유로 화폐가 가득한 삶. 오고 가는 비행기에서 비즈니스석을 탈 수 있는 여유. 여행 중 팁을 줄 때, 50달러 이상을 베풀 수 있는 삶. 물론 모든 것은 사랑하는 사람들과 함께! 즐기고, 사랑하고, 베푸는 삶이요.

Question about 'Job'

Q-5. INTP의 특징이 방송일과 직접적으로 일치하지는 않아요. 그런데 쇼호스트에게 필요한 역량과는 또 일치하는 것 같아요.

혼자만의 시간을 즐기는 편이에요. 그래서 활발하게 인간관계를 구축하지는 않지만, 남들이 하지 못하는 메시지를 만들어내는 데에는 큰 장점이 있어요. 진짜 사람의 마음을 울리는 말을 하려면 "스스로 느껴야 한다."라는 말이 있거든요? 혼자 고민하고 생각하는 시간이 많다 보니까, 시청자들의 공감을 이끌어내는 나만의 멘트와 메시지가 나와요. 또 제가 관심 있는 분야는 끝까지 파고들거든요?. 그러다 보니 제품이나 브랜드를 공부할 때, 끝까지 파고들어서, 결국 내 것으로 만드는 장점이 있죠. 잘 맞아요.

Q-6. 경제적 풍요. 우리 딸, 하고 싶은 거 마음껏 하게 해주고, 뜻이 있을 때 든든한 스폰서가 되어 주는 거요. 우리 딸이, 제가 눈감기 전에 무엇이라도 하는 모습 보는 거요.

Q-7. "되고 싶은 사람 곁에 있어라." 누군가가 되고 싶으면 그 사람처럼 되어야 해요. 물들어야 해요. 그 사람처럼 내가 변해야 해요. 그사람 '화'가 되어야 해요. 어떻게든 최대한 가까이 다가가세요. 그러면 그 사람을 닮아가고, 그 사람의 직업을 갖게 되고, 주변 사람도 바뀌면서, 내 인생까지 바뀌게 되어요. 다만 그 이전에 내가 원하는 것이 무엇인지, 그 분야가 무엇인지, 어떤 사람이 되고 싶은지. 그것만 명확하게 정했으면 좋겠어요. 주체성을 가지고, 목표를 세우고, 원하는 사람이 되어 갔으면 좋겠습니다.

Question about 'Choice'

Q-8. 저는 No Man을 선택하겠습니다. 제가 좋아하는 사람들과 좋아하는 일을 좋아하는 곳에서 하고 싶어요. 내가 좋아하는 사람들에게 더 집중하고, 맞지 않는 사람과는 거리를 두며 살아갈 수 있는 삶을 원해요.

Life Keyword
신중

반려동물스튜디오 츄이 대표
서소현

경희대학교 경영학과 졸업 / 우울증에 가까운 시기가 있었으나 '호야, 쏘야'(시바견)와 함께 극복 / 호쏘에게서 영감을 받아 반려동물 스튜디오 '츄이' 창업

INFJ

내향형
직관형
감정형
판단형

Question about 'Life'

Q-1. 행복해요, 엄청! No Man의 삶을 선택하고, 웃음이 정말 많아졌어!

Q-2. 신중. 저는 늘 신중했어요. 그리고 츄이를 만들기까지, 정말 많이 신중했어요. 정말 오랜 시간 신중하게 고민한 끝에 선택했는데, 장고의 끝이 '악수'가 아니라 '묘수'였어요. 즐겁고, 행복해요.

Q-3. 인프제 특징인데, 저는 유독 남의 눈치를 자주 보면서 자라왔어요. 남에게 창피한 내가 싫었어요. 중고등학교 내내 공부를 잘했던 이유도, 남들 앞에 당당하고 싶어서, 좋은 학교를 가고 싶어서였어요. 원래 하고 싶었던 일은 스포츠 아나운서였어요. 그걸 위해서 대학교 내내 4시간만 잠자면서 준비했어요.

그런데 사랑하는 아빠가 아프시면서, 모든 것을 멈췄죠. 거의 우울증 가까운 시기를 보냈던 적이 있는데, 그 때 힘이 되어줬던 것이, 지금 보호하고 있는 시바견 두 마리 '호야, 쏘야'에요. 호쏘가 성장하는 과정을 사진으로 남기곤 했는데, 사람들 반응이 정말 좋은 거예요. 그래서 이 일을 업으로 삼는 게 어떨까 고민하다가, 반려동물스튜디오 츄이를 시작하게 되었어요.

Q-4. 나에게 떳떳한 삶이요. 남에게 말고 '나'에게. 매 순간 스스로 부끄럽지 않게 사는 것.

Question about 'Job'

Q-5. 굉장히 일치합니다. 인프제의 표본이에요. 눈치 많이 보고, 걱정 많고, 지나치게 조심스럽고 극단적으로 내성적이며 완벽주의, 동물애호가.

Q-6. 먼저, 반려동물 스튜디오 업계의 탑이 되고 싶어요. 궁극적으로는 유기견 보호소를 운영하고 싶어요. 또한 사랑하는 저의 호쏘가 언젠가 제 곁을 떠났을 때에도, 미안함과 후회를 1도 남지 않게 되는 것. 그만큼 최선을 다해 사랑하고 아껴주는 것.

Q-7. "많이 생각하는 것도 좋은데, 일단 좀 해봐." 내가 너무 생각이 많다 보니까 해보지 못했던 것들이 너무 많았어요. 물론 그것도 내 신중함을 더해줬던 소중한 고민의 시간이었겠지만, 또 그만큼 놓친 게 너무 많아요. 해 봐, 아직 젊다면. 할 수 있다면, 해 봐. 그리고서 생각해요. 망하면 좀 어때. 아직 우린 젊잖아.

Question about 'Choice'

Q-8. 저는 No Man의 삶을 선택하겠습니다. 저는 남들이 가는 길을 따라가지 않아요. 제가 하고 싶은 걸 하면서 살 거예요.

영상제작사 N.O.D 대표
최재혁

모 회사에서 영상 제작 PD로 근무 / 영상 제작사 N.O.D 창업 / 1,000%라는 경이로운 매출 상승 기록 / 현재 SK E&S, SKT, 롯데지주, 롯데물산, 하이브 등 탑 클라이언트 프로젝트 진행

외향형 E

직관형 N

감정형 F

판단형 J

Question about 'Life'

Q-1. 행복합니다. 먹고 싶은 거 먹고, 갖고 싶은 거 갖고, 가족들이 원하는 것들을 이루어줄 수 있어서 행복합니다.

Q-2. GO! 못 먹어도 일단 Go! 망해봐도, 일단 Go!

Q-3. 우연히 만난 일을 '운명'으로 받아들인 삶을 살아왔습니다. 원래 저는 체대입시를 준비하는 수험생이었는데, 당시 지원했던 대학에 다 떨어졌습니다. 군입대를 하려던 찰나 우연히 어느 대학의 광고홍보학과에 진학했습니다. 대학교 2학년 때까지는, 특별한 꿈이나 직업적 목표가 없었습니다. 그런데 학교 조별과제를 수행하던 중 우연히 '영상제작'을 경험하게 되었었는데, 생각지도 못하게 친구들의 반응이 정말 좋았습니다. "오, 이거 재밌네!" 그렇게 영상 일을 시작하게 됐습니다. 잠시 영상 업계의 회사에 다니기도 했지만, 결국 제 사업을 시작했습니다.

왜냐하면, 두 가지의 확신이 있었기 때문입니다.

회사가 없어질지도 모른다는 확신.
회사 밖에서의 '5년'으로 회사 안에서의 '10년'을 이길 수 있겠다는 확신.

그렇게 이 회사를 설립하게 되었고, 지금은 '회사 밖에서의 3년'만에, 이미 '회사 안에서의 10년'을 이겼습니다. 좋아하는 일을 하면서, 경제적으로도 풍요롭게, 행복한 삶을 꾸려나가고 있습니다.

Q-4. 평생 하고 싶은 거 하면서, 좋아하는 일 즐기면서 사는 게 가장 잘 산 인생이라고 생각합니다. 하고 싶은 일을 해야만 느낄 수 있는 행복이 있습니다. 하고 싶은 일을 해야, 그 어떤 것보다 강력한 '동기부여'가 생깁니다. 그렇게 더 몰입하게 되고, 좋은 성과를 만들어가게 됩니다. 그렇게, 돈은 따라오게 됩니다.

Question about 'Job'

Q-5. ENTJ스럽게 살고 있습니다. 저에게는 큰 꿈과 야망이 있습니다. 또한, 누군가에게 얽매이거나, 누군가의 밑에서 일하는 것을 싫어합니다. 책임과 권한을 바탕으로, 제가 기획한 일을 실행하고 책임지는 것을 좋아합니다. 일단 제가 대표니까, 그것 자체로 재미있습니다. 하나씩 목표를 이루어가는 회사를 보며 행복을 느낍니다.

Q-6. 궁극적으로 하고 싶은 건 '돈이 안 되는 일'입니다. 정말 사소한 순간들을 찍어주는 서비스를 하고 싶습니다. 결혼이나 파티 외에도, 인생에서 가장 중요한 순간들이 많이 있습니다. 예를 들어, 아기가 태어나는 순간, 새로운 차를 인수받는 순간. 저는 그런 사소한 순간을 남겨주는 일을 하고 싶습니다.
우리의 삶은, 매 순간이 드라마이자, 영화입니다. 저는 그 순간을 담아주는 사람. 가장 소중한 순간을 기억하게 해주는 사람이 되고 싶습니다.

Q-7. "존버해라." 코인, 주식같은 것들을 버티라는 게 아닙니다. 좋아하는 일이 잘 안되어도, 버티고 나아가라는 말입니다. 내가 좋아하는, 잘 할 수 있는, 자신 있는 분야라는 가정하에, 일이 몇 년 잘 안되어간다고 해서, 어느 순간 '포기'를 하는 사람이 많습니다. 저는 참 안타깝습니다. 그 몇 년안에, 어차피 대다수가 포기를 합니다. 더 시간이 지나면, 거의 나를 제외한 모든 이들이 포기를 합니다. 그럼 그 때, 당신이 시장의 모든 것을 가져가면 되는 겁니다.

버티세요. 지금 모습 그대로, 우직하게 나아간다면,
내가 꼭 월등하게 잘하지 않아도, 알아서 포기해줍니다.
알아서 비켜줍니다. 알아서 내어줍니다.

Question about 'Choice'

Q-8. 저는 No Man의 삶을 선택하겠습니다. 이유는 크게 두 가지 '경제적인 목표'와 '직업 만족도'입니다.

Q-9. 저의 개인적인 사례 한정이지만, 주변의 예스맨과 노맨은 '후회'를 중심으로, 완전히 다른 삶을 살고 있습니다. Yes Man 중에는 후회하는 친구들이 많은데, No Man은, 한동안 힘들었던 친구는 있어도, 후회하는 친구는 없습니다.

인터뷰를 마치며

　이상 MBTI 16인의 인터뷰를 마친다. 도움이 되었는가, 아직 선택하지 못했는가? 우리는 각양각색의 이야기를 가진 열여섯 인물의 인터뷰를 진행하면서, 다음과 같은 공통점을 발견했다.

　선택의 기준은 (일차원적으로 봤을 때는) 'Yes (직장), No (직업)' 두 가지이지만, 그 이유는 각각 달랐다는 점이다. 열여섯 인물의 '직장'이냐 '직업'이냐의 선택은, 어떤 길이 더 옳은지 그른지에 대한 가치판단이 아니라 '내가 누군지, 무얼 원하는지, 어떤 방식이 맞는지'를 바탕으로 최종선택하는 '수단'에 지나지 않는다는 것이다.

　대체로 각자의 MBTI와 일치하는 삶의 방식을 선택했고, 각각 자신들에게 '맞는 옷'을 입고 살아가면서, 대부분 '행복하다'는 이야기를 하고 있다는 것. 또는 100% 일치하지는 않더라도, 자신이 가진 MBTI 성향의 일부를 긍정적으로 활용하면서, 적어도 '맞지 않는 옷'을 입고 살아가지는 않는다는 것.

각자가 표현하는 방식이나 단어는 다르지만, 대부분 '좋은 삶'이라고 정의한 삶의 그림이 (각자의 성향에 따라 중요시하는 영역은 다를 수 있지만) 대체로 비슷하다는 것. 그 그림을 그려나가는 과정의 접근방식과 실천수단이 (각자 성향과 직업별로) 다를 뿐이라는 것이다.

"당신에게 필요할 물감만 가져가세요."

우리가 원하는 삶의 그림은 크게 다르지 않습니다. 어쩌면, 꽤 비슷하기도 합니다. 다만 그 그림을 구성하는 요소들이 각자의 성향마다 조금씩 다를 뿐이라고 생각합니다.

당신의 삶의 그림을 그려나가는 과정에서, 앞서 펼쳐졌던 16인의 이야기를 물감으로 사용했으면 좋겠습니다. 나의 마음을 울리는 하나의 '단어, 문장, 에피소드'를 기억하고, 그 사람의 삶의 발자취를 따라가 보고, 흉내를 내보세요. 그렇게 마침내 '나만의 색'을 띄는 물감을 빚어내고, 그 색깔을 바탕으로 그려지는 그림을 상상해보세요.

올바른 선택을 하고, 원하는 삶을 사는 방법은 간단합니다. 다시 한 번 기억하세요.

내가 어떤 사람인지 정의할 것.
나에게 맞는 삶의 방식을 선택할 것.
그 선택을 통해 이룰 목표를 정할 것.
그 목표를 이루기 위한 구체적인 액션플랜을 만들 것.
당장 실천할 것.

삶의 '선택'이라는 주제를 파고들었던 네 개의 파트, 이렇게 그 마지막 이야기를 마칩니다.

〈사전에 정해진 인터뷰 분량상 함축적으로 표현한 부분이 꽤 있습니다. 더 이야기를 듣고싶은 인물들이 있다면, 조금만 기다려주세요. No Man이 개설할 유튜브 채널을 통해 공개할 예정입니다.〉

「Yes Man, No Man」을 마치며

"여러분! 여기서 끝이 아닙니다."

자! 이제 선택할 차례입니다. 당신, 이제는 선택하였습니까?

그렇다면, 더는 의심하지 마십시오. 저희는 확신합니다. 이 책에서 나타난 18명의 인물들은, 단언컨대 당신의 그 어떤 주변 인물들보다도 더 귀중한 삶의 조언들을 남겼을 겁니다.

선택했다면, 자신의 결정을 믿고, '간절함'이라는 성공방정식을 무기로 삼아, 그 선택이 옳았음을 증명해내는 데에만 집중하십시오. 당신이 옳습니다. 당신의 대답이 정답입니다. 그대로만 나아가십시오!

혹여, 아직 결정하지 못했습니까?

걱정하지 마세요. 어떤 대답이든 성장하기로 했다면, 그걸로 되었습니다. 어떤 선택이든, 그 선택에 단 1%라도 더 확신을 얻었다면, 당신을 격하게 지지합니다. 오늘로써 점 한 개를 더 찍었다면, 한 발짝이라도 나아갔다면, 잘했습니다. 고민하되, 길이가 아닌 '깊이'에 집중하길. 마음껏 상상하고 꿈꾸되 '간절함'이라는 삶의 엔진만큼은 늘 켜진 상태이길.

이제 작별의 시간입니다.

당신의 선택이 더 선명해지고, 그 선택이 옳았음을 증명해나가는 과정에, 저희 두 사람은 계속해서 당신과 함께하겠습니다. 또한 당신이 성장하기로 한 만큼, 우리 역시 각자의 선택에서 거듭 성장하고 있겠습니다!

이 책이 '1쇄, 2쇄, 3쇄…'로 끊임없이 발행되는 동안, 우리 역시 [Yes,

No] 각자의 삶에서 1막, 2막, 3막을 열어가는 삶을 살아가며, 빠른 시일 내에 "저희 두 사람, 결국 각자의 성공방정식을 증명해냈습니다."라는 기쁜 소식과 함께 「Yes Man, No Man: 시즌 2」로 돌아오겠습니다.

당신이, 당신의 삶의
'선택'이라는 '점'을 찍어내고,
그 점들을 '선'으로 만들어내면서
이윽고
자신만의 '그림'을 완성해내는 그날까지.

Yes Man, No Man! We'll be back!

Yes Man '조성빈'의 진짜 마지막 한 마디

"여러분 덕분에 저 내일부터 더 열심히 일할 수 있을 것 같아요!"

지극히 평범한 월급쟁이이자 Yes Man으로 살아가며 행복한 삶을 위해 최선을 다하고 있는 제가 우연에서 시작해서 이 책을 쓰기까지 너무나 많은 고통의 시간들이 있었습니다. '여러분도 꼭 Yes Man 하세요'라는 메시지를 던져야 했기에 책을 쓰면서 저의 본업인 회사의 일과 동료들에게 피해를 주면서 글을 쓰고 싶지 않았어요. 덕분에 매일 야근이 끝나면 잠을 포기하고, 근 몇 달은 주말도 반납한 채 이렇게 글을 썼어요.

무엇 때문에 이렇게까지 할 수 있었을까 매순간이 고민이었지만, 내가 하고자 하는 일이기에, 내가 해야 하는 일이기에 누구보다 잘하고 싶다는 마음 하나로 지금까지 버텼던 것 같아요. 그렇기 때문에 이 책이 완성되고 나서, 저의 삶은 크게 달라질 것 같지는 않아요. 여전히 조직에서는 '일 잘하는 사람', '함께 일하고 싶은 사람', 부모님께는 '어디 내놓아도 떳떳하게 자랑할 수 있는 아들', 주변 사람들에게는 '정말 열심히 살아가는 멋진 사람'이 되고 싶어요.

 이렇게 쏘아 올린 책이라는 공이 내 인생에서 또 어떤 사건들을 물어다 줄지 모르겠지만,
 확실한 건 어제보다 오늘 더 성장하고, 오늘보다 내일이 더 기대되는 내가 될 거라고 반드시 믿어요.

 저도, 이 책을 함께 보고 있는 여러분도
 내일은 한 걸음 더 멋진 사람이 되길 바라요.

 오늘도 정말 고생 많았어요!
 이 세상 모든 청춘들이여, 지금의 뜨거움이 내일을 더욱 기대하게 만들 것이다!

No Man '김선우'의 진짜 마지막 한 마디

"읽어주셔서 감사합니다. 이제 진짜 안녕!"

사실 성공하자고, 유명해지자고 책 쓰기를 시작했잖아요?
그런데 그 과정에서 '천직'을 만나게 되었습니다.

저는 원래 '말'을 업으로 삼는 사람이었는데, 이제 '글'도 저의 업에 추가하기로 했어요! 이 책을 쓰면서, 참 재미있고 행복했습니다. 평생동안 하고 싶은 일을 찾아버린 것 같습니다. 아니 그런데, 이게 돈까지 되다니? 그래서 저는 결심했습니다.

일평생을 말하고 글 쓰는 사람으로 살기로. 말은 '방송인'으로서 하고, '글'은 이 책에서처럼 '글쟁이'로서 쓰겠습니다. 성공하기 위해 글을 쓰고, 더 좋은 글을 쓰기 위해, 성공하겠습니다. 공부도 게을리하지 않겠습니다. 수년 내 사회학 석사 과정을 밟은 뒤, 전문방송인으로서의 역량뿐만 아니라, 깊은 인사이트를 담아낸 콘텐츠를 생산해낼 수 있는, 콘텐츠 크리에이터로서의 역량도 강화해 나가겠습니다.

또한 저는 벌써 다음 책을 구상하고 있습니다. 이 책이 세상에 나온 뒤, 베스트셀러 반열로 올라갈 때즈음, 저는 이미 이 책에서 미처 풀지 못한 김선우의 이야기와 '자신이 원하는 성공에 가장 빠르게 다가간 사람들의 이야기'를 담은 책 'Cheat Key: 치트키(가제)'라는 제목의 원고를 써 내려가기 시작할 겁니다.

빠르게 성장하고, 가장 트렌디한 콘텐츠를 생산해내고, 대중의 마음을 울리고 또 한 번 성장하면서, 제 삶의 '선순환'을 만들어낼 겁니다.

동시에 도서, 뉴미디어, 전통미디어를 비롯한 다양한 공간에서, 여러분을 만나며, 방송인으로서의 커리어에도 '선순환'을 일으킬 겁니다. 그렇게 저의 다음책, 치트키가 여러분의 가슴을 울릴 때즈음(약 2026년 즈음), 비로소 2022년에 세웠던 김선우의 5개년 계획이 퍼즐처럼 맞춰지며 'DN UNIVERSE: 떠누 유니버스'의 기초 생태계가 완성되었을 겁니다.

그렇게, 여러분을 비롯한 대중들은 "김선우가 만든 책이다.", "김선우가 나오는 방송이다."라는 반응과 함께, 제가 구축해놓은 콘텐츠 생태계에 빠져들게 될 것이라고 저는 확신합니다.

그렇게 시간이 흘러, 마침내 제가 Part 1에서 언급했던 저의 꿈 'Z세대 김성주'의 꿈이 이루어질 때즈음, 비로소 저의 길이 정답임을 증명해냈음을 세상에 알리는 작품 'Special One: 스페셜원'이 출간될 것입니다. 길고 도 지난했던 No Man의 여정이 비로소 강렬한 빛을 내게 될 것이고, 동시에 여러분은 지금 이 책 'Yes Man, No Man'을 다시 한 번 책장에서 꺼내 보게 될 겁니다.

다소 뜬구름 잡는 이야기같죠? 걱정 마세요.
여러분 눈 앞에 보여 드릴게요. 저는 단 한 번도, 제가 세운 목표를 이루지 못한 적이 없답니다.

아! 그리고 이 원고가 출판사로 넘어가기 직전, 유튜브 채널을 개설해서 활동하고 있어요. 하루가 다르게 폭풍성장 중이랍니다. 제가 만드는 DN UNIVERSE 퍼즐의 중요한 조각 중 하나임과 동시에, 이 책의 이야기가 계속해서 이어질 공간입니다. 유튜브 검색창에 'DDEO NU: 떠누'를 검색해보세요.

www.youtube.com/@ddeonu0723

Yes Man, No Man! 우리의 이야기는 여기서 끝나지 않습니다. 계속해서 만나요. 저의 유튜브 채널에서, 그리고 이듬해에 나올 저의 다음 책에서.

곧 만나요, 아니 평생 만나요! 사랑해요 나의 독자!

Thanks to.

두 청년의 졸작 원고와 어설픈 출판 기획안만을 보고 출간제안의 손을 내밀어주신, 이 책의 출판사 '피와이메이트'와 졸작 원고가 어엿한 책이 되어갈 수 있도록, 늘 묵묵히 따스하게 지지해주신 '조정빈' 대리님.

원고 초안부터 1교, 2교, 3교 최종 교정본이 나올 때까지, 정말 꼼꼼하고 세심하게 원고의 완성도를 높여주신 '배근하' 차장님.

당신의 이름을 걸고, 이 책을 독자들에게 추천해주신 서강대학교 '김광두' 석좌교수님, CJ제일제당 '김동원'님, 방송인 '김태진'님, Bain & Company '김찬울' 컨설턴트님.

기꺼이 인터뷰에 응하고 자신의 삶의 지혜를 내어준 MBTI 16인 '권상미, 김미영, 김민이, 김용하, 김은채, 김희진, 김ㅇ원, 백현, 서소현, 이보선, 이소민, 이윤경, 임성빈, 오진환, 조성환, 최재혁'님.

원고를 가장 먼저 읽어보고 다양한 피드백을 남겨 이 책의 완성도를 한층 끌어올려주신 '사전체험단: 김다혜, 김미미, 김민우, 김민정, 김지민,

김지수, 조윤하, 오혜성, 우인아, 이상무, 이종승, 신원철, 손혜림, 손희정, 송수경, 차주희, 하수정, 하채린' 님.

No Man 김선우의 글이 막힐 때마다, 늘 허를 찌르는 인사이트와 세련된 단어들로, 책의 기틀을 잡아준 '박진홍' (별명 박태공) 님.

당신들이 있어 이 책이 만들어졌습니다. 은혜 갚아나가며 살겠습니다. 감사합니다.

저자약력

김선우

자신만의 독특한 길을 걷는 남자 'NO MAN'

1996년생, 프리랜서 방송인이다. 첫 시작은 '3만원 돌잔치 MC'였지만, 2년 만에 '100만원 청와대 MC'로 성장한 남자이다. 현재는 '5대 그룹사: 삼성증권, LG전자, 현대자동차그룹, SK텔레콤, 롯데지주'를 비롯한 100여 곳 이상의 탑 브랜드사의 사랑을 독차지하고 있다.

[일반고 통합 내신 3.4, 수능 성적 25466]이었지만 한양대학교에 무사히 입학했다. [인문계열 단일 전공, 2점대 학점]으로 학부를 마쳤지만, 대기업 L사 정규직 채용전형에 합격했다. 그러나 입사는 거부했다.

'2014 대한민국 인재상' 수상자(인천 지역 일반고 유일), 22세 '대통령 선거 캠프 핵심부서 실무진'(최연소) 등의 독특한 경력을 품고 있기도 하다.

조성빈

평범한 길에서 특별함을 만드는 남자 'YES MAN'

1994년생, 대기업 HR 담당자다. 대학생 시절부터 선생님, 마케터, 디자이너, 강연, MC, 영업사원 등 수많은 직업을 가졌었다. 현재는 내가 선택한 조직과 나를 믿어준 조직 속에서, 조직과 함께 차곡차곡 성장하고 있다.

한때는 음악인, 방송인, 정치인 등 다양한 꿈을 꾸며 No Man의 삶을 살 수 있었으나, 당장 빛나는 길보다는 시간이 지나며 빛을 발할 'YES MAN'의 가치를 믿었고 오늘도 보다 성장할 나를 위해 커리어를 만들어가고 있다.

Yes Man No Man

초판발행	2023년 6월 30일
지은이	김선우 · 조성빈
펴낸이	노 현
편 집	배근하
기획/마케팅	조정빈
표지디자인	이영경
제 작	고철민 · 조영환
펴낸곳	㈜피와이메이트
	서울특별시 금천구 가산디지털2로 53, 한라시그마밸리 210호(가산동)
	등록 2014. 2. 12. 제2018-000080호
전 화	02)733-6771
f a x	02)736-4818
e-mail	pys@pybook.co.kr
homepage	www.pybook.co.kr
ISBN	979-11-6519-386-7 03190

copyright©김선우 · 조성빈, 2023, Printed in Korea

* 파본은 구입하신 곳에서 교환해 드립니다. 본서의 무단복제행위를 금합니다.

정 가	22,000원

박영스토리는 박영사와 함께하는 브랜드입니다.